典藏诵读版

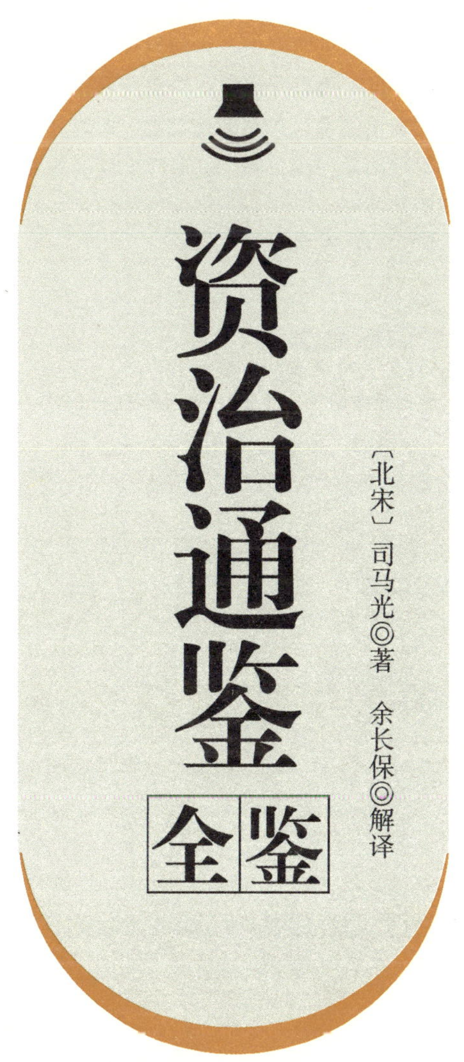

扫一扫
免费赠送3种国学音频！

国家一级出版社 中国纺织出版社 全国百佳图书出版单位

内 容 提 要

《资治通鉴》是我国第一部编年体通史，逐年记载了我国1362年的历史。书中描绘了我国从战国至五代时期的历史发展脉络，探讨了几十个政权的盛衰之由，生动地描述了帝王将相们为政治国、待人处世之道以及他们在历史旋涡中的生死悲欢之事。本书在《资治通鉴》原典的基础上，撷取其精华，解读其精要，并附赠配乐诵读音频，以期广大读者在阅读历史的同时有所获益。

图书在版编目(CIP)数据

资治通鉴全鉴：典藏诵读版／（北宋）司马光著；余长保解译．—北京：中国纺织出版社，2018.9

ISBN 978－7－5180－5238－7

Ⅰ．①资…　Ⅱ．①司…　②余…　Ⅲ．①中国历史—古代史—编年体②《资治通鉴》—注释③《资治通鉴》—译文　Ⅳ．①K204.3

中国版本图书馆CIP数据核字（2018）第164380号

策划编辑：曹炳镝　　　　责任印制：储志伟

中国纺织出版社出版发行

地址：北京市朝阳区百子湾东里A407号楼　邮政编码：100124

销售电话：010—67004422　传真：010—87155801

http：//www.c－textilep.com

E-mail：faxing@c－textilep.com

中国纺织出版社天猫旗舰店

官方微博 http：//weibo.com/2119887771

北京佳诚信缘彩印有限公司印刷　　各地新华书店经销

2018年9月第1版第1次印刷

开本：710×1000　1/16　印张：20

字数：305千字　定价：49.80元

前言

在我国浩如烟海的史学著作中，有两部堪称“史学双璧”的不朽史书，如同突兀的双峰，并峙于历史峻岭之中大放光彩，它们一部是司马迁的《史记》，另一部就是司马光的《资治通鉴》。晚清名臣曾国藩评价《资治通鉴》说“窃以先哲惊世之书，莫善于司马文正公之《资治通鉴》，其论古皆折衷至当，开拓心胸”。《资治通鉴》成书九百余年来，仍历久弥新，长盛不衰，犹如一颗璀璨的明珠照耀后世，为世人赞扬推崇。

《资治通鉴》是我国北宋时期著名史学家司马光主持编撰的一部规模空前的编年体史学巨著，由宋神宗取意“鉴于往事，有资于治道”而亲赐名。《资治通鉴》全书卷帙浩繁，分为 294 卷，洋洋洒洒三百多万字，上起周威烈王二十三年（前 403 年），下讫五代后周世宗显德六年（959 年），前后跨越 1362 年。书中描绘了战国至五代时期的历史发展脉络，探讨了秦、汉、晋、隋、唐等统一的王朝和战国七雄、魏蜀吴三国、五胡十六国、南北朝、五代十国等几十个政权的盛衰之由，内容以政治、军事和民族关系为主，兼及经济、文化和历史人物评价，生动地描述了帝王将相们为政治国、待人处世之道以及他们在历史旋涡中的生死悲欢之事。

《资治通鉴》的作者司马光（1019—1086 年），字君实，陕州夏县（今山西夏县）人。他自幼爱好历史，出仕为官以后，仍读史不倦，治史不懈。治平三年（1066 年），司马光撰成一部战国至秦共八卷本的编年史，名为《通志》，进呈宋英宗，英宗命其设局续修。此后，司马光无论在政治上如何进退沉浮，书局一直随身而设。1067 年神宗即位，开经筵，司马光进读《通志》，神宗以其“鉴于往事，有资于治道”，命名为《资治通鉴》。王安石行新政时，司马光极力反对，于熙宁三年（1070 年）出知永兴军（今陕西西安）。次年退居洛阳，专心编撰《资治通鉴》，至元丰七年（1084 年）成书。从治平三年开局，前后共用了

19 年的时间。

《资治通鉴》在编撰的过程中，所参考的史料除十七史以外，征引杂史诸书达 320 余种，选取其中的精华而成一家之言。中国古代学者王充对古今关系有过这样精辟的见解："知古不知今，谓之陆沉；知今不知古，谓之盲瞽。"读史的最终目的无非知古通今，以期古为今用。《资治通鉴》就是这样一部史书。它通过翔实的历史记载，阐述了历史经验对于封建社会政治统治的重要性，在这一点上，《资治通鉴》所提供的历史教训，是以往任何一部史书都不可比拟的，对于后来历代的统治阶级都发挥了较大的指导作用。

《资治通鉴》内容思想博大精深，通古今之变，兼收并蓄，拾遗补缺，自成书以来受到中国古代历朝统治者的青睐和赞誉，成为他们常看不厌、常看常新的案头必备的治政为人的教材。"马上皇帝"元世祖忽必烈非常重视《资治通鉴》，专请儒士为他讲解其中的治国之道，用蒙古语言写了《通鉴节要》作为教材。明太祖朱元璋更是对此书倍加推崇，他每天清晨早起研读《资治通鉴》，认为"习闻明知古代帝王之道，身体力行《通鉴》原则"，并常常以此训诫左右大臣。清圣祖康熙对《资治通鉴》更是达到了痴迷程度，经常翻阅，认为《资治通鉴》"事关前代得失，甚有裨于治道"。

《资治通鉴》以时间为叙事线索，浩繁并且琐碎，对于今天的普通读者来说，阅读起来已显吃力。为了帮助读者更加轻松地领悟《资治通鉴》一书的精华，《资治通鉴全鉴》典藏版依照《资治通鉴》原典的时间顺序，将其中最具代表性且最精彩的篇章辑录成书，并在每一段原典之后做了简要的解读，力求更加真实、全面地将中国历史的丰富与精彩呈现在读者面前。本书为《资治通鉴全鉴》的典藏诵读版，本书将纸质图书和配乐诵读音频完美结合，以二维码的方式在内文和封面等相应位置呈现，读者扫一扫即可欣赏、诵读经典片段。诵读音频由中国国际广播电台、中央人民广播电台专业播音员，以及中国传媒大学等知名高校播音系教师构成的实力精英团队录制完成，朗读中融进了对传统文化的理解，声音感染力极强。衷心希望本书能够帮助读者从全新的角度考察历史、感受历史、思考历史，进而开阔视野，增长知识。

解译者

2018 年 6 月

目录

周纪

秦纪

汉纪

魏

纪

梁纪

陈纪

隋纪

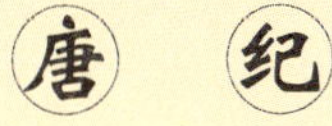

唐 纪

后梁纪

后唐纪

后晋纪

后汉纪

后周纪

周　纪

威烈王二十三年——智伯无德而亡

【原典】

初，智宣子将以瑶为后。智果曰："不如宵也。瑶之贤于人者五，其不逮者一也。美鬓长大则贤，射御足力则贤，伎艺毕给则贤，巧文辩慧则贤，强毅果敢则贤，如是而甚不仁。夫以其五贤陵人，而以不仁行之，其谁能待之？若果立瑶也，智宗必灭。"弗听，智果别族于太史为辅氏。

赵简子之子，长曰伯鲁，幼曰无恤。将置后，不知所立。乃书训戒之辞于二简，以授二子曰："谨识之。"三年而问之，伯鲁不能举其辞，求其简，已失之矣。问无恤，诵其辞甚习，求其简，出诸袖中而奏之。于是简子以无恤为贤，立以为后。

简子使尹铎为晋阳。请曰："以为茧丝乎？抑为保障乎？"简子曰："保障哉！"尹铎损其户数。简子谓无恤曰："晋国有难，而无以尹铎为少，无以晋阳为远，必以为归。"

及智宣子卒，智襄子为政，与韩康子、魏桓子宴于蓝台。智伯戏康子而侮段规。智国闻之，谏曰："主不备，难必至矣！"智伯曰："难将由我。我不为难，谁敢兴之？"对曰："不然。《夏书》有之曰：'一人三失，怨岂在明，不见是图。'夫君子能勤小物，故无大患。今主一宴而耻人之君相，又弗备，曰不敢兴难，无乃不可乎！蜹（ruì）、蚁、蜂、虿（chài），皆能害人，况君相乎！"弗听。

智伯请地于韩康子，康子欲弗与。段规曰："智伯好利而愎，不与，将伐我；不如与之。彼狃于得地，必请于他人；他人不与，必向之以兵。然则我得免于患而待事之变矣。"康子曰："善。"使使者致万家之邑于智伯，智伯悦。又求地于魏桓子，桓子欲弗与。任章曰："何故弗与？"桓子曰："无故索地，故弗与。”任章曰：“无故索地，诸大夫必惧；吾与之地，智伯必骄。彼骄而轻敌，此惧而相亲。以相亲之兵待轻敌之人，智氏之命必不长矣。《周书》曰：‘将欲败之，必姑辅之；将欲取之，必姑与之。’主不如与之以骄智伯，然后可以择交而图智氏矣。奈何独以吾为智氏质乎！”桓子曰：“善。”复与之万家之邑一。

智伯又求蔡、皋狼之地于赵襄子，襄子弗与。智伯怒，帅韩、魏之甲以攻赵氏。襄子将出，曰：“吾何走乎？”从者曰：“长子近，且城厚完。”襄子曰：“民罢力以完之，又毙死以守之，其谁与我！”从者曰：“邯郸之仓库实。”襄子曰：“浚民之膏泽以实之，又因而杀之，其谁我与！其晋阳乎，先主之所属也，尹铎之所宽也，民必和矣。”乃走晋阳。

三家以国人围而灌之，城不浸者三版。沈灶产蛙，民无叛意。智伯行水，魏桓子御，韩康子骖（cān）乘。智伯曰：“吾乃今知水可以亡人国也。”桓子肘康子，康子履桓子之跗，以汾水可以灌安邑，绛水可以灌平阳也。絺疵谓智伯曰：“韩、魏必反矣。”智伯曰：“子何以知之？”絺疵曰：“以人事知之。夫从韩、魏之兵以攻赵，赵亡，难必及韩、魏矣。今约胜赵而三分其地，城不没者三版，人马相食，城降有日，而二子无喜志，有忧色，是非反而何？”明日，智伯以絺疵之言告二子，二子曰：“此夫谗臣欲为赵氏游说，使主疑于二家而懈于攻赵氏也。不然，夫二家岂不利朝夕分赵氏之田，而欲为危难不可成之事乎？”二子出，絺疵入曰：“主何以臣之言告二子也？”智伯曰：“子何以知之？”对曰：“臣见其视臣端而趋疾，知臣得其情故也。”智伯不悛。絺疵请使于齐。

赵襄子使张孟谈潜见出二子，曰：“臣闻唇亡则齿寒。今智伯帅韩、魏而攻赵，赵亡则韩、魏为之次矣。”二子曰：“我心知其然也，恐事未遂而谋泄，则祸立至矣。”张孟谈曰：“谋出二主之口，入臣之耳，何伤也？”二子乃潜与张孟谈约，为之期日而遣之。襄子夜使人杀守堤之吏，而决水灌智伯军。智伯军救水而乱，韩、魏翼而击之，襄子将卒犯其前，大败智伯之众。遂杀智伯，尽灭智氏之族。唯辅果在。

臣光曰：智伯之亡，才胜德也。夫才与德异，而世俗莫之能辨，通谓之贤，此其所以失人也。夫聪察强毅之谓才，正直中和之谓德。才者，德之资也；德者，才之帅也。云梦之竹，天下之劲也，然而不矫揉，不羽括，则不能以入坚；棠溪之金，天下之利也，然而不熔范，不砥砺，则不能以击强。是故才德全尽谓之圣人，才德兼亡谓之愚人，德胜才谓之君子，才胜德谓之小人。凡取人之术，苟不得圣人、君子而与之，与其得小人，不若得愚人，何则？君子挟才以为善，小人挟才以为恶。挟才以为善者，善无不至矣；挟才以为恶者，恶亦无不至矣。愚者虽欲为不善，智不能周，力不能胜，譬之乳狗搏人，人得而制之。小人智足以遂其奸，勇足以决其暴，是虎而翼者也，其为害岂不多哉！夫德者人之所严，而才者人之所爱。爱者易亲，严者易疏，是以察者多蔽于才而遗于德。自古昔以来，国之乱臣，家之败子，才有馀而德不足，以至于颠覆者多矣，岂特智伯哉！故为国为家者，苟能审于才德之分而知所先后，又何失人之足患哉！

解读

在《资治通鉴》开篇第一卷，司马光就通过智伯灭亡这件事，阐述了才和德之间的关系。司马光认为：智伯之所以灭亡，原因就在于有才而无德。才与德是不同的两回事，但很多世俗之人往往分不清，一概而论之，误以为只要具备其中一项就是贤明的人，而结果总是以看错人而告终。司马光认为，所谓才，是指聪明、明察、坚强、果毅；所谓德，是指正直、公道、平和待人。才，是德的辅助；德，是才的统帅。

显王十年——商鞅立木为信

【原典】

卫鞅欲变法，秦人不悦。卫鞅言于秦孝公曰："夫民不可与虑始，而可与乐成。论至德者不和于俗，成大功者不谋于众。是以圣人苟可以强国，不法其故。"甘龙曰："不然。缘法而治者，吏习而民安之。"卫鞅曰："常人安于故俗，学者溺于所闻，以此两者，居官守法可也，非所与论于法之外也。智者作法，愚者制焉；贤者更礼，不肖者拘焉。"公曰："善。"以卫鞅为左庶长，卒定变法之令。令民为什伍而相收司、连坐，告奸者与斩敌首同赏，不告奸者与降敌同罚。有军功者，各以率受上爵；为私斗者，各以轻重被刑大小。僇力本业，耕织致粟帛多者，复其身。事末利及怠而贫者，举以为收孥。宗室非有军功论，不得为属籍。明尊卑爵秩等级，各以差次名田宅、臣妾、衣服。有功者显荣，无功者虽富无所芬华。

令既具未布，恐民之不信，乃立三丈之木于国都市南门，募民有能徙置北门者予十金。民怪之，莫敢徙。复曰："能徙者予五十金！"有一人徙之，辄予五十金。乃下令。

令行期年，秦民之国都言新令之不便者以数千。于是太子犯法。卫鞅曰："法之不行，自上犯之。太子，君嗣也，不可施刑。刑其傅公子虔，黥其师公孙贾。"明日，秦人皆趋令。行之十年，秦国道不拾遗、山无盗贼，民勇于公战，怯于私斗，乡邑大治。秦民初言令不便者，有来言令便。卫鞅曰："此皆乱法之民也！"尽迁之于边。其后民莫敢议令。

臣光曰：夫信者，人君之大宝也。国保于民，民保于信。非信无以使民，非民无以守国。是故古之王者不欺四海，霸者不欺四邻，善为国者不欺其民，善为家者不欺其亲。不善者反之：欺其邻国，欺其百姓，甚者欺其兄弟，欺其父子。上不信下，下不信上，上下离心，以至于败。所利不能药其所伤，所获不能补其所亡，岂不哀哉！昔齐桓公不背曹沫之盟，晋文公不贪伐原之利，魏文侯不弃虞人之期，秦孝公不废徙木之赏。此四君者，道非粹白，而商君尤称刻薄，又处战攻之世，天下趋于诈力，犹且不敢忘信以畜其民，况为四海治平之政者哉！

解读

商鞅是战国时期的政治家、思想家，著名法家代表人物。姬姓，卫氏，全名为卫鞅。因卫鞅本为卫国公族之后，故又称公孙鞅。后封于商，后人称之为商鞅。商鞅应秦孝公求贤令入秦，说服秦孝公变法图强。孝公死后，受到贵族诬害以及秦惠文王的猜忌，车裂而死。其在秦执政二十余年，秦国大治，史称“商鞅变法”，并使秦国的国力长期凌驾于其他六国之上。

在变法的过程中，如何取信于民，是很关键的一步。为此，变法令下达后，商鞅以三丈之木置于国都南门，谁能把此木搬到北门就赏十金，开始的时候无人响应。他又将赏金增至五十金，后有一人应募，即获得五十金。

其实，移动一根木头并非难事，关键是以此而树立的千金难买的诚信。正如司马光所言：诚信，是为政者至高无上的法宝。国家靠人民来保卫，人民靠信誉来保护；不讲信誉无法使人民信服，没有人民便无法维持国家。所以古代成就王道者不欺骗天下，建立霸业者不欺骗四方邻国，善于治国者不欺骗人民，善于治家者不欺骗亲人。只有蠢人才反其道而行之，欺骗邻国，欺骗百姓，甚至欺骗兄弟、父子。上不信下，下不信上，上下离心，以至于一败涂地。

赧王中三十六年——廉颇负荆请罪

【原典】

秦白起伐楚，取鄢（yān）、邓、西陵。

秦王使使者告赵王，愿为好会于河外渑池。赵王欲毋行，廉颇、蔺相如计曰："王不行，示赵弱且怯也。"赵王遂行，相如从。廉颇送至境，与王诀曰："王行，度道里会遇之礼毕，还，不过三十日。三十日不还，则请立太子，以绝秦望。"王许之。

会于渑池。王与赵王饮，酒酣，秦王请赵王鼓瑟，赵王鼓之。蔺相如复请秦王击缶，秦王不肯。相如曰："五步之内，臣请得以颈血溅大王矣！"左右欲刃相如，相如张目叱之，左右皆靡。王不怿，为一击缶。罢酒，秦终不能有加于赵。赵人亦盛为之备，秦不敢动。赵王归国，以蔺相如为上卿，位在廉颇之右。

廉颇曰："我为赵将，有攻城野战之功。蔺相如素贱人，徒以口舌而位居我上。吾羞，不忍为之下！"宣言曰："我见相如，必辱之！"相如闻之，不肯与会；每朝，常称病，不欲争列。出而望见，辄引车避匿。其舍人皆以为耻。相如曰："子视廉将军孰与秦王？"曰："不若。"相如曰："夫以秦王之威而相如廷叱之，辱其群臣。相如虽驽，独畏廉将军哉！顾吾念之，强秦之所以不敢加兵于赵者，徒以吾两人在也。今两虎共斗，其势不俱生。吾所以为此者，先国家之急而后私仇也。"廉颇闻之，肉袒负荆至门谢罪，遂为刎颈之交。

解读

廉颇是战国后期的名将之一，“负荆请罪”正是这位战功赫赫的名将身上难能可贵的美德。居功自傲，对蔺相如不服，固然是他的狭隘之处，而一旦认识到错误，立即“肉袒负荆”前去谢罪，这需要比战场杀敌更大的勇气，因而更让世人所敬佩。这段故事已成为流传千古的历史佳话，“负荆请罪”也就成了一句成语，表示诚恳地向别人道歉、承认错误的意思。

赧王中三十六年——田单巧用火牛阵

【原典】

初，燕人攻安平，临淄市掾田单在安平，使其宗人皆以铁笼傅车軎(wèi)。及城溃，人争门而出，皆以軎折车败，为燕所擒；独田单宗人以铁笼得免，遂奔即墨。是时齐地皆属燕，独莒、即墨未下，乐毅及并右军、前军以围莒，左军、后军围即墨。即墨大夫出战而死。即墨人曰：“安平之战，田单宗人以铁笼得全，是多智习兵。”因共立以为将以拒燕。乐毅围二邑，期年不克，及令解围，各去城九里而为垒，令曰：“城中民出者勿获，困者赈之，使即旧业，以镇新民。”三年而犹未下。或谗之于燕昭王曰：“乐毅智谋过人，伐齐，呼吸之间克七十馀城。今不下者两城耳，非其力不能拔，所以三年不攻者，欲久仗兵威以服齐人，南面而王耳。今齐人已服，所以未发者，以其妻子在燕故也。且齐多美女，又将忘其妻子。愿王图之！”昭王于是置酒大会，引言者而让之曰：“先王举国以礼贤者，非贪土地以遗子孙也。遭所传德薄，不能堪命，国人不顺。齐为无道，乘孤国之乱以害先王。寡人统位，痛之入骨，故广延群臣，外招宾客，以求报仇。其有成功者，尚欲与之同共燕国。今乐君亲为寡人破齐，夷其宗庙，报塞先仇，齐国固乐君所有，非燕之所得也。乐君若能有齐，与燕并为列国，结欢同好，以抗诸侯之难，燕国之

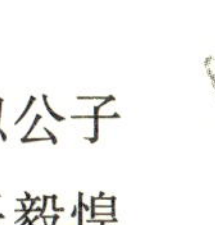

福，寡人之愿也。汝何敢言若此！”乃斩之。赐乐毅妻以后服，赐其子以公子之服；辂车乘马，后属两百，遣国相奉而致之乐毅，立乐毅为齐王。乐毅惶恐不受，拜书，以死自誓。由是齐人服其义，诸侯畏其信，莫敢复有谋者。

顷之，昭王薨（hōng），惠王立。惠王自为太子时，尝不快于乐毅。田单闻之，乃纵反间于燕，宣言曰：“齐王已死，城之不拔者二耳。乐毅与燕新王有隙，畏诛而不敢归，以伐齐为名，实欲连兵南面王齐。齐人未附，故且缓攻即墨以待其事。齐人所惧，唯恐他将之来，即墨残矣。”燕王固已疑乐毅，得齐反间，乃使骑劫代将而召乐毅。乐毅知王不善代之，遂奔赵。燕将士由是愤惋不和。

田单令城中人，食必祭其先祖于庭，飞鸟皆翔舞而下城中。燕人怪之，田单因宣言曰：“当有神师下教我。”有一卒曰：“臣可以为师乎？”因反走。田单起引还，坐东乡，师事之。卒曰：“臣欺君。”田单曰：“子勿言也。”因师之，每出约束，必称神师。乃宣言曰：“吾唯惧燕军之劓（yì）所得齐卒，置之前行，即墨败矣！”燕人闻之，如其言。城中见降者尽劓，皆怒，坚守，唯恐见得。单又纵反间，言：“吾惧燕人掘吾城外冢墓，可为寒心！”燕军尽掘冢墓，烧死人。齐人从城上望见，皆涕泣，共欲出战，怒自十倍。田单知士卒之可用，乃身操版、锸（chā），与士卒分功；妻妾编于行伍之间；尽散饮食飨士。令甲卒皆伏，使老、弱、女子乘城，遣使约降于燕，燕军皆呼万岁。田单又收民金得千镒，令即墨富豪遗燕将，曰：“即降，愿无虏掠吾族家。”燕将大喜，许之。燕军益懈。田单乃收城中，得牛千馀，为绛缯衣，画以五采龙文，束兵刃于其角，而灌脂束苇于其尾，烧其端，凿城数十穴，夜纵牛，壮士五千人随其后。牛尾热，怒而奔燕军。燕军大惊，视牛皆龙文，所触尽死伤。而城中鼓噪从之，老弱皆击铜器为声，声动天地。燕军大骇，败走。齐人杀骑劫，追亡逐北，所过城邑皆叛燕，复为齐。田单兵日益多，乘胜，燕日败亡，走至河上，而齐七十馀城皆复焉。乃迎襄王于莒。入临淄，封田单为安平君。

解读

田单是齐国田氏远房的亲属，临淄人，湣王当政时，任齐都临淄的市掾，是一位资历浅、爵位低、名气小的小官吏。但是，他善于学习，颇爱兵法，对战略战术有过精心研究，后在燕兵伐齐的战争中，以奇计“火牛阵”制胜燕兵，表现了一位出色的军事家所具有的非凡才能，因而被齐襄王封为安平君，是齐国军界的后起之秀。

司马迁在其史学著作《史记》中曾这样描述这次战役：“兵以正合以奇胜，善之者出奇无穷，奇正还相生，如环之无端。”意思就是：攻战时必须以正兵当敌，以奇兵制胜。善于用兵的人自能层出不穷地使用权谋；因奇生正，因正生奇，使敌人不可捉摸，像一个环那样让人寻找不到头尾。“出奇制胜”这个成语由此而来，意思是出奇兵或用奇计取得胜利。

《孙子兵法》中说：“凡战者，以正合，以奇胜。”“故善出奇者，无穷如天地，不竭如江河。”意思是说，大凡打仗，一般都是用正兵抗敌，用奇兵取胜。所以善于出奇制胜的将帅，其战术像天地那样变化无穷，像江河那样奔流不止。

赧王下五十五年——长平之战

【原典】

秦左庶长王龁（hé）攻上党，拔之。上党民走赵。赵廉颇军于长平，以按据上党民。王龁因伐赵。赵军战数不胜，亡一裨将、四尉。赵王与楼昌、虞卿谋，楼昌请发重使为媾。虞卿曰：“今制媾者在秦，秦必欲破王之军矣，虽往请媾，秦将不听。不如发使以重宝附楚、魏，楚、魏受之，则秦疑天下之合从，媾乃可成也。”王不听，使郑朱媾于秦，秦受之。王谓虞卿曰：“秦内郑朱矣。”对曰：“王不必不得媾而军破矣。何则？天下之贺战胜者皆在秦矣。夫郑朱，贵人也，秦王、应侯必显重之以示天下。天下见王之媾于秦，必不救王。秦知天下之不救王，则媾不可得成矣。”既而秦果显郑朱而不与赵媾。

秦数败赵军，廉颇坚壁不出。赵王以颇失亡多而更怯不战，怒，数让之。应侯又使人行千金于赵为反间，曰：“独畏马服君之子赵括为将耳！廉颇易与，且降矣！”赵王遂以赵括代颇将。蔺相如曰：“王以名使括，若胶柱鼓瑟耳。括徒能读其父书传，不知合变也。”王不听。初，赵括自少者学兵法，以天下莫能当；尝与其父奢言兵事，奢不能难，然不谓善。括母问其故，奢曰：“兵，死地也，而括易言之。使赵不将括则已；若必将之，破赵军者必括也。”及括将行，其母上书，言括不可使。王曰：“何以？”对曰：“始妾事其父，时为将，身所奉饭而进食者以十数，所友者以百数，王及宗室所赏赐者，尽以与军吏士大夫；受命之日，不问家事。今括一旦为将，东乡而朝，军吏无敢仰视之者；王所赐金帛，归藏于家，而日视便利田宅可买者买之。王以为如其父，父子异心，愿王勿遣！”王曰：“母置之，吾已决矣！”母因曰：“即如有不称，妾请无随坐。”赵王许之。

秦王闻括已为赵将，乃阴使武安君为上将军，而王龁为裨将，令军中：“有敢泄武安君将者斩！”赵括至军，悉更约束，易置军吏，出兵击秦师。武安君佯败而走，张二奇兵以劫之。赵括乘胜追造秦壁，壁坚拒不得入；奇兵二万五千人绝赵军之后，又五千骑绝赵壁间。赵军分而为二，粮道绝。武安君出轻兵击之，赵战不利，因筑壁坚守以待救至。秦王闻赵食道绝，自如河内发民年十五以上悉诣长平，遮绝赵救兵及粮食。齐人、楚人救赵。赵人乏食，请粟于齐，齐王弗许。周子曰：“夫赵之于齐、楚，扞蔽也，犹齿之有唇也，唇亡则齿寒；今日亡赵，明日患及齐、楚矣。救赵之务，宜若奉漏瓮（wèng）沃焦釜然。且救赵，高义也；却秦师，显名也；义救亡国，威却强秦。不务为此而爱粟，为国计者过矣！”齐王弗听。九月，赵军食绝四十六日，皆内阴相杀食。急来攻秦垒，欲出为四队，四，五复之，不能出。赵括自出锐卒搏战，秦人射杀之。赵师大败，卒四十万人皆降。武安君曰：“秦已拔上党，上党民不乐为秦而归赵。赵卒反覆，非尽杀之，恐为乱。”乃挟诈而尽坑杀之，遗其小者二百四十人归赵。前后斩首虏四十五万人，赵人大震。

解读

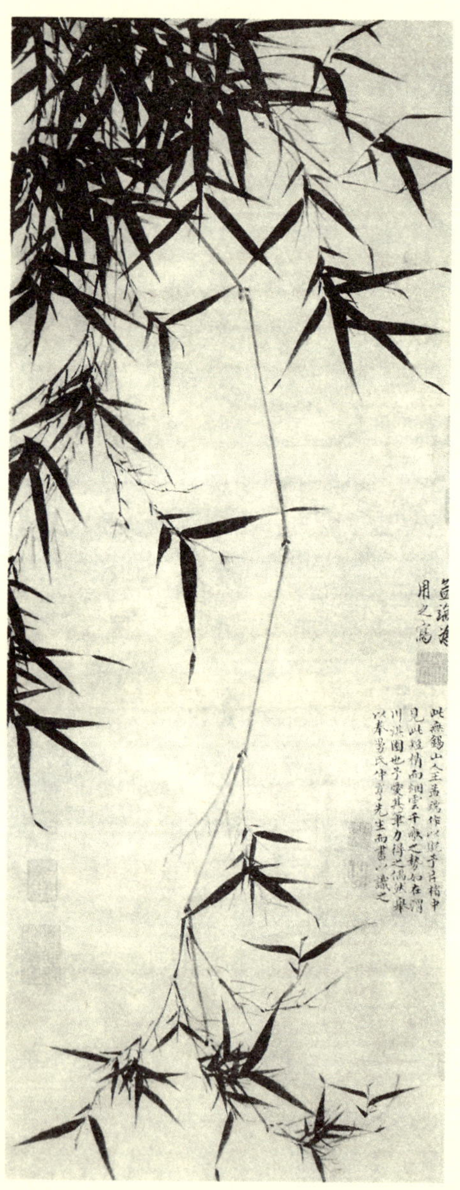

长平之战是我国历史上最早、规模最大的包围歼灭战。秦赵两国的最高指挥官分别是白起和赵括，由于赵括只会纸上谈兵，结果指挥失误，使赵国遭受了毁灭性的打击，令秦国国力大幅度超越于同时代各国，极大地加速了秦国统一中国的进程。参战人数赵军有四十五万人，秦军保守估计也在百万以上。长平之战的结果，赵军全军覆没，秦亦死亡过半，即双方死亡百万左右。从国家战略到具体战术，军事家直到现在都在探讨它的得失。长平之战，对中国历史走向有着深远的影响，它催生了中国历史上第一个封建集权的大帝国——秦王朝。

秦 纪

始皇帝上九年——春申君贪色而亡

【原典】

楚考烈王无子，春申君患之，求妇人宜子者甚众，进之，卒无子。赵人李园持其妹欲进诸楚王，闻其不宜子，恐久无宠，乃求为春申君舍人。已而谒归，故失期而还。春申君问之，李园曰："齐王使人求臣之妹，与其使者饮，故失期。"春申君曰："聘入乎？"曰："未也。"春申君遂纳之。既而有娠，李园使其妹说春申君曰："楚王贵幸君，虽兄弟不如也。今君相楚二十馀年而王无子，即百岁后将更立兄弟，彼亦各贵其故所亲，君又安得常保此宠乎！非徒然也，君贵，用事久，多失礼于王之兄弟，兄弟立，祸且及身矣。今妾有娠而人莫知，妾幸君未久，诚以君之重，进妾于王，王必幸之。妾赖天而有男，则是君之子为王也。楚国尽可得，孰与身临不测之祸哉！"春申君大然之。乃出李园妹，谨舍而言诸楚王。王召入，幸之，遂生男，立为太子。

李园妹为王后，李园亦贵用事，而恐春申君泄其语，阴养死士，欲杀春申君以灭口；国人颇有知之者。楚王病，朱英谓春申君曰："世有无望之福，亦有无望之祸。今君处无望之世，事无望之主，安可以无无望之人乎！"春申君曰："何谓无望之福？"曰："君相楚二十馀年矣，虽名相国，其实王也。王今病，旦暮薨，薨而君相幼主，因而当国，王长而反政，不即遂南面称孤，此所谓无望之福也。""何谓无望之祸？"曰："李园不治国而君之仇也，不为兵而养死士之日久矣。王薨，李园必先入，据权而杀君以灭口，此所谓无望之祸也。""何谓无望之人？"曰："君置臣郎中，王薨，李园先入，臣为君杀之，此所谓无望之人也。"春申君曰："足下置之。李园，弱人也，仆又善之。且何至此！"朱英知言不用，惧而亡去。后十七日，楚王薨，李园果先入，伏死士于棘门之内。春申君入，死士侠刺之，投其首于棘门之外；于是使吏尽捕诛春申君之家。太子立，是为幽王。

解读

春申君是战国四公子之一，是楚国的贵族。楚考烈王即位之后，他出任楚国的令尹。考烈王五十五年，他离开淮北12个县的封地，被改封于吴，号春申君。

李园在楚王死后，即率先抢入宫廷，命令昔日蓄养的敢死之士埋伏在宫城门口，等待闻讯赶来奔丧的春申君。春申君刚入宫城，李园手下的将士即将他刺死，割下他的头抛掷城外。接着，李园又派人斩草除根，捕杀了春申君全家。春申君的祸事，是他不知道忍耐声色招来的。如果当初不是贪恋李园妹妹的姿色，怎么会上了李园的当，中了他的计？李园是个很有野心的阴谋家，仅仅凭着一个略有几分姿色的妹妹，就蒙蔽了春申君和楚王，而夺得楚国的大权。

世间美丽的背后往往隐藏着几分危险，正如那些最美丽的花朵往往都带有最致命的毒液。前事不忘，后事之师。面对一幕幕因贪色而引发的悲剧，愿后人都能有足够的警醒：色不可贪，贪者必败！

始皇帝下二十二年——王翦装糊涂防猜疑

【原典】

王贲伐魏，引河沟以灌大梁。三月，城坏。魏王假降，杀之，遂灭魏。

王使人谓安陵君曰：“寡人欲以五百里地易安陵。”安陵君曰：“大王加惠，以大易小，甚幸。虽然，臣受地于魏之先王，愿终守之，弗敢易。”王义而许之。

李信攻平舆，蒙恬攻寝，大破楚军。信又攻鄢郢，破之，于是引兵而西，与蒙恬会城父，楚人因随之，三日三夜不顿舍，大败李信，入两壁，杀七都尉；李信奔还。

王闻之，大怒，自至频阳谢王翦曰："寡人不用将军谋，李信果辱秦军。将军虽病，独忍弃寡人乎！"王翦谢病不能将，王曰："已矣，勿复言！"王翦曰："必不得已用臣，非六十万人不可！"王曰："为听将军计耳。"于是王翦将六十万人伐楚。王送至霸上，王翦请美田宅甚众。王曰："将军行矣，何忧贫乎！"王翦曰："为大王将，有功，终不得封侯，故及大王之向臣，以请田宅为子孙业耳。"王大笑。王翦既行，至关，使使还请善田者五辈。或曰："将军之乞贷亦已甚矣！"王翦曰："不然。王怚中而不信人，今空国中之甲士而专委于我，我不多请田宅为子孙业以自坚，顾令王坐而疑我矣。"

解读

王翦，战国末期秦国著名战将，与其子王贲一并成为秦始皇兼灭六国的最大功臣。其杰出的军事指挥才能使其与白起、李牧、廉颇并列为战国四大名将。

虽然秦王不得已把全国军队都交给了王翦率领，但他心里其实对王翦不可能真正放心，必然时刻进行窥探和提防。王翦稍有不慎，立刻就会招来灭

门大祸。因此王翦才竭力显示出自己只不过是贪妻恋子、庸庸碌碌的一介武夫，让秦王大放其心，自己才得以统兵安然而去，安然而回。无数事实证明，上司和下属之间必须相互信任，才能同心协力共同完成任务；如果上司总是怀疑下属心有异志，总是掣肘，必然导致一事无成。手握重权的下属为免除上司对自己的猜忌，不妨故意显示出一些常人所具有的小毛病，以示自己胸无大志，没有觊觎上司地位的野心。

所谓“难得糊涂”，在必要的时候犯点糊涂装装傻，实在是一种令人叹服的做人哲学。

始皇帝下三十七年——蒙恬被奸臣所害

【原典】

冬，十月，癸丑，始皇出游；左丞相斯从，右丞相去疾守。始皇二十馀子，少子胡亥最爱，请从；上许之。

十一月，行至云梦，望祀虞舜于九疑山。浮江下，观藉柯，渡海渚，过丹阳，至钱溏，临浙江。水波恶，乃西百二十里，从峡中渡。上会稽，祭大禹，望于南海；立石颂德。还，过吴，从江乘渡。并海上，北至琅邪、罘(fú)。见巨鱼，射杀之。遂并海西，至平原津而病。

始皇恶言死，群臣莫敢言死事。病益甚，乃令中军府令行符玺事赵高为书赐扶苏曰：“与丧，会咸阳而葬。”书已封，在赵高所，未付使者。秋，七月，丙寅，始皇崩于沙丘平台。丞相斯为上崩在外，恐惧公子及天下有变，乃秘之不发丧，棺载辒凉车中，故幸宦者骖乘。所至，上食、百官奏事如故，宦者辄从车中可其奏事。独胡亥、赵高及幸宦者五六人知之。

初，始皇尊宠蒙氏，信任之。蒙恬任在外将，蒙毅常居中参谋议，名为忠信，故虽诸将相莫敢与之争。赵高者，生而隐宫，始皇闻其强力，通于狱法，举以为中车府令，使教胡亥决狱，胡亥幸之。赵高有罪，始皇使蒙毅治之；毅当高法应死。始皇以高敏于事，赦之，复其官。赵高既雅得幸于胡亥，又怨蒙氏，乃说胡亥，请诈以始皇命诛扶苏而立胡亥为太子。胡亥然其计。赵高曰："不与丞相谋，恐事不成。"乃见丞相斯曰："上赐长子书及符玺，皆在胡亥所。定太子，在君侯与高之口耳。事将何如？"斯曰："安得亡国之言！此非人臣所当议也！"高曰："君侯才能、谋虑、功高、无怨、长子信之，此五者皆孰与蒙恬？"斯曰："不及也。"高曰："然则长子即位，必用蒙恬为丞相，君侯终不怀通侯之印归乡里明矣！胡亥慈仁笃厚，可以为嗣。愿君审计而定之！"丞相斯以为然，乃相与谋，诈为受始皇诏，立胡亥为太子。更为书赐扶苏，数以不能辟地立功，士卒多耗，反数上书，直言诽谤，日夜怨望不得罢归为太子，将军恬不矫正，知其谋，皆赐死，以兵属裨将王离。

扶苏发书，泣，入内舍，欲自杀。蒙恬曰："陛下居外，未立太子；使臣将三十万众守边，公子为监，此天下重任也。今一使者来，即自杀，安知其非诈！复请而后死，未暮也。"使者数趣之。扶苏谓蒙恬曰："父赐子死，尚安复请！"即自杀。蒙恬不肯死，使者以属吏，系诸阳周。更置李斯舍人为护军，还报。胡亥已闻扶苏死，即欲释蒙恬。会蒙毅为始皇出祷山川，还至。赵高言于胡亥曰："先帝欲举贤立太子久矣，而毅谏以为不可，不若诛之！"乃系诸代。遂从井陉抵九原。会暑，辒车臭，乃诏从官令车载一石鲍鱼以乱之。从直道至咸阳，发丧。太子胡亥袭位。

九月，葬始皇于骊山，下锢三泉；奇器珍怪，徙藏满之。令匠作机弩，有穿近者辄射之。以水银为百川、江河、大海，机相灌输。上具天文，下具地理。后宫无子者，皆令从死。葬既已下，或言工匠为机藏，皆知之，藏重即泄。大事尽，闭之墓中。

二世欲诛蒙恬兄弟。二世兄子子婴谏曰："赵王迁杀李牧而用颜聚，齐王建杀其故世忠臣而用后胜，卒皆亡国。蒙氏，秦之大臣谋士也，而陛下欲一旦弃去之。诛杀忠臣而立无节行之人，是内使群臣不相信，而外使斗士之意离也。"二世弗听，遂杀蒙毅及内史恬。恬曰："自吾先人及至子孙，积功信于秦三世矣。今臣将兵三十馀万，身虽囚系，其势足以倍畔。然自知必死而守义者，不敢辱先人之教，以不忘先帝也。"乃吞药自杀。

扬子《法言》曰：或问："蒙恬忠而被诛，忠奚可为也？"曰："壍

(qiàn)山，堙谷，起临洮，击辽水，力不足而尸有馀，忠不足相也。”

臣光曰：秦始皇方毒天下而蒙恬为之使，恬不仁不知矣。然恬明于为人臣之义，虽无罪见诛，能守死不贰，斯亦足称也。

解读

蒙恬是秦始皇时期的著名将领，被誉为“第一勇士”。

司马光认为，蒙恬一生的作为，虽然称不上仁义，但身处那样一个乱世也是情有可原的，他忠贞不二的气节是值得称道的。

蒙恬之于秦朝的赫赫战功、之于长城的丰功伟绩，让人感概万千；蒙恬一身铮铮烈骨，竟死于奸臣之手，又让人愤恨不已。奸臣当道，良臣含冤莫白，世间最悲哀的事莫过于此。大秦王朝之所以昙花一现，想必与此有直接关系吧！

二世皇帝下二年——李斯不得善终

【原典】

八月，田荣击逐齐王假，假亡走楚，田角亡走赵。田间前救赵，因留不敢归。田荣乃立儋子市为齐王，荣相之，田横为将，平齐地。章邯兵益盛，项梁数使使告齐、赵发兵共击章邯。田荣曰：“楚杀田假，赵杀角、间，乃出兵。”楚、赵不许。田荣怒，终不肯出兵。

郎中令赵高恃恩专恣，以私怨诛杀众人，恐大臣入朝奏事言之，乃说二世曰：“天子之所以贵者，但以闻声，群臣莫得见其面故也。且陛下富于春秋，未必尽通诸事。今坐朝廷，谴举有不当者，则见短于大臣，非所以示神明于天下也。陛下不如深拱禁中，与臣及侍中习法者待事，事来有以揆之。如此，则大臣不敢奏疑事，天下称圣主也。”二世用其计，乃不坐朝廷见大臣，常居禁中。赵高侍中用事，事皆决于赵高。

高闻李斯以为言，乃见丞相曰："关东群盗多，今上急，益发繇（yóu），治阿房宫，聚狗马无用之物。臣欲谏，为位贱，此真君侯之事。君何不谏？"李斯曰："固也，吾欲言之久矣。今时上不坐朝廷，常居深宫。吾所言者，不可传也。欲见，无闲。"赵高曰："君诚能谏，请为君侯上闲，语君。"于是赵高待二世方燕乐，妇女居前，使人告丞相："上方闲，可奏事。"丞相至宫门上谒。如此者三。二世怒曰："吾常多闲日，丞相不来；吾方燕私，丞相辄来请事！丞相岂少我哉，且固我哉？"赵高因曰："夫沙丘之谋，丞相与焉。今陛下已立为帝，而丞贵不益，此其意亦望裂地而王矣。且陛下不问臣，臣不敢言。丞相长男李由为三川守，楚盗陈胜等皆丞相傍县之子，以故楚盗公行，过三川城，守不肯击。高闻其文书相往来，未得其审，故未敢以闻。且丞相居外，权重于陛下。"二世以为然，欲案丞相，恐其不审，乃先使人按验三川守与盗通状。

李斯闻之，因上书言赵高之短曰："高擅利擅害，与陛下无异。昔田常相齐简公，窃其恩威，下得百姓，上得群臣，卒弑齐简公而取齐国，此天下所明知也。今高有邪佚之志，危反之行，私家之富，若田氏之于齐矣，而又贪欲无厌，求利不止，列势其主，其欲无穷，劫陛下之威信，其志若韩玘为韩安相也。陛下不图，臣恐其必为变也。"二世曰："何哉！夫高，故宦人也，然不为安肆志，不以危易心，洁行修善，自使至此，以忠得进，以信守位，朕实贤之。而君疑之，何也？且朕非属赵君，当谁任哉！且赵君为人，精廉强力，下知人情，上能适朕，君其勿疑！"二世雅爱信高，恐李斯杀之，乃私告赵高。高曰："丞相所患者独高，高已死，丞相即欲为田常所为。"

是时，盗贼益多，而关中卒发东击盗者无已。右丞相冯去疾、左丞相李斯、将军冯劫进谏曰："关东群盗并起，秦发兵追击，所杀亡甚众，然犹不止。盗多，皆以戍、漕、转、作事苦，税赋大也。请且止阿房宫作者，减省四边戍、转。"二世曰："凡所为贵有天下者，得肆意极欲，主重明法，下不敢为非，以制御海内矣。夫虞、夏之主，贵为天子，亲处穷苦之实以徇百姓，尚何于法！且先帝起诸侯，兼天下，天下已定，外攘四夷以安边境，作宫室以章得意，而君观先帝功业有绪。今朕即位，二年之间，群盗并起，君不能禁，又欲罢先帝之所为，是上无以报先帝，次不为朕尽忠力，何以在位！"下去疾、斯、劫吏，案责他罪。去疾、劫自杀，独李斯就狱。二世以属赵高治之，责斯与子由谋反状，皆收捕宗族、宾客。赵高治斯，榜掠千馀，不胜痛，自诬服。

斯所以不死者，自负其辩，有功，实无反心，欲上书自陈，幸二世寤而赦之。乃从狱中上书曰："臣为丞相治民，三十馀年矣。逮秦地之狭隘，不过千里，兵数十万。臣尽薄材，阴行谋臣，资之金玉，使游说诸侯；阴修甲兵，饬政教，官斗士，尊功臣；故终以胁韩，弱魏，破燕、赵，夷齐、楚，卒兼六国，虏其王，立秦为天子。又北逐胡、貉，南定北越，以见秦之强。更克画，平斗斛、度量，文章布之天下，以树秦之名。此皆臣之罪也，臣当死久矣！上幸尽其能力，乃得至今。愿陛下察之！"书上，赵高使吏弃去不奏，曰："囚安得上书！"

赵高使其客十馀辈诈为御史、谒者、侍中，更往覆讯斯，斯更以其实对，辄使人复榜之。后二世使人验斯，斯以为如前，终不更言。辞服，奏当上。二世喜曰："微赵君，几为丞相所卖！"及二世所使案三川守由者至，则楚兵已击杀之。使者来，会职责相下吏，高皆妄为反辞以相傅会，遂具斯五刑，论腰斩咸阳市。斯出狱，与其中子俱执。顾谓其中子曰："吾欲与若复牵黄犬，俱出上蔡东门逐狡兔，岂可得乎!”遂父子相哭，而夷三族。二世乃以赵高为丞相，事无大小皆决焉。

解读

总体来说，李斯在秦王政统一六国的事业中起了较大作用。秦统一天下后，与王绾、冯劫议定尊秦王政为皇帝，并制定有关的礼仪制度。被任命为丞相。他建议拆除郡县城墙，销毁民间的兵器，以加强对人民的统治；反对分封制，坚持郡县制；又主张焚烧民间收藏的《诗》《书》百家语，禁止私学，以加强专制主义中央集权的统治。还参与制定了法律，统一车轨、文字、度量衡制度。

秦始皇死后，李斯与赵高合谋，伪造遗诏，迫令始皇长子扶苏自杀，立少子胡亥为二世皇帝。后为赵高所忌，于秦二世二年（前208年）被腰斩于咸阳闹市，并夷三族。

李斯故居的东门外是一片水草丛生的沼泽，树林茂密，荒草没人，成群的肥兔在那里出没，李斯公事之余，经常与其子到那里打猎。李斯直至被杀之前仍念念不忘。

李斯一辈子是个官迷，死到临头时却说后悔当初舍弃了“驾鹰牵狗出门打猎的平民生活”，其言外之意是后悔进入官场，看来李斯到死也没有明白他究竟是怎么死的。唐代诗人李白在感慨李斯悲剧命运的一首诗里，曾写道：“咸阳市中叹黄犬，何如月下倾金罍（léi）”，算是对李斯一生的一个注脚吧。

汉 纪

太祖高皇帝上之上元年——刘邦入关中约法三章

【原典】

冬，十月，沛公至霸上。秦王子婴素车、白马，系颈以组，封皇帝玺、符、节，降轵道旁。诸将或言诛秦王。沛公曰："始怀王遣我，固以能宽容。且人已降，杀之不祥。"乃以属吏。

贾谊论曰：秦以区区之地致万乘之权，招八州而朝同列，百有馀年，然后以六合为家，殽、函为宫。一夫作难而七庙堕，身死人手，为天下笑者，何也？仁义不施而攻守之势异也。

沛公西入咸阳，诸将皆争走金帛财物之府分之。萧何独先入收秦丞相府图籍藏之，以此沛公得具知天下厄塞、户口多少、强弱之处。沛公见秦宫室、帷帐、狗马、重宝、妇女以千数，意欲留居之。樊哙谏曰："沛公欲有天下耶，将为富家翁耶？凡此奢丽之物，皆秦所以亡也，沛公何用焉！愿急还霸上，无留宫中！"沛公不听。张良曰："秦为无道，故沛公得至此。夫为天下除残贼，宜缟素为资。今始入秦，即安其乐，此所谓'助桀为虐'。且忠言逆耳利于行，毒药苦口利于病，愿沛公听樊哙言！"沛公乃还军霸上。

十一月，沛公悉召诸县父老、豪桀，谓曰："父老苦秦苛法久矣！吾与诸侯约，先入关者王之，吾当王关中。与父老约法三章耳：杀人者死，伤人及盗抵罪。馀悉除去秦法，诸吏民皆案堵如故。凡吾所以来，为父老除害，非有所侵暴，无恐。且吾所以还军霸上，待诸侯至而定约束耳。"乃使人与秦吏行县、乡、邑，告谕之。秦民大喜，争持牛、羊、酒食献飨军士。沛公又让不受，曰："仓粟多，非乏，不欲费民。"民又益喜，唯恐沛公不为秦王。

解读

刘邦是西汉王朝的开国皇帝，他出身农家，早年当过秦朝地方小吏，为人豁达大度，不事生产。他因为释放刑徒而逃亡到芒砀山中。公元前209年，刘邦在家乡聚众响应农民军陈胜吴广的起义。后来，刘邦率大军进抵秦国首都咸阳，结束了秦朝的统治。刘邦在秦都废除秦朝苛法，与关中父老约法三章："杀人者死，伤人及盗抵罪。"因此受到人民的欢迎。

所谓"得民心者得天下"，刘邦的约法三章，为的就是收买民心。虽然这个"民"不一定是劳动人民，因为刘邦主要是收罗地方豪杰、统治阶级中的人物。但这么一来，老百姓也得到了实惠。而刘邦"收买人心"的目的也达到了。刘邦的这一举措做得非常出色，这也注定了他以后能走上位高权重的九五之尊的宝座！

太祖高皇帝上之上元年——韩信忍受胯下之辱

【原典】

初，淮阴人韩信，家贫，无行，不得推择为吏，又不能治生商贾，常从人寄食饮，人多厌之。信钓于城下，有漂母见信饥，饭信。信喜，谓漂母曰："吾必有以重报母。"母怒曰："大丈夫不能自食，吾哀王孙而进食，岂望报乎！"淮阴屠中少年有侮信者曰："若虽长大，好带刀剑，中情怯耳。"因众辱之曰："信能死，刺我；不能死，出我胯下！"于是信孰视之，俛出胯下，蒲伏。一市人皆笑信，以为怯。

及项梁渡淮，信杖剑从之。居麾下，无所知名。项梁败，又属项羽，羽以为郎中。数以策干羽，羽不用。汉王之入蜀，信亡楚归汉，未知名。为连敖，坐当斩。其辈十三人皆已斩，次至信，信乃仰视，适见滕公，曰："上不欲就天下乎？何为斩壮士？”滕公奇其言，壮其貌，释而不斩。与语，大说之，言于王。王拜以为治粟都尉，亦未之奇也。

信数与萧何语，何奇之。汉王至南郑，诸将及士卒皆歌讴思东归，多道亡者。信度何等已数言王，王不我用，即亡去。何闻信亡，不及以闻，自追之。人有信王曰：“丞相何亡。”王大怒，如失左右手。居一二日，何来谒王。王且怒且喜，骂何曰：“若亡，何也？”何曰：“臣不敢亡也，臣追亡者耳。”王曰：“若所追者谁？”何曰：“韩信也。”王复骂曰：“诸将亡者以十数，公无所追。追信，诈也！”何曰：“诸将易得耳。至如信者，国士无双。王必欲长王汉中，无所事信，必欲争天下，非信无可与计事者。顾王策安所决耳。”王曰：“吾亦欲东耳，安能郁郁久居此乎！”何曰：“计必欲东，能用信，信即留；不能用信，终亡耳。”王曰：“吾为公以为将。”何曰：“虽为将，信不留。”王曰：“以为大将。”何曰：“幸甚！”于是王欲召信拜之。何曰：“王素慢无礼。今拜大将，如呼小儿，此乃信所以去也。王必欲拜之，择良日，斋戒，设坛场，具礼，乃可耳。”王许之。诸将皆喜，人人各自以为得大将。至拜大将，乃韩信也，一军皆惊。

信拜礼毕，上坐。王曰：“丞相数言将军，将军何以教寡人计策？”信辞谢，因问王曰：“今东乡争权天下，岂非项王耶？”汉王曰：“然。”曰：“大王自料，勇悍仁强孰与项王？”汉王默然良久，曰：“不如也。”信再拜贺曰：“惟信亦以为大王不如也。然臣尝事之，请言项王之为人也。项王暗噁（è）叱咤，千人皆废，然不能任属贤将，此特匹夫之勇耳。项王见人，恭敬慈爱，言语呕呕，人有疾病，涕泣分食饮；至使人，有功当封爵者，印刓（wán）敝，忍不能予，此所谓妇人之仁也。项王虽霸天下而臣诸侯，不居关中而都彭城；背义帝之约，而以亲爱王诸侯，不平；逐其故主而王其将相，又迁逐义帝置江南；所过无不残灭，百姓不亲附，特劫于威强耳。名虽为霸，实失天下心，故其强易弱。今大王诚能反其道，任天下武勇，何所不诛！以天下城邑封功臣，何所不服！以义兵从思东归之士，何所不散！且三秦王为秦将，将秦子弟数岁矣，所杀亡不可胜计；又欺其众，降诸侯，至新安，项王诈坑秦降卒二十馀万，唯独邯、欣、翳得脱。秦父兄怨此三人，痛入骨髓。今楚强以威王此三人，秦民莫爱也。大王之入武关，秋毫无所害；除秦苛法，与秦民约法三章；秦民无不欲得大王王秦者。于诸侯之约，大王当王关中，民咸知之；大王失职入汉中，秦民无不恨者。今大王举而东，三秦可传檄而定也。”于是汉王大喜，自以为得信晚，遂听信计，部署诸将所击。留萧何收巴、蜀租，给军粮食。

解读

楚汉相争时，刘邦和项羽争夺天下，势均力敌。然而刘邦借助大将韩信一统天下，韩信也因此封王封侯。然而这个封王封侯的韩信却曾忍受胯下之辱。

如果当初韩信一气之下，和那些对手拼命，恐怕历史将要改写，西汉也就不会出现一个叱咤风云的大将军，只会多一个名不见经传的冤死鬼。当然历史都是既成的事实，没有假设的可能性。但是历史中的智慧值得我们思索。大丈夫要做到能屈能伸、能刚能柔，韩信的典故恰到好处地说明了这一点。在常人看来，胯下之辱绝对让人不能忍受，很多人会认为士可杀，不可辱，然而韩信爬过去了，而且爬过去以后拍拍身上的尘土扬长而去，这是何等的胸襟和气魄！

太祖高皇帝中五年——项羽兵败垓下

【原典】

冬，十月，汉王追项羽至固陵，与齐王信、魏相国越期会击楚；信、越不至，楚击汉军，大破之。汉王复坚壁自守，谓张良曰："诸侯不从，奈何?"对曰："楚兵且破，二人未有分地，其不至固宜。君王能与共天下，可立致也。齐王信之立，非君王意，信亦不自坚；彭越本定梁地，始，君王以魏豹故拜越为相国，今豹死，越亦望王，而君王不早定。今能取睢阳以北至穀城皆以王彭越，从陈以东傅海与齐王信。信家在楚，其意欲复得故邑。能出捐此地以许两人，使各自为战，则楚易破也。"汉王从之。于是韩信、彭越皆引兵来。

十一月，刘贾南渡淮，围寿春，遣人诱楚大司马周殷。殷畔楚，以舒屠六，举九江兵迎黥布，并行屠城父，随刘贾皆会。

十二月，项王至垓下，兵少，食尽，与汉战不胜，人壁；汉军及诸侯兵围之数重。项王夜闻汉军四面皆楚歌，乃大惊曰："汉皆已得楚乎?是何楚人之多也?"则夜起，饮帐中，悲歌慷慨，泣数行下；左右皆泣，莫能仰视。于是项王乘其骏马名骓，麾下壮士骑从者八百馀人，直夜，溃围南出驰走。平明，汉军乃觉之，令骑将灌婴以五千骑追之。项王渡淮，骑能属者才百馀人。至阴陵，迷失道，问一田父，田父绐曰"左"。左，乃陷大泽中，以故汉追及之。

项王乃复引兵而东，至东城，乃有二十八骑。汉骑追者数千人，项王自度不得脱，谓其骑曰："吾起兵至今，八岁矣；身七十馀战，未尝败北，遂霸有天下。然今卒困于此，此天之亡我，非战之罪也。今日固决死，愿为诸君快战，必溃围，斩将，刈旗，三胜之，令诸君知天亡我，非战之罪也。"乃分其骑以为四队，四乡。汉军围之数重。项王谓其骑曰："吾为公取彼一将。"

令四面骑驰下，期山东为三处。于是项王大呼驰下，汉军皆披靡，遂斩汉一将。是时，郎中骑杨喜追项王，项王瞋目而叱之，喜人马俱惊，辟易数里。项王与其骑会为三处，汉军不知项王所在，乃分军为三，复围之。项王乃驰，复斩汉一都尉，杀数十百人。复聚其骑，亡其两骑耳。乃谓其骑曰："何如？"骑皆伏曰："如大王言！"

于是项王欲东渡乌江，乌江亭长舣船待，谓项王曰："江东虽小，地方千里，众数十万人，亦足王也。愿大王急渡！今独臣有船，汉军至，无以渡。"项王笑曰："天之亡我，我何渡为！且籍与江东子弟八千人渡江而西，今无一人还；纵江东父兄怜而王我，我何面目见之！纵彼不言，籍独不愧于心乎！"乃以所乘骓马赐亭长，令骑皆下马步行，持短兵接战。独籍所杀汉军数百人，身亦被十馀创。顾见汉骑司马吕马童，曰："若非吾敌人乎？"马童面之，指示中郎骑王翳曰："此项王也！"项王乃曰："吾闻汉购我头千金，邑万户，吾为若德。"乃刎而死。王翳取其头，馀骑相蹂践争项王，相杀者数十人。最其后，杨喜、吕马童及郎中吕胜、杨武各得其一体；五人共会其体，皆是，故分其户，封五人皆为列侯。

楚地悉定，独鲁不下；汉王引天下兵欲屠之。至其城下，犹闻弦诵之声，为其守礼义之国，为主死节，乃持项王头以示鲁父兄，鲁乃降。汉王以鲁公礼葬项王于穀城，亲为发哀，哭之而去。

诸项氏枝属皆不诛。封项伯等四人皆为列侯，赐姓刘氏；诸民略在楚者皆归之。

太史公曰：羽起陇晦之中，三年，遂将五诸侯灭秦，分裂天下而封王侯，政由羽出；位虽不终，近古以来未尝有也！及羽背关怀楚，放逐义帝而自立；怨王侯叛己，难矣！自矜功伐，奋其私智而不师古，谓霸王之业，欲以力征经营天下。五年，卒亡其国，身死东城，尚不觉寤而不自责，乃引“天亡我，非用兵之罪也。”岂不谬哉！

扬子《法言》：或问：“楚败垓下，方死，曰‘天也！’谅乎？”曰：“汉屈群策，群策屈群力；楚憞群策而自屈其力。屈人者克，自屈者负。天曷故焉！”

解读

项籍，字羽，通常被称作项羽，中国古代著名将领及政治人物，秦亡后自封“西楚霸王”，后在楚汉战争中为汉高祖刘邦所败，在乌江（今安徽和县）自刎而死。

项羽之所以到最后落得一败涂地的下场，原因是多方面的。首先，项羽在政治上是幼稚甚至是愚蠢的。他坑杀战俘，放弃关中，怀念楚国，放逐义帝，自立为王，尽失人心。更为突出的表现是在用人上，刘邦手下萧何、张良、韩信、彭越、英布出身各不相同，却可以尽发挥其所长，而项羽却连一个范增都不能用，项羽与刘邦形成了鲜明的对比。最后兵败垓下，在是否东渡乌江的问题上，他又走错了一步。人生不可能总是勇往直前、我行我素，必要的时候需要转弯、需要忍耐，忍到时机成熟的时候，可能好运就会降临了。唐代诗人杜牧有一首《题乌江亭》：“胜败兵家事不期，包羞忍耻是男儿。江东子弟多才俊，卷土重来未可知。”在这首诗中，杜牧说项羽逞一时之能，不能忍辱负重，而自刎于乌江，失去了东山再起、重新开始的机会。

太祖高皇帝中六年——张良功成身退

【原典】

甲申，始剖符封诸功臣为彻侯。萧何封酂侯，所食邑独多。功臣皆曰："臣等身被坚执锐，多者百馀战，小者数十合。今萧何未尝有汗马之劳，徒持文墨议论，顾反居臣等上，何也？"帝曰："诸君知猎乎？夫猎，追杀兽兔者，狗也；而发纵指示兽处者，人也。今诸君徒能得走兽耳，功狗也；至如萧何，发纵指示，功人也。"群臣皆不敢言。张良为谋臣，亦无战斗功；帝使自择齐三万户。良曰："始，臣起下邳，与上会留，此天以臣授陛下。陛下用臣计，幸而时中。臣愿封留足矣，不敢当三万户。"乃封张良为留侯。封陈平为户牖侯。平辞曰："此非臣之功也。"上曰："吾用先生谋计，战胜克敌，非功而何？"平曰："非魏无知，臣安得进？"上曰："若子，可谓不背本矣！"乃复赏魏无知。

帝以天下初定，子幼，昆弟少，惩秦孤立而亡，欲大封同姓以填抚天下。春，正月，丙午，分楚王信地为二国，以淮东五十三县立从兄将军贾为荆王，以薛郡、东海、彭城三十六县立弟文信君交为楚王。壬子，以云中、雁门、代郡五十三县立兄宜信侯喜为代王；以胶东、胶西、临淄、济北、博阳、城阳郡七十三县立微时外妇之子肥为齐王，诸民能齐言者皆以与齐。

上以韩王信材武，所王北近巩、洛，南迫宛、叶，东有淮阳，皆天下劲兵处；乃以太原郡三十一县为韩国，徙韩王信王太原以北，备御胡，都晋阳。信上书曰："国被边，匈奴数入寇；晋阳去塞远，请治马邑。"上许之。

上已封大功臣二十馀人，其馀日夜争功不决，未得行封。上在洛阳南宫，从复道望见诸将，往往相与坐沙中语。上曰："此何语？"留侯曰："陛下不知乎？此谋反耳！"上曰："天下属安定，何故反乎？"留侯曰："陛下起布衣，以此属取天下。今陛下为天子，而所封皆故人所亲爱，所诛皆平生所仇怨。今军吏计功，以天下不足遍封；此属畏陛下不能尽封，恐又见疑平生过失及诛，故即相聚谋反耳。”上乃忧曰：“为之奈何？”留侯曰：“上平生所憎、群臣所共知，谁最甚者？”上曰：“雍齿与我有故怨，数尝窘辱我；我欲杀之，为其功多，故不忍。”留侯曰：“今急先封雍齿，则群臣人人自坚矣。”于是上乃置酒，封雍齿为什方侯；而急趋丞相、御史定功行封。群臣罢酒，皆喜，曰：“雍齿尚为侯，我属无患矣！”

解读

张良，字子房，汉初政治家、军事家，西汉开国元勋，“汉初三杰”之一。

功成身退、明哲保身是张良后半生性格的重要组成部分。张良深知“狡兔死，走狗烹；飞鸟尽，良弓藏；敌国破，谋臣亡”的道理，在群臣争功的情况下，他“不敢当三万户”；刘邦对他的封赏，他极为知足；他称病闭门不出，行“道引”、“辟谷”之术；他扬言“愿弃人间事，欲从赤松子游”，处处表现得功成身退。因此，在“汉初三杰”中，韩信被杀，萧何被囚，张良却始终毫发未伤。

对于名利权势，不同的人态度不同。有的人很明智，知道权势不一定能够给人带来幸福，所以不去争权夺势，而是抑制住自己对权势的渴望，在事业成功时全身而退。

太祖高皇帝下十一年——韩信谋反被夷三族

【原典】

冬，上在邯郸。陈豨（xī）将侯敞将万馀人游行，王黄将骑千馀军曲逆，张春将卒万馀人渡河攻聊城。汉将军郭蒙与齐将击，大破之。太尉周勃道太原人定代地，至马邑，不下，攻残之。赵利守东垣，帝攻拔之，更命曰真定。帝购王黄、曼丘臣以千金，其麾下皆生致之。于是陈豨（xī）军遂败。

淮阴侯信称病，不从击豨，阴使人至豨所，与通谋。信谋与家臣夜诈诏赦诸官徒、奴，欲发以袭吕后、太子；部署已定，待豨报。其舍人得罪于信，信囚，欲杀之。春，正月，舍人弟上变，告信欲反状于吕后。吕后欲召，恐其傥不就，乃与萧相国谋，诈令人从上所来，言豨已得，死，列侯、群臣皆贺。相国绐信曰："虽疾，强入贺。"信入，吕后使武士缚信，斩之长乐钟室。信方斩，曰："吾悔不用蒯（kuǎi）彻之计，乃为儿女子所诈，岂非天哉！"遂夷信三族。

臣光曰：世或以韩信为首建大策，与高祖起汉中，定三秦，遂分兵以北，禽魏，取代，仆赵，胁燕，东击齐而有之，南灭楚垓下，汉之所以得天下者，大抵皆信之功也。观其距蒯彻之说，迎高祖于陈，岂有反心哉！良由失职怏怏，遂陷悖逆。夫以卢绾里闬（hàn）旧恩，犹南面王燕，信乃以列侯奉朝请，岂非高祖亦有负于信哉！臣以为高祖用诈谋禽信于陈，言负则有之；虽然，信亦有以取之也。始，汉与楚相距荥阳，信灭齐，不还报而自王；其后汉追楚至固陵，与信期共攻楚而信不至。当是之时，高祖固有取信之心矣，顾力不能耳。及天下已定，则信复何恃哉！夫乘时以徼利者，市井之志也；酬功而报德者，士君子之心也。信以市井之志利其身，而以君子之心望于人，不亦难哉！是故太史公论之曰："假令韩信学道谦让，不伐己功，不矜其能，则庶几哉！于汉家勋，可以比周、召、太公之徒，后世血食矣！不务出此，而天下已集，乃谋畔逆；夷灭宗族，不亦宜乎！”

将军柴武斩韩王信于参合。

上还洛阳，闻淮阴侯之死，且喜且怜之，问吕后曰：“信死亦何言？”吕后曰：“信言恨不用蒯彻计。”上曰：“是齐辩士蒯彻也。”乃诏齐捕蒯彻。蒯彻至，上曰：“若教淮阴侯反乎？”对曰：“然，臣固教之。竖子不用臣之策，故令自夷于此；如用臣之计，陛下安得而夷之乎！”上怒曰：“烹之！”彻曰：“嗟乎！冤哉烹也！”上曰：“君教韩信反，何冤？”对曰：“秦失其鹿，天下共逐之，高材疾足者先得焉。跖之狗吠尧，尧非不仁，狗固吠非其主。当是时，臣唯独知韩信，非知陛下也。且天下锐精持锋欲为陛下所为者甚众，顾力不能耳，又可尽烹之邪？”上曰：“置之。”

解读

兔死狗烹是古代君王们的一贯做法，韩信功高盖主，似乎难逃一劫。但以刘邦的爱才之心，是不忍杀韩信的，这其中，吕后扮演了一个很重要的角色。

韩信死于吕后之手，而非刘邦。刘邦是想杀韩信，但因其功多不忍杀之。再说韩信被刘邦软禁，已经没有太大的威胁了，杀了反而会招致千古骂名。吕后窥测到了刘邦的微妙心理，放手一杀，并在杀功臣中树立了自己的威权，强化了吕氏专政。可以说杀韩信是吕后立威的政治需要。作为吕后专权的绊脚石，韩信也是难逃一死。从这一点看，还是张良功成身退的做法最为明智，而韩信似乎不明白这种明哲保身的道理。

太宗孝文皇帝中前三年——张释之以法治国

【原典】

初，南阳张释之为骑郎，十年不得调，欲免归。袁盎知其贤而荐之，为谒者仆射。

释之从行，登虎圈，上问上林尉诸禽兽簿。十馀问，尉左右视，尽不能对。虎圈啬夫从旁代尉对。上所问禽兽簿甚悉，欲以观其能；口对响应，无穷者。帝曰："吏不当若是邪！尉无赖！"乃诏释之拜啬夫为上林令。释之久之前，曰："陛下以绛侯周勃何如人也？"上曰："长者也。"又复问："东阳侯张相如何如人也？"上复曰："长者。"释之曰："夫绛侯、东阳侯称为长者，此两人言事曾不能出口，岂效此啬夫喋喋利口捷给哉！且秦以任刀笔之吏，争以亟疾苛察相高。其敝，徒文具而无实，不闻其过，陵迟至于土崩。今陛下以啬夫口辨而超迁之，臣恐天下随风而靡，争为口辨而无其实。夫下之化上，疾于景响，举错不可不审也。"帝曰："善！"乃不拜啬夫。上就车，诏释之参乘。徐行，问释之秦之敝，具以质言。至宫，上拜释之为公车令。

顷之，太子与梁王共车入朝，不下司马门。于是释之追止太子、梁王，无得入殿门，遂劾"不下公门，不敬"，奏之。薄太后闻之；帝免冠，谢教儿子不谨。薄太后乃使使承诏赦太子、梁王，然后得入。帝由是奇释之，拜为中大夫；顷之，至中郎将。

从行至霸陵，上谓群臣曰："嗟乎！以北山石为椁，用纻絮斮陈漆其间，岂可动哉！"左右皆曰："善！"释之曰："使其中有可欲者，虽锢南山犹有隙；使其中无可欲者，虽无石椁，又何戚焉！"帝称善。

是岁，释之为廷尉。上行出中渭桥，有一人从桥下走，乘舆马惊。于是使骑捕之，属廷尉。释之奏当："此人犯跸，当罚金。"上怒曰："此人亲惊吾马，马赖和柔，令它马，固不败伤我乎！而廷尉乃当之罚金。"释之曰："法者，天下公共也。今法如是，更重之，是法不信于民也。且方其时，上使使诛之则已。今已下廷尉。廷尉，天下之平也，壹倾，天下用法皆为之轻重，民安所错其手足！唯陛下察之。"上良久曰："廷尉当是也。"

其后人有盗高庙坐前玉环，得；帝怒，下廷尉治。释之按"盗宗庙服御物者"为奏当：弃市。上大怒曰："人无道，乃盗先帝器！吾属廷尉者，欲致之族；而君以法奏之，非吾所以共承宗庙意也。"释之免冠顿首谢曰："法如是，足也。且罪等，然以逆顺为差。今盗宗庙器而族之，有如万分一，假令愚民取长陵一抔土，陛下且何以加其法乎？"帝乃白太后许之。

解读

张释之，字季，汉文帝元年（前179年），出任骑郎，历任谒者仆射、公车令、中大夫、中郎将等职。文帝三年升任廷尉，成为协助皇帝处理司法事务的最高审判官。他认为廷尉是“天下之平”，如果执法不公，天下都会有法不依而轻重失当，百姓便会手足无措。他严于执法，当皇帝的诏令与法律发生抵触时，仍能执意守法，维护法律的严肃性。他认为“法者，天子所与天下公共也”。如果皇帝以个人意志随意修改或废止法律，“是法不信于民也”。他的言行在皇帝专制、言出法随的封建时代是难能可贵的，他以法治国的精神在我国历代一直受到称颂。时人称赞“张释之为廷尉，天下无冤民”。景帝当政时，出任淮南相。张释之对文景之治的实现，是有重要贡献的。

孝景皇帝下前三年——景帝杀晁错平叛乱

【原典】

初，晁错所更令三十章，诸侯讙（huān）哗。错父闻之，从颍川来，谓错曰：“上初即位，公为政用事，侵削诸侯，疏人骨肉，口语多怨，公何为也?”错曰：“固也。不如此，天子不尊，宗庙不安。”父曰：“刘氏安矣而晁氏危，吾去公归矣!”遂饮药死，曰：“吾不忍见祸逮身!”后十馀日，吴、楚七国俱反，以诛错为名。

上与错议出军事，错欲令上自将兵而身居守；又言：“徐、僮之旁吴所未下者，可以予吴。”错素与吴相袁盎不善，错所居坐，盎辄避；盎所居坐，错亦避；两人未尝同堂语。及错为御史大夫，使吏按盎受吴王财物，抵罪；诏赦以为庶人。吴、楚反，错谓丞、史曰：“袁盎多受吴王金钱，专为蔽匿，言不反；今果反，欲请治盎，宜知其计谋。”丞、史曰：“事未发，治之有绝；

今兵西向，治之何益！且盎不宜有谋。”错犹与未决。人有告盎，盎恐，夜见窦婴，为言吴所以反，愿至前，口对状。婴入言，上乃召盎。盎入见，上方与错调兵食。上问盎：“今吴、楚反，于公意何如？”对曰：“不足忧也！”上曰：“吴王即山铸钱，煮海为盐，诱天下豪杰；白头举事、此其计不百全，岂发乎！何以言其无能为也？”对曰：“吴铜盐之利则有之，安得豪杰而诱之！诚令吴得豪杰，亦且辅而为谊，不反矣。吴所诱皆亡赖子弟、亡命、铸钱奸人，故相诱以乱”错曰：“盎策之善。”上曰：“计安出？”盎对曰：“愿屏左右。”上屏人，独错在。盎曰：“臣所言，人臣不得知。”乃屏错。错趋避东厢，甚恨。上卒问盎，对曰：“吴、楚相遗书，言高皇帝王子弟各有分地，今贼臣晁错擅适诸侯，削夺之地，以故反，欲西共诛错，复故地而罢。方今计独有斩错，发使赦吴、楚七国，复其故地，则兵可毋血刃而俱罢。”于是上默然良久，曰：“顾诚何如？吾不爱一人以谢天下。”盎曰：“愚计出此，唯上孰计之！”乃拜盎为太常，密装治行。后十馀日，上令丞相青、中尉嘉、廷尉欧劾奏错：“不称主上德信，欲疏群臣、百姓，又欲以城邑予吴，无臣子礼，大逆无道。错当要斩，父母、妻子、同产无少长皆弃市。”制曰：“可。”错殊不知。壬子，上使中尉召错，给载行市，错衣朝衣斩东市。上乃使袁盎与吴王弟子宗正德侯通使吴。

谒者仆射邓公为校尉，上书言军事，见上，上问曰：“道军所来，闻晁错死，吴、楚罢不？”邓公曰：“吴为反数十岁矣；发怒削地，以诛错为名，其意不在错也。且臣恐天下之士钳口不敢复言矣。”上曰：“何哉？”邓公曰：“夫晁错患诸侯强大不可制，故请削之以尊京师，万世之利也。计画始行，卒受大戮。内杜忠臣之口，外为诸侯报仇，臣窃为陛下不取也。”于是帝喟然长息曰：“公言善，吾亦恨之！”

解读

晁错年轻时学法家学说，汉文帝时为太子家令，有辩才，号称“智囊”。

晁错为人刚直，在政见上与群臣又每每不合，引起众臣嫉恨。加之晁错的“削藩”主张，引起了诸侯不满，景帝优柔寡断未能采纳，于公元前154

年（景帝三年），终于酿成了“七国之乱”，以“请诛晁错，以清君侧”为名，威逼景帝，景帝无奈，曰：“吾不爱一人而谢天下”，腰斩晁错于西安东市，时年晁错四十六岁。

晁错不仅是替罪的羔羊，还是用来祈祷平息叛乱的祭品，但这并非偶然，这一切都源于他的书生本质。他死得确实冤枉，完全是一场政治、军事与权谋斗争的牺牲品。但不能否认的是，晁错的悲剧也是他的性格所致。只知忠诚，却不知忠须有道；锋芒太露，不知迂回婉转；与人结怨太多，不知多结善缘。如果不改其性，即便当时不死，也绝不会长期立足于汉廷。当然这绝非说人应当圆滑诡谲、了无棱角，而是从既能把事情做好又能保护自己这一角度出发的。否则，好心也可能把事情办坏，好人也可能被当成坏人。

世宗孝武皇帝上之上建元六年——汲黯为政，以民为本

【原典】

东海太守濮阳汲黯为主爵都尉。始，黯为谒者，以严见惮。东越相攻，上使黯往视之；不至，至吴而还，报曰：“越人相攻，固其俗然，不足以辱天子之使。”河内失火，延烧千馀家，上使黯往视之；还，报曰：“家人失火，屋比延烧，不足忧也。臣过河南，河南贫人伤水旱万馀家，或父子相食，臣谨以便宜，持节发河南仓粟以赈济贫民。臣请归节，伏矫制之罪。”上贤而释之。其在东海，治官理民，好清静，择丞、史任之，责大指而已，不苛小。黯多病，卧闺阁内不出。岁馀，东海大治，称之。上闻，召为主爵都尉，列于九卿。其治务在无为，引大体，不拘文法。

黯为人，性倨少礼，面折，不能容人之过。时天子方招文学儒者，上曰：“吾欲云云。”黯对曰：“陛下内多欲而外施仁义，奈何欲效唐、虞之治乎！”

上默然，怒，变色而罢朝，公卿皆为黯惧。上退，谓左右曰：“甚矣汲黯之戆（gàng）也！”群臣或数黯，黯曰：“天子置公卿辅弼之臣，宁令从谀承意，陷主于不义乎？且已在其位，纵爱身，奈辱朝廷何！”黯多病，病且满三月；上常赐告者数，终不愈。最后病，庄助为请告。上曰：“汲黯何如人哉？”助曰：“使黯任职居官，无以逾人；然至其辅少主，守城深坚，招之不来，麾之不去，虽自谓贲、育，亦不能夺之矣。”上曰：“然，古有社稷之臣，至如黯，近之矣。”

解读

汲黯是西汉初年的名臣，他出身名门，其上七世为卿大夫。

汲黯为政，以民为本，他为官清正，廉洁奉公，死后家无余资，在封建官吏浊多清少的环境中可谓一佼佼者。然而他多次直谏，廷诤抗颜，又与权臣弘、汤不能相容，为此，弘、汤对其恨之入骨，常在武帝面前说他的坏话，武帝好大喜功、不分良莠，对汲黯先是疏远，后继之以贬，终被出为淮阳太守，卒于任中。汲黯家乡有很多人都做官，都有所成，但是他们都认为不如汲黯。正是基于“以民为本”做人、做事的理念，汲黯在多少年之后，仍然受到世人的敬仰。

世宗孝武皇帝上之下元朔二年——侠士犯法，与民同罪

【原典】

主父偃说上曰：“茂陵初立，天下豪杰，并兼之家，乱众之民，皆可徙茂陵；内实京师，外销奸猾，此所谓不诛而害除。”上从之，徙郡国豪杰及訾三

百万以上于茂陵。

轵人郭解，关东大侠也，亦在徙中。卫将军为言："郭解家贫，不中徙。"上曰："解，布衣，权至使将军为言，此其家不贫。"卒徙解家。解平生睚眦杀人甚众，上闻之，下吏捕治解，所杀皆在赦前。轵有儒生侍使者坐，客誉郭解，生曰："解专以奸犯公法，何谓贤！"解客闻，杀此生，断其舌。吏以此责解，解实不知杀者，杀者亦竟绝，莫知为谁。吏奏解无罪，公孙弘议曰："解，布衣，为任侠行权，以睚眦杀人。解虽弗知，此罪甚于解杀之。当大逆无道。"遂族郭解。

班固曰：古者天子建国，诸侯立家，自卿大夫以至于庶人，各有等差，是以民服事其上而下无觊觎。周室既微，礼乐、征伐自诸侯出。桓、文之后，大夫世权，陪臣执命。陵夷至于战国，合从连衡，繇是列国公子，魏人信陵，赵有平原，齐有孟尝，楚有春申，皆藉王公之势，竞为游侠，鸡鸣狗盗，无不宾礼。而赵相虞卿，弃国捐君，以周穷交魏齐之厄；信陵无忌，窃符矫命，戮将专师，以赴平原之急；皆以取重诸侯，显名天下，扼腕而游谈者，以四豪为称首。于是背公死党之议成，守职奉上之义废矣。及至汉兴，禁网疏阔，未知匡改也。是故代相陈豨从车千乘，而吴濞、淮南皆招客以千数。外戚大臣魏其、武安之属竞逐于京师，布衣游侠剧孟、郭解之徒驰骛于闾阎、权行州域。力折公侯，众庶荣其名迹，觊而慕之。虽其陷于刑辟，自与杀身成名，若季路、仇牧，死而不悔。故曾子曰："上失其道，民散久矣。"非明王在上，示之以好恶，齐之以礼法，民曷由知禁而反正乎！古之正法：五伯，三王之罪人也；而六国，五伯之罪人也。夫四豪者，又六国之罪人也。况于郭解之伦，以匹夫之细，窃杀生之权，其罪已不容于诛矣。观其温良泛爱，振穷周急，谦退不伐，亦皆有绝异之姿。惜乎，不入于道德，苟放纵于末流，杀身亡宗，非不幸也。

荀悦论曰：世有三游，德之贼也：一曰游侠，二曰游说，三曰游行。立气势，作威福，结私交以立强于世者，谓之游侠；饰辩辞，设诈谋，驰逐于天下以要时势者，谓之游说；色取仁以合时好，连党类、立虚誉以为权利者，谓之游行。此三者，乱之所由生也；伤道害德，败法惑世，先王之所慎也。国有四民，各修其业。不由四民之业者，谓之奸民。奸民不生，王道乃成。

凡此三游之作，生于季世，周、秦之末尤甚焉。上不明，下不正，制度不立，纲纪驰废；以毁誉为荣辱，不核其真；以爱憎为利害，不论其实；以喜怒为赏罚，不察其理。上下相冒，万事乖错，是以言论者计薄厚而吐辞，选举者度亲疏而举笔，善恶谬于众声，功罪乱于王法。然则利不可以义求，害不可以道避也。是以君子犯礼，小人犯法，奔走驰骋，越职僭度，饰华废实，竞趣时利。简父兄之尊而崇宾客之礼，薄骨肉之恩而笃朋友之爱，忘修身之道而求众人之誉，割衣食之业以供飨宴之好，苞苴盈于门庭，聘问交于道路，书记繁于公文，私务众于官事，于是流俗成而正道坏矣。

是以圣王在上，经国序民，正其制度；善恶要于功罪而不淫于毁誉，听其言而责其事，举其名而指其实。故实不应其声者谓之虚，情不覆其貌者谓之伪，毁誉失其真者谓之诬，言事失其类者谓之罔。虚伪之行不得设，诬罔之辞不得行，有罪恶者无侥倖，无罪过者不忧惧，请谒无所行，货赂无所用，息华文，去浮辞，禁伪辩，绝淫智，放百家之纷乱，壹圣人之至道，养之以仁惠，文之以礼乐，则风俗定而大化成矣。

解读

郭解是函谷关以东地区的著名侠士，以侠义之名，行杀人之实，并最终被处死。杀人犯法，这是一个基本常识，可是很多人却为郭解说情。由这一事件，司马光引用班固和荀悦的话展开了论述。

班固认为，如果没有贤明的君主在上，告知百姓什么行为是该受到表彰的，什么行为是应该摒弃的，并且用礼义法度去约束他们，那些百姓怎么能知道什么是违犯禁令的行为，从而改邪归正呢？如郭解之流，只不过是个渺小的平民百姓，却窃取生杀大权，他的罪恶已到了非杀不可的地步了。像郭解这般人物，不按照道德规范行事，却苟且放纵，最后自己身死，全族被杀，班固认为这并非是不幸。

而荀悦则更直接，说“侠”是破坏道德法度的奸贼。荀悦认为：善与恶的区分主要取决于是立功还是犯罪，而不受舆论毁誉的扰乱，听其言，还得责求其事；举出名，还要指出其实。这些论点都对后世的法治断案起到了积极的作用。

世宗孝武皇帝上之下元朔二年——主父偃骄横被杀

【原典】

燕王定国与父康王姬奸，夺弟妻为姬，杀肥如令郢人。郢人兄弟上书告之，主父偃从中发其事。公卿请诛定国，上许之。定国自杀，国除。

齐厉王次昌亦与其姊纪翁主通。主父偃欲纳其女于齐王，齐纪太后不许。偃因言于上曰：“齐临菑十万户，市租千金，人众殷富，巨于长安，非天子亲弟、爱子，不得王此。今齐王于亲属益疏，又闻其姊乱，请治之！”于是帝拜偃为齐相，且正其事。偃至齐，急治王后宫宦者，辞及王；王惧，饮药自杀。偃少时游齐及燕、赵，及贵，连败燕、齐。赵王彭祖惧，上书告主父偃受诸侯金，以故诸侯子弟多以得封者。及齐王自杀，上闻，大怒，以为偃劫其王令自杀，乃征下吏治。偃服受诸侯金，实不劫王令自杀。上欲勿诛，公孙弘曰：“齐王自杀，无后，国除为郡入汉，主父偃本首恶。陛下不诛偃，无以谢天下。”乃遂族主父偃。

解读

主父偃是汉武帝时的大臣，他出身贫寒，早年学长短纵横之术，后学《易》、《春秋》和百家之言。在齐受到儒生的排挤，于是北游燕、赵、中山等诸侯王国，但都未受到礼遇。元光元年（前134年），主父偃抵长安。后直接上书汉武帝刘彻，当天就被召见，与徐乐、严安同时拜为郎中。不久又迁为谒者、中郎、中大夫，一年中升迁四次，得到武帝的破格任用。

一朝得势之后，主父偃就开始胡作非为，不知道自己几斤几两了。主父偃做到中大夫时，炙手可热，众大臣均巴结主父偃，贿赂他的金钱达数千金之多，主父偃也都来者不拒。后受齐王自杀的事件牵连，在公孙弘的撺掇下，终于被汉武帝所杀。主父偃的一生先抑后扬再抑，可谓坎坷异常。由起初的不为世容、穷困潦倒，到成为汉武帝的言官，拜为郎中，人人敬畏。虽历经种种波折，然而主父偃并未能够善始善终，最后落得个宾客中只有一人为其敛尸，门前冷落至此。从主父偃的身上我们可以看到，逆境中不畏困难，以坚强的毅力向自己的目标努力，顺境中则应保持自己在逆境中的精神。不因环境的变化而目中无人，骄横自大，自己应始终保持清醒的头脑，“穷则独善其身，达则兼济天下”。

世宗孝武皇帝中之下元鼎二年——张骞出使西域

【原典】

白金稍贱，民不宝用，竟废之。于是悉禁郡、国无铸钱，专令上林三官铸钱，令天下非三官钱不得行。而民之铸钱益少，计其费不能相当。惟真工、大奸乃盗为之。

浑邪王既降汉，汉兵击逐匈奴于幕北，自盐泽以东空无匈奴，西域道可通。于是张骞建言：“乌孙王昆莫本为匈奴臣，后兵稍强，不肯复朝事匈奴，匈奴攻不胜而远之。今单于新困于汉，而故浑邪地空无人，蛮夷俗恋故地，又贪汉财物，今诚以此时厚币赂乌孙，招以益东，居故浑邪之地，与汉结昆弟，其势宜听，听则是断匈奴右臂也。既连乌孙，自其西大夏之属皆可招来而为外臣。”天子以为然，拜骞为中郎将，将三百人，马各二匹，牛羊以万数，赍金币帛直数千巨万；多持节副使，道可便，遣之他旁国。

骞既至乌孙，昆莫见骞，礼节甚倨。骞谕指曰：“乌孙能东居故地，则汉遣公主为夫人，结为兄弟，共距匈奴，匈奴不足破也。”乌孙自以远汉，未知其大小；素服属匈奴日久，且又近之，其大臣皆畏匈奴，不欲移徙。骞留久之，不能得其要领，因分遣副使使大宛、康居、大月氏、大夏、安息、身毒、于阗及诸旁国，乌孙发译道送骞还，使数十人，马数十匹，随骞报谢，因令窥汉大小。是岁，骞还，到，拜为大行。后岁馀，骞所遣使通大夏之属者，皆颇与其人俱来，于是西域始通于汉矣。

西域凡三十六国，南北有大山，中央有河，东西六千馀里，南北千馀里，东则接汉玉门、阳关，西则限以葱岭。河有两源，一出葱岭，一出于阗，合流东注盐泽。盐泽去玉门、阳关三百馀里。自玉门、阳关出西域有两道：从鄯善傍南山北，循河西行至莎车，为南道；南道西逾葱岭，则出大月氏、安息。自车师前王廷随北山循河西行至疏勒，为北道；北道西逾葱岭，则出大宛、康居、奄蔡焉。故皆役属匈奴，匈奴西边日逐王，置僮仆都尉，使领西域，常居焉耆、危须、尉黎间，赋税诸国，取富给焉。

乌孙王既不肯东还，汉乃于浑

邪王故地置酒泉郡，稍发徙民以充实之；后又分置武威郡，以绝匈奴与羌通之道。

天子得宛汗血马，爱之，名曰“天马”。使者相望于道以求之。诸使外国，一辈大者数百，少者百馀人，人所赍操大放博望侯时，其后益习而衰少焉。汉率一岁中使多者十馀，少者五六辈；远者八九岁，近者数岁而反。

解读

张骞是西汉时期著名的外交家，他不畏艰险，两次出使西域，与西欧诸国正式开始了友好往来，促进了东西经济文化的广泛交流，开拓了从我国甘肃、新疆到今阿富汗、伊朗等地的陆路交通，即著名的“丝绸之路”，被后世誉为“中国走向世界的第一人”。

张骞出使西域，不仅丰富了当时人们的地理知识，扩大了人们的视野，而且直接促进了中国和西方经济与文化交流，中国精美的手工艺品，特别是丝绸、漆器、玉器、铜器传到西方，而西域的土产如苜蓿、葡萄、胡桃（核桃）、石榴、胡麻（芝麻）、胡豆（蚕豆）、胡瓜（黄瓜）、大蒜、胡萝卜，各种毛织品、毛皮、良马、骆驼、狮子、鸵鸟等陆续传入中国。西方的音乐、舞蹈、绘画、雕塑、杂技也传入中国，对中国古代文化艺术产生了积极的影响。

世宗孝武皇帝下之上天汉二年——李陵事件

【原典】

初，李广有孙陵，为侍中，善骑射，爱人下士。帝以为有广之风，拜骑都尉，使将丹杨、楚人五千人，教射酒泉、张掖以备胡。及贰师击匈奴，上诏陵，欲使为贰师将辎重，陵叩头自请曰：“臣所将屯边者，皆荆楚勇士奇材剑客也，力扼虎，射命中，愿得自当一队，到兰干山南以分单于兵，毋令专向贰师军。”上曰：“将恶相属邪！吾发军多，无骑予女。”陵对：“无所事骑，臣愿以少击众，步兵五千人涉单于庭。”上壮而许之。因诏路博德将兵半道迎陵军。博德亦羞为陵后距，奏言：“方秋，匈奴马肥，未可与战，愿留陵至春俱出。”上怒，疑陵悔不欲出而教博德上书，乃诏博德引兵击匈奴于西河。诏陵以九月发，出遮虏障，至东浚稽山南龙勒水上，徘徊观虏，即亡所见，还，抵受降城休士。陵于是将其步卒五千人，出居延，北行三十日，至浚稽山止营，举图所过山川地形，使麾下骑陈步乐还以闻。步乐召见，道陵将率得士死力，上甚悦，拜步乐为郎。

陵至浚稽山，与单于相值，骑可三万围陵军，军居两山间，以大车为营。陵引士出营外为陈，前行持戟、盾，后行持弓、弩。虏见汉军少，直前就营。陵搏战攻之，千弩俱发，应弦而倒。虏还走上山，汉军追击杀数千人。单于大惊，召左、右地兵八万馀骑攻陵。陵且战且引南行，数日，抵山谷中，连战，士卒中矢伤，三创者载辇。两创者将车，一创者持兵战，复斩首三千馀级。引兵东南，循故龙城道行四五日，抵大泽葭苇中，虏从上风纵火，陵亦令军中纵火以自救。南行至山下，单于在南山上，使其子将骑击陵。陵军步斗树木间，复杀数千人，因发连弩射单于，单于下走。是日捕得虏，言“单于曰：‘此汉精兵，击之不能下，日夜引吾南近塞，得无有伏兵乎？’诸当户君长皆言：‘单于自将数万骑击汉数千人不能灭，后无以复使边臣，令汉益轻匈奴。复力战山谷间，尚四五十里，得平地，不能破，乃还。’”

是时陵军益急，匈奴骑多，战一日数十合，复伤杀虏二千馀人。虏不利，欲去，会陵军候管敢为校尉所辱，亡降匈奴，具言："陵军无后救，射矢且尽，独将军麾下及校尉成安侯韩延年各八百人为前行，以黄与白为帜。当使精骑射之，即破矣。"单于得敢大喜，使骑并攻汉军，疾呼曰："李陵、韩延年趣降！"遂遮道急攻陵。陵居谷中，虏在山上，四面射，矢如雨下。汉军南行，未至鞮（dī）汗山，一日五十万矢皆尽，即弃车去。士尚三千馀人，徒斩车辐而持之，军吏持尺刀，抵山，入狭谷，单于遮其后，乘隅下垒石，士卒多死，不得行。昏后，陵便衣独步出营，止左右："毋随，丈夫一取单于耳！"良久，陵还，太息曰："兵败，死矣！"于是尽斩旌旗，及珍宝埋地中，陵叹曰："复得数十矢，足以脱矣。今无兵复战，天明，坐受缚矣。各鸟兽散，犹有得脱归报天子者。"令军士人持二升糒（bèi），一片冰，期至遮障者相待。夜半时，击鼓起士，鼓不鸣。陵与韩延年俱上马，壮士从者十馀人，虏骑数千追之，韩延年战死。陵曰："无面目报陛下！"遂降。军人分散，脱至塞者四百馀人。

陵败处去塞百馀里，边塞以闻。上欲陵死战；后闻陵降，上怒甚，责问陈步乐，步乐自杀。群臣皆罪陵，上以问太史令司马迁，迁盛言："陵事亲孝，与士信，常奋不顾身以徇国家之急，其素所畜积也，有国士之风。今举事一不幸，全躯保妻子之臣随而媒糵（niè）其短，诚可痛也！且陵提步卒不满五千，深蹂戎马之地，抑数万之师，虏救死扶伤不暇，悉举引弓之民共攻围之，转斗千里，矢尽道穷，士张空弮（quān），冒白刃，北首争死敌，得人之死力，虽古名将不过也。身虽陷败，然其所摧败亦足暴于天下。彼之不死，宜欲得当以报汉也。"上以迁为诬罔，欲沮贰师，为陵游说，下迁腐刑。

久之，上悔陵无救，曰："陵当发出塞，乃诏强弩都尉令迎军；坐预诏之，得令老将生奸诈。"乃遣使劳赐陵馀军得脱者。

解读

李陵（前134—前74年），字少卿，汉族，陇西成纪（今甘肃静宁南）人。西汉将领，李广之孙。曾率军与匈奴作战，战败投降匈奴，汉朝夷其三族，致使其彻底与汉朝断绝关系。其一生充满国仇家恨的矛盾，因而当时以及后世对他的评价一直存在争议。天汉二年（前99年），因为给李陵辩护说情，正在撰写《史记》的司马迁遇上了飞来横祸。这就是李陵事件。

据汉朝的刑法，死刑有两种减免办法：一是拿五十万钱赎罪，二是受“腐刑”。司马迁官小家贫，当然拿不出这么多钱赎罪。腐刑既残酷地摧残人体和精神，也极大地侮辱人格。面对最残酷的刑罚，司马迁痛苦到了极点，但他此时没有怨恨，也没有害怕。他只有一个信念，就是一定要活下去，一定要把《史记》写完：“是以肠一日而九回，居则忽忽若有所亡，出则不知所往。每念斯耻，汗未尝不发背沾衣也。”正因为还没有完成《史记》，他才忍辱负重地活了下来。

世宗孝武皇帝下之下征和二年——汉武帝教子无方

【原典】

初，上年二十九乃生戾太子，甚爱之。及长，性仁恕温谨，上嫌其材能少，不类己；而所幸王夫人生子闳，李姬生子旦、胥，李夫人生子髆，皇后、太子宠浸衰，常有不自安之意。上觉之，谓大将军青曰：“汉家庶事草创，加四夷侵陵中国，朕不变更制度，后世无法；不出师征伐，天下不安；为此者不得不劳民。若后世又如朕所为，是袭亡秦之迹也。太子敦重好静，必能安天下，不使朕忧。欲求守文之主，安有贤于太子者乎！闻皇后与太子有不安之意，岂有之邪？可以意晓之。”大将军顿首谢。皇后闻之，脱簪请罪。太子每谏征伐四夷，上笑曰：“吾当其劳，以逸遗汝，不亦可乎！”

上每行幸，常以后事付太子，宫内付皇后。有所平决，还，白其最，上亦无异，有时不省也。上用法严，多任深刻吏。太子宽厚，多所平反，虽得百姓心，而用法大臣皆不悦。皇后恐久获罪，每戒太子，宜留取上意，不应

擅有所纵舍。上闻之，是太子而非皇后。群臣宽厚长者皆附太子，而深酷用法者皆毁之。邪臣多党与，故太子誉少而毁多。卫青薨后，臣下无复外家为据，竞欲构太子。

上与诸子疏，皇后希得见。太子尝谒皇后，移日乃出。黄门苏文告上曰："太子与宫人戏。"上益太子宫人满二百人。太子后知之，心衔文。文与小黄门常融、王弼等常微伺太子过，辄增加白之。皇后切齿，使太子白诛文等。太子曰："第勿为过，何畏文等！上聪明，不信邪佞，不足忧也！"上尝小不平，使常融召太子，融言"太子有喜色"，上嘿然。及太子至，上察其貌，有涕泣处，而佯语笑，上怪之；更微问，知其情，乃诛融。皇后亦善自防闲，避嫌疑，虽久无宠，尚被礼遇。

是时，方士及诸神巫多聚京师，率皆左道惑众，变幻无所不为。女巫往来宫中，教美人度厄，每屋辄埋木人祭祀之。因妒忌恚詈，更相告讦，以为祝诅上，无道。上怒，所杀后宫延及大臣，死者数百人。上心既以为疑，尝昼寝，梦木人数千持杖欲击上，上惊寤，因是体不平，遂苦忽忽善忘。江充自以与太子及卫氏有隙，见上年老，恐晏驾后为太子所诛，因是为奸，言上疾祟在巫蛊。于是上以充为使者，治巫蛊狱。充将胡巫掘地求偶人，捕蛊及夜祠、视鬼，染污令有处，辄收捕验治，烧铁钳灼，强服之。民转相诬以巫蛊，吏辄劾以为大逆无道；自京师、三辅连及郡、国，坐而死者前后数万人。

是时，上春秋高，疑左右皆为蛊祝诅；有与无，莫敢讼其冤者。充既知上意，因胡巫檀何言："宫中有蛊气，不除之，上终不差。"上乃使充入宫，至省中，坏御座，掘地求蛊；又使按道侯韩说、御史章赣、黄门苏文等助充。充先治后宫希幸夫人，以次及皇后、太子宫，掘地纵横，太子、皇后无复施床处。充云："于太子宫得木人尤多，又有帛书，所言不道；当奏闻。"太子惧，问少傅石德。德惧为师傅并诛，因谓太子曰："前丞相父子、两公主及卫氏皆坐此，今巫与使者掘地得征验，不知巫置之邪，将实有也，无以自明。可矫以节收捕充等系狱，穷治其奸诈。且上疾在甘泉，皇后及家吏请问皆不报；上存亡未可知，而奸臣如此，太子将不念秦扶苏事邪？"太子曰："吾人子，安得擅诛！不如归谢，幸得无罪。"太子将往之甘泉，而江充持太子甚急；太子计不知所出，遂从石德计。秋，七月，壬午，太子使客诈为使者，收捕充等。按道侯说疑使者有诈，不肯受诏，客格杀说。太子自临斩充，骂曰："赵虏！前乱乃国王父子不足邪！乃复乱吾父子也！"又炙胡巫上林中。

太子使舍人无且持节夜入未央宫殿长秋门，因长御倚华具白皇后，发中厩车载射士，出武库兵，发长乐宫卫卒。长安扰乱，言太子反。苏文迸走，得亡归甘泉，说太子无状。上曰："太子必惧，又忿充等，故有此变。"乃使使召太子。使者不敢进，归报云："太子反已成，欲斩臣，臣逃归。"上大怒。丞相屈氂（máo）闻变，挺身逃，亡其印绶，使长史乘疾置以闻。上问："丞相何为？"对曰："丞相秘之，未敢发兵。"上怒曰："事籍籍如此，何谓秘也！丞相无周公之风矣，周公不诛管、蔡乎！"乃赐丞相玺书曰："捕斩反者，自有赏罚。以牛车为橹，毋接短兵，多杀伤士众！坚闭城门，毋令反者得出！"太子宣言告令百官云："帝在甘泉病困，疑有变；奸臣欲作乱。"上于是从甘泉来，幸城西建章宫，诏发三辅近县兵，部中二千石以下，丞相兼将之。太子亦遣使者矫制赦长安中都官囚徒，命少傅石德及宾客张光等分将；使长安囚如侯持节发长水及宣曲胡骑，皆以装会。侍郎马通使长安，因追捕如侯，告胡人曰："节有诈，勿听也！"遂斩如侯，引骑入长安；又发楫棹士以予大鸿胪商丘成。初，汉节纯赤，以太子持赤节，故更为黄旄加上以相别。

太子立车北军南门外，召护北军使者任安，与节，令发兵。安拜受节；入，闭门不出。太子引兵去，驱四市人凡数万众，至长乐西阙下，逢丞相军，合战五日，死者数万人，血流入沟中。民间皆云太子反，以故众不附太子，丞相附兵浸多。

庚寅，太子兵败，南奔覆盎城门。司直田仁部闭城门，以为太子父子之亲，不欲急之，太子由是得出亡。丞相欲斩仁，御史大夫暴胜之谓丞相曰："司直，吏二千石，当先请，奈何擅斩之！"丞相释仁。上闻而大怒，下吏责问御史大夫曰："司直纵反者，丞相斩之，法也；大夫何以擅止之？"胜之惶恐，自杀。诏遣宗正刘长、执金吾刘敢奉策收皇后玺绶，后自杀。上以为任安老吏，见兵事起，欲坐观成败，见胜者合从之，有两心，与田仁皆要斩。上以马通获如侯，长安男子景建从通获石德，商丘成力战获张光，封通为重合侯，建为德侯，成为秺（dù）侯。诸太子宾客尝出入宫门，皆坐诛；其随太子发兵，以反法族，吏士劫略者皆徙敦煌郡。以太子在外，始置屯兵长安诸城门。

上怒甚，群下忧惧，不知所出。壶关三老茂上书曰："臣闻父者犹天，母者犹地，子犹万物也，故天平，地安，物乃茂成；父慈，母爱，子乃孝顺。今皇太子为汉适嗣，承万世之业，体祖宗之重，亲则皇帝之宗子也。江充，布衣之人，闾阎之隶臣耳；陛下显而用之，衔至尊之命以迫蹴皇太子，造饰奸诈，群邪错缪，是以亲戚之路鬲塞而不通。太子进则不得见上，退则困于乱臣，独冤结而无告，不忍忿忿之心，起而杀充，恐惧逋逃，子盗父兵，以救难自免耳。臣窃以为无邪心。《诗》曰：'营营青蝇，止于藩。恺悌君子，无信谗言。谗言罔极，交乱四国。'往者江充谗杀赵太子，天下莫不闻。陛下不省察，深过太子，发盛怒，举大兵而求之，三公自将。智者不敢言，辩士不敢说，臣窃痛之！唯陛下宽心慰意，少察所亲，毋患太子之非，亟罢甲兵，无令太子久亡！臣不胜惓惓，出一旦之命，待罪建章宫下！"书奏，天子感寤，然尚未显言赦之也。

太子亡，东至湖，藏匿泉鸠里；主人家贫，常卖屦以给太子。太子有故人在湖，闻其富赡，使人呼之而发觉。八月，辛亥。吏围捕太子。太子自度不得脱，即入室距户自经。山阳男子张富昌为卒，足蹋（tà）开户，新安令史李寿趋抱解太子。主人公遂格斗死，皇孙二人皆并遇害。上既伤太子，乃封李寿为邘（yú）侯，张富昌为题侯。

初，上为太子立博望苑，使通宾客，从其所好，故宾客多以异端进者。

解读

古代明君教养太子，为他选择正派敦厚、品质优良的人作为老师和朋友，让他们朝夕相处，使太子的左右前后都是正人君子，出入起居都合于正道。但即使这样，仍然有很多太子因淫邪放纵而陷于灾祸，最终身败名裂。而汉武帝竟让太子自己延揽门客，这些门客为了达到自己的目的，都顺从太子的喜好，以至于那些正直贤良、不善奉承的人却难以亲近，难怪太子没有好结果！

世宗孝武皇帝下之下后元二年——汉武帝的一生功过

【原典】

上病笃，霍光涕泣问曰："如有不讳，谁当嗣者？"上曰："君未谕前画意邪？立少子，君行周公之事。"光顿首让曰："臣不如金日磾（dī）！"日磾亦曰："臣，外国人，不如光；且使匈奴轻汉矣！"乙丑，诏立弗陵为皇太子，时年八岁。丙寅，以光为大司马、大将军，日磾为车骑将军，太仆上官桀为左将军，受遗诏辅少主，又以搜粟都尉桑弘羊为御史大夫，皆拜卧内床下。光出入禁闼二十馀年，出则奉车，入侍左右，小心谨慎，未尝有过。为人沈静详审，每出入、下殿门，止进有常处，郎、仆射窃识视之，不失尺寸。日磾在上左右，目不忤视者数十年；赐出宫女，不敢近；上欲内其女后宫，不肯；其笃慎如此，上尤奇异之。日磾长子为帝弄儿，帝甚爱之，其后弄儿壮大，不谨，自殿下与宫人戏；日磾适见之，恶其淫乱，遂杀弄儿。上闻之，大怒，日磾顿首谢，具言所以杀弄儿状。上甚哀，为之泣；已而心敬日磾。上官桀始以材力得幸，为未央厩令；上尝体不安，及愈，见马，马多瘦，上大怒曰："令以我不复见马邪！"欲下吏。桀顿首曰："臣闻圣体不安，日夜忧惧，意诚不在马。"言未卒，泣数行下。上以为爱己，由是亲近，为侍中，稍迁至太仆。三人皆上素所爱信者，故特举之，授以后事。丁卯，帝崩于五柞宫；入殡未央宫前殿。

帝聪明能断，善用人，行法无所假贷。隆虑公主子昭平君尚帝女夷安公主。隆虑主病困，以金千斤、钱千万为昭平君豫赎死罪，上许之。隆虑主卒，昭平君日骄，醉杀主傅，系狱；廷尉以公主子上请。左右人人为言："前又入赎，陛下许之。"上曰："吾弟老有是一子，死，以属我。"于是为之垂涕，叹息良久，曰："法令者，先帝所造也，用弟故而诬先帝之法，吾何面目入高庙

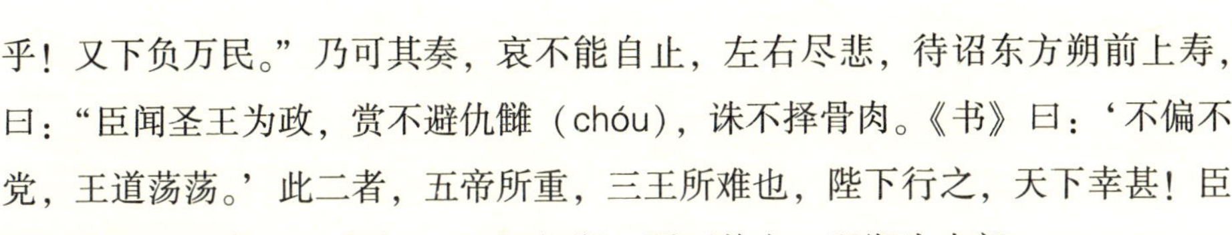

乎！又下负万民。”乃可其奏，哀不能自止，左右尽悲，待诏东方朔前上寿，曰：“臣闻圣王为政，赏不避仇雠（chóu），诛不择骨肉。《书》曰：‘不偏不党，王道荡荡。’此二者，五帝所重，三王所难也，陛下行之，天下幸甚！臣朔奉觞昧死再拜上万岁寿！”上初怒朔，既而善之，以朔为中郎。

班固赞曰：汉承百王之弊，高祖拨乱反正，文、景务在养民，至于稽古礼文之事，犹多阙焉。孝武初立，卓然罢黜百家，表章《六经》，遂畴咨海内，举其俊茂，与之立功；兴太修学，修郊祀，改正朔，定历数，协音律，作诗乐，建封禅，礼百神，绍周后，号令文章，焕焉可述，后嗣得遵洪业而有三代之风。如武帝之雄材大略，不改文、景之恭俭以济斯民，虽《诗》《书》所称何有加焉！

臣光曰：孝武穷奢极欲，繁刑重敛，内侈宫室，外事四夷，信惑神怪，巡游无度，使百姓疲敝，起为盗贼，其所以异于秦始皇者无几矣。然秦以之亡，汉以之兴者，孝武能尊先王之道，知所统守，受忠直之言，恶人欺蔽，好贤不倦，诛赏严明，晚而改过，顾托得人，此其所以有亡秦之失而免亡秦之祸乎！

解读

通过这一段，司马光对汉武帝的一生做了一个全面客观的总结。

汉武帝刘彻生于公元前 156 年，公元前 141 年登基，当时实际年龄不过 15 岁。汉武帝开创了西汉王朝最鼎盛繁荣的时期，那一时期亦是中国封建王朝的第一个发展高峰。他的雄才大略、文治武功，使汉朝成为当时世界上的强国，他也因此名垂史册。

但汉武帝的缺点也是显而易见的，司马光说他穷奢极欲，刑罚繁重、横征暴敛，对内大肆兴建宫室，对外征讨四方蛮夷，又迷惑于神怪之说，巡游无度，致使百姓疲劳凋敝，与秦始皇没有多少不同。接着笔锋一转，问道，为什么秦朝因此而灭亡，汉朝却因此而兴盛呢？答案是因为汉武帝能够遵守先王之道，懂得如何治理国家、守住基业，能接受忠正刚直之人的谏言，厌恶被人欺瞒蒙蔽，始终喜好贤才，赏罚严明，到晚年又能纠正以往的过失，将继承人托付给合适的大臣，这正是汉武帝之所以有造成秦朝灭亡的错误，却避免了遭受秦朝灭亡的灾祸的原因吧！

在中国历史的进程中，“秦皇汉武”经常被相提并论。今天我们看汉武帝的历史，不能否定他是一个杰出而特殊的人物。他的功业，对中国历史进程和后来西汉王朝的发展影响深远。

孝昭皇帝上始元五年——苏武北海牧羊

【原典】

初，苏武既徙北海上，禀食不至，掘野鼠去草实而食之。杖汉节牧羊，卧起操持，节旄尽落。武在汉，与李陵俱为侍中；陵降匈奴，不敢求武。久之，单于使陵至海上，为武置酒设乐，因谓武曰：“单于闻陵与子卿素厚，故使来说足下，虚心欲相待，终不得归汉，空自苦；亡人之地，信义安所见乎！足下兄弟二人，前皆坐事自杀；来时，太夫人已不幸；子卿妇年少，闻已更嫁矣；独有女弟二人、两女、一男，今复十馀年，存亡不可知。人生如朝露，何久自苦如此！陵始降时，忽忽如狂，自痛负汉，加以老母系保宫。子卿不欲降，何以过陵！且陛下春秋高，法令无常，大臣无罪夷灭者数十家。安危不可知，子卿尚复谁为乎！”武曰：“武父子无功德，皆为陛下所成就，位列将，爵通侯，兄弟亲近，常愿肝脑涂地。今得杀身自效，虽斧钺、汤镬，诚甘乐之！臣事君，犹子事父也。子为父死，无所恨。愿勿复再言！”陵与武饮数日，复曰：“子卿壹听陵言！”武曰：“自分已死久矣，王必欲降武，请毕今日之欢，效死于前！”陵见其至诚，喟然叹曰：“嗟乎，义士！陵与卫律之罪上通于天！”因泣下沾衿，与武决去。赐武牛羊数十头。

后陵复至北海上，语武以武帝崩。武南乡号哭欧血，旦夕临，数月。及壶衍鞮单于立，母阏氏不正，国内乖离，常恐汉兵袭之，于是卫律为单于谋，与汉和亲。汉使至，求苏武等，匈奴诡言武死。后汉使复至匈奴，常惠私见汉使，教使者谓单于，言："天子射上林中，得雁，足有系帛书，言武等在某泽中。"使者大喜，如惠语以让单于。单于视左右而惊，谢汉使曰："武等实在。"乃归武及马宏等。马宏者，前副光禄大夫王忠使西国，为匈奴所遮；忠战死，马宏生得，亦不肯降。故匈奴归此二人，欲以通善意。于是李陵置酒贺武曰："今足下还归，扬名于匈奴，功显于汉室，虽古竹帛所载，丹青所画，何以过子卿！陵虽驽怯，令汉贳（shì）陵罪，全其老母，使得奋大辱之积志，庶几乎曹柯之盟，此陵宿昔之所不忘也。收族陵家，为世大戮，陵尚复何顾乎！已矣，令子卿知吾心耳！"陵泣下数行，因与武决。

单于召会武官属，前已降及物故，凡随武还者九人。既至京师，诏武奉一太牢谒武帝园庙，拜为典属国，秩中二千石，赐钱二百万，公田二顷，宅一区。武留匈奴凡十九岁，始以强壮出，及还，须发尽白。霍光、上官桀与李陵素善，遣陵故人陇西任立政等三人俱至匈奴招之。陵曰："归易耳，丈夫不能再辱！"遂死于匈奴。

解读

苏武在武帝时为官。天汉元年（前100年）奉命以中郎将持节出使匈奴，被扣留。匈奴贵族多次威胁利诱，欲使其投降；后将他迁到北海（今贝加尔湖）边牧羊，扬言要公羊生子方可释放他回国。苏武历尽艰辛，留居匈奴十九年持节不屈。至始元六年（前81年），方获释回汉。苏武死后，汉宣帝将其列为麒麟阁十一功臣之一，彰显其节操。在日后的历史中，人们记住了苏武，并且这个名字几乎成了气节的代名词，世世代代影响着“富贵不淫，贫贱不移，威武不屈”的中国人民。

中宗孝宣皇帝上之下地节四年——霍氏灭门

【原典】

霍显及禹、山、云自见日侵削，数相对啼泣自怨。山曰：“今丞相用事，县官信之，尽变易大将军时法令，发扬大将军过失。又，诸儒生多窭（jū）人子，远客饥寒，喜妄说狂言，不避忌讳，大将军常雠之。今陛下好与诸儒生语，人人自书对事，多言我家者。尝有上书言我家昆弟骄恣，其言绝痛；山屏不奏。后上书者益黠，尽奏封事，辄使中书令出取之，不关尚书，益不信人。又闻民间讙（huān）言‘霍氏毒杀许皇后’，宁有是邪？”显恐急，即具以实告禹、山、云。禹、山、云惊曰：“如是，何不早告禹等！县官离散、斥逐诸婿，用是故也。此大事，诛罚不小，奈何？”于是始有邪谋矣。

云舅李竟所善张赦，见云家卒卒，谓竟曰：“今丞相与平恩侯用事，可令太夫人言太后，先诛此两人。移徙陛下，在太后耳。”长安男子张章告之，事下廷尉、执金吾，捕张赦等。后有诏，止勿捕。山等愈恐，相谓曰：“此县官重太后，故不竟也。然恶端已见，久之犹发，发即族矣，不如先也。”遂令诸女各归报其夫，皆曰：“安所相避！”

会李竟坐与诸侯王交通，辞语及霍氏，有诏：“云、山不宜宿卫，免就第。”山阳太守张敞上封事曰：“臣闻公子季友有功于鲁，赵衰有功于晋，田完有功于齐，皆畴其庸，延及子孙。终后田氏篡齐，赵氏分晋，季氏颛鲁。故仲尼作《春秋》，迹盛衰，讥世卿最甚。乃者大将军决大计，安宗庙，定天下，功亦不细矣。夫周公七年耳，而大将军二十岁，海内之命断于掌握。方其隆盛时，感动天地，侵迫阴阳。朝臣宜有明言曰：‘陛下褒宠故大将军以报功德足矣。间者辅臣颛（zhuān）政，贵戚太盛，君臣之分不明，请罢霍氏三侯皆就第；及卫将军张安世，宜赐几杖归休，归存问召见，以列侯为天子师。’明诏以恩不听，群臣以义固争而后许之，天下必以陛下为不忘功德而朝臣为知礼，霍氏世世无所患苦。今朝廷不闻直声，而令明诏自亲其文，非策之得者也。今两侯已出，人情不相远，以臣心度之，大司马及其枝属必有畏惧之心。夫近臣自危，非完计也。臣敞愿于广朝白发其端，直守远郡，其路无由。唯陛下省察。”上甚善其计，然不召也。

禹、山等家数有妖怪，举家忧愁。山曰：“丞相擅减宗庙羔、菟、蛙，可以此罪也。”谋令太后为博平君置酒，召丞相、平恩侯以下，使范明友、邓广汉承太后制引斩之，因废天子而立禹。约定，未发，云拜为玄菟太守，太中大夫任宣为代郡太守。会事发觉，秋，七月，云、山、明友自杀，显、禹、广汉等捕得；禹要斩，显及诸女昆弟皆弃市；与霍氏相连坐诛灭者数十家。太仆杜延年以霍氏旧人，亦坐免官。八月，己酉，皇后霍氏废，处昭台宫，乙丑，诏封告霍氏反谋者男子张章、期门董忠、左曹杨恽、侍中金安上、史高皆为列侯。恽，丞相敞子；安上，车骑将军日磾弟子；高，史良娣兄子也。

初，霍氏奢侈，茂陵徐生曰：“霍氏必亡。夫奢则不逊，不逊必侮上。侮上者，逆道也，在人之右，众必害之。霍氏秉权日久，害之者多矣。天下害之，而又行以逆道，不亡何待！”乃上疏言：“霍氏泰盛，陛下即爱厚之，宜以时抑制，无使至亡。”书三上，辄报闻。其后霍氏诛灭，而告霍氏者皆封，人为徐生上书曰：“臣闻客有过主人者，见其灶直突，傍有积薪，客谓主人：‘更为曲突，远徙其薪，不者且有火患。’主人嘿然不应。俄而家果失火，邻里共救之，幸而得息。于是杀牛置酒，谢其邻人，灼烂者在于上行，馀各以功次坐，而不录言曲突者。人谓主人曰：‘乡使听客之言，不费牛酒，终亡火患。今论功而请宾，曲突徙薪无恩泽，焦头烂额为上客邪？’主人乃寤而请之。今茂陵徐福，数上书言霍氏且有变，宜防绝之。乡使福说得行，则国无裂土出爵之费，臣无逆乱诛灭之败。往事既已，而福独不蒙其功，唯陛下察之，贵徙薪曲突之策，使居焦发灼烂之右。”上乃赐福帛十匹，后以为郎。

帝初立，谒见高庙，大将军光骖乘，上内严惮之，若有芒刺在背。后车

骑将军张安世代光骖乘，天子从容肆体，甚安近焉。及光身死而宗族竟诛，故俗传霍氏之祸萌于骖乘。后十二岁，霍后复徙云林馆，乃自杀。

班固赞曰：霍光受襁褓之托，任汉室之寄，匡国家，安社稷，拥昭，立宣，虽周公、阿衡何以加此！然光不学亡术，闇（àn）于大理；阴妻邪谋，立女为后，湛溺盈溢之欲，以增颠覆之祸，死财三年，宗族诛夷，哀哉！

臣光曰：霍光之辅汉室，可谓忠矣；然卒不能庇其宗，何也？夫威福者，人君之器也。人臣执之，久而不归，鲜不及矣。以孝昭之明，十四而知上官桀之诈，固可以亲政矣，况孝宣十九即位，聪明刚毅，知民疾苦，而光久专大柄，不知避去，多置亲党，充塞朝廷，使人主蓄愤于上，吏民积怨于下，切齿侧目，待时而发，其得免于身幸矣，况子孙以骄侈趣之哉！虽然，向使孝宣专以禄秩赏赐富其子孙，使之食大县，奉朝请，亦足以报盛德矣；乃复任之以政，授之以兵，及事丛衅积，更加裁夺，遂至怨惧以生邪谋，岂徒霍氏之自祸哉？亦孝宣酝酿以成之也。昔椒作乱于楚，庄王灭其族而赦箴尹克黄，以为子文无后，何以劝善。夫以显、禹、云、山之罪，虽应夷灭，而光之忠勋不可不祀；遂使家无噍（jiào）类，孝宣亦少恩哉！

解读

霍光，字子孟，约生于汉武帝元光年间，卒于汉宣帝地节二年（前68年）。汉族，河东平阳（今山西临汾市）人。是汉昭帝的辅政大臣，执掌汉室最高权力近20年，为汉室的安定和中兴建立了功勋，成为西汉历史发展中的重要人物。

同历史上任何有作为的政治家一样，霍光也受到时代和历史的局限，既摆脱不了光宗耀祖思想的束缚，也摆脱不了身为将相、子弟封侯的封建传统。他在位时，他的宗族、子弟都已是高官显贵，霍氏势力亦已“党亲连体，根据于朝廷”，而他的宗族又多不奉公守法，为霍氏家族留下了祸根。

公元前68年，霍光去世，宣帝曾亲自前往探望。大臣魏相通过许皇后的父亲上了秘密奏章，指陈霍氏一门的骄奢放纵。霍光去世后，这种情况反而变本加厉，甚至密谋发动政变，最终在公元前65年被灭族。

针对霍光后世被灭族，司马光并不赞同汉宣帝的做法，他说：“以霍显、霍禹、霍云、霍山犯下的罪行，当然应诛灭全族，但立下大功的忠臣霍光却不可无人祭祀，汉宣帝竟将其全族老小全部处死，一个不留，也未免刻薄寡恩了！”

孝元皇帝上初元元年——贡禹奏事避重就轻

【原典】

上素闻琅邪王吉、贡禹皆明经洁行，遣使者征之。吉道病卒。禹至，拜为谏大夫。上数虚已问以政事，禹奏言：“古者人君节俭，什一而税，亡它赋役，故家给人足。高祖、孝文、孝景皇帝，宫女不过十馀人，厩马百馀匹。后世争为奢侈，转转益甚；臣下亦相放效。臣愚以为如太古难，宜少放古以自节焉。方今宫室已定，无可奈何矣；其馀尽可减损。故时齐三服官，输物不过十笥；方今齐三服官，作工各数千人，一岁费数巨万，厩马食粟将万匹。武帝时，又多取好女至数千人，以填后宫。及弃天下，多藏金钱、财物，鸟兽、鱼鳖凡百九十物；又皆以后宫女置于园陵。至孝宣皇帝时，陛下恶有所言，群臣亦随故事，甚可痛也！故使天下承化，取女皆大过度，诸侯妻妾或至数百人，豪富吏民畜歌者至数十人，是以内多怨女，外多旷夫。及众庶葬埋，皆虚地上以实地下。其过自上生，皆在大臣循故事之罪也。唯陛下深察古道，从其俭者。大减损乘舆服御器物，三分去二；择后宫贤者，留二十人，馀悉归之，及诸陵园女无子者，宜悉遣；厩马可无过数十匹，独舍长安城南苑地，以为田猎之囿。方今天下饥馑，可无大自损减以救之称天意乎！天生圣人，盖为万民，非独使自娱乐而已也。”天子纳善其言，下诏，令诸宫馆希御幸者勿缮治；太仆减谷食马；水衡省肉食兽。

解读

贡禹所奏之事，看似一个良臣所言，其实不然。当时的情况是，恭谨节俭本来就是孝元帝一贯的作风，用不着贡禹多言，而当时朝中最大的隐患——谗佞用权，贡禹却只字不提。司马光认为，这不是一个良臣的所为，“知而不言”是一个臣子最大的罪过！

孝元皇帝上初元二年——汉元帝亲谗远忠

【原典】

上复征周堪、刘更生，欲以为谏大夫；弘恭、石显白，皆以为中郎。

上器重萧望之不已，欲倚以为相；恭、显及许、史子弟、侍中、诸曹皆侧目于望之等。更生乃使其外亲上变事，言“地震殆为恭等，不为三独夫动。臣愚以为宜退恭、显以章蔽善之罚，进望之等以通贤者之路。如此，则太平之门开，灾异之原塞矣”。书奏，恭、显疑其更生所为，白请考奸诈，辞果

服；遂逮更生系狱，免为庶人。

会望之子散骑、中郎伋亦上书讼望之前事，事下有司，复奏："望之前所坐明白，无谮诉者，而教子上书，称引亡辜之诗，失大臣体，不敬，请逮捕。"弘恭、石显等知望之素高节，不诎辱，建白："望之前幸得不坐，复赐爵邑，不悔过服罪，深怀怨望，教子上书，归非于上，自以托师傅，终必不坐，非颇屈望之于牢狱，塞其怏怏心，则圣朝无以施恩厚。"上曰："萧太傅素刚，安肯就吏！"显等曰："人命至重，望之所坐，语言薄罪，必无所忧。"上乃可其奏。冬，十二月，显等封诏以付谒者，敕令召望之手付。因令太常急发执金吾车骑驰围其第。使都至，召望之。望之以问门下生鲁国朱云，云者，好节士，劝望之自裁。于是望之仰天叹曰："吾尝备位将相，年逾六十矣，老入牢狱，苟求生活，不亦鄙乎！"字谓云曰："游，趣和药来，无久留我死！"竟饮鸩自杀。天子闻之惊，拊手曰："曩（nǎng）固疑其不就牢狱，果然杀吾贤傅！"是时，太官方上昼食，上乃却食，为之涕泣，哀动左右。于是召显等责问以议不详，皆免冠谢，良久然后已。上追念望之不忘，每岁时遣使者祠祭望之冢，终帝之世。

臣光曰：甚矣孝元之为君，易欺而难悟也！夫恭、显之谮诉望之，其邪说诡计，诚有所不能辨也。至于始疑望之不肯就狱，恭、显以为必无忧。已而果自杀，则恭、显之欺亦明矣。在中智之君，孰不感动奋发以底邪臣之罚！孝元则不然。虽涕泣不食以伤望之，而终不能诛恭、显，才得其免冠谢而已。如此，则奸臣安所惩乎！是使恭、显得肆其邪心而无复忌惮者也。

解读

弘恭、石显是典型的邪臣、小人，但是汉元帝终究不能下决心除掉他们，以至于让他们肆无忌惮，胡作非为。亲谗远忠带来的后果是不堪设想的，这样的教训也是举不胜举。可很多为上者仍然会犯这样的错误，多少小人仍然逍遥自在，多少有能力又忠心耿耿的仁人义士却得不到重用，甚至得不到一个好下场，这样的为上者一定不会是个明君，甚至不会有善终。

孝平皇帝上元始元年——王莽专权

【原典】

春，正月，王莽风益州，令塞外蛮夷自称越裳氏重译献白雉一、黑雉二。莽白太后下诏，以白雉荐宗庙。于是群臣盛陈莽功德，致周成白雉之瑞，周公及身在而托号于周，莽宜赐号曰安汉公，益户畴爵邑。太后诏尚书具其事。莽上书言："臣与孔光、王舜、甄丰、甄邯共定策；今愿独条光等功赏，寝置臣莽，勿随辈列。"甄邯白太后下诏曰："'无偏无党，王道荡荡。'君有安宗庙之功，不可以骨肉故蔽隐不扬，君其勿辞！"莽复上书固让数四，称疾不起。左右白太后，"宜勿夺莽意，但条孔光等，莽乃肯起。"二月，丙辰，太后下诏；"以太傅、博山侯光为太师，车骑将军、安阳侯舜为太保，皆益封万户。左将军、光禄勋丰为少傅，封广阳侯。皆授四辅之职。侍中、奉车都尉邯封承阳侯。"四人既受赏，莽尚未起。群臣复上言："莽虽克让，朝所宜章，以时加赏，明重元功，无使百僚元元失望！"太后乃下诏："以大司马、新都侯莽为太傅，干四辅之事，号曰安汉公，益封二万八千户。"于是莽为惶恐，不得已而起，受太傅、安汉公号，让还益封事，云："愿须百姓家给，然后加赏。"群臣复争，太后诏曰："公自期百姓家给，是以听之，其令公奉赐皆倍故。百姓家给人足，大司徒、大司空以闻。"莽复让不受，而建言褒赏宗室群臣。立故东平王云太子开明为王；又以故东平思王孙成都为中山王，奉孝王后；封宣帝耳孙信等三十六人皆为列侯；太仆王恽等二十五人皆赐爵关内侯。又令诸侯王公、列侯、关内侯无子而有孙若同产子者，皆得以为嗣；宗室属未尽而以罪绝者，复其属；天下令比二千石以上年老致仕者，参分故禄，以一与之，终其身。下及庶民鳏寡，恩泽之政，无所不施。

莽既媚说吏民，又欲专断，知太后老，厌政，乃风公卿奏言："往者吏以

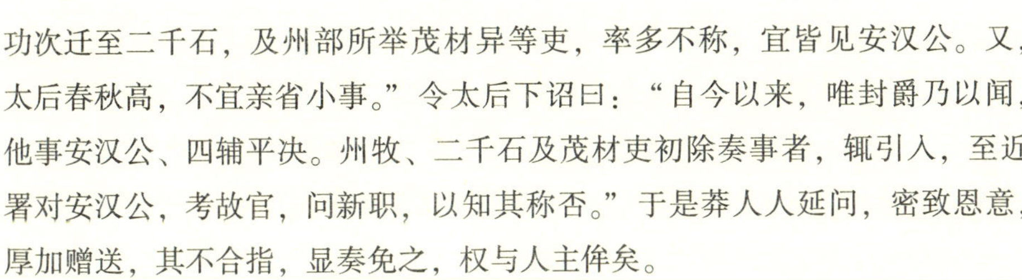

功次迁至二千石，及州部所举茂材异等吏，率多不称，宜皆见安汉公。又，太后春秋高，不宜亲省小事。”令太后下诏曰：“自今以来，唯封爵乃以闻，他事安汉公、四辅平决。州牧、二千石及茂材吏初除奏事者，辄引入，至近署对安汉公，考故官，问新职，以知其称否。”于是莽人人延问，密致恩意，厚加赠送，其不合指，显奏免之，权与人主侔矣。

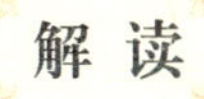

解读

开始的时候，群臣建言太后给王莽加官晋爵，而王莽为了显示自己不贪恋权位，三番五次地推辞，这样就在群臣面前给自己树立了一个完美的形象。这种欲扬先抑的手法效果的确不错，不仅赢得了口碑和人心，更给自己后来的专权铺平了道路。

王莽上初始元年——王莽称帝

【原典】

莽将即真，先奉诸符瑞以白太后，太后大惊。是时以孺子未立，玺臧长乐宫。及莽即位，请玺，太后不肯授莽。莽使安阳侯舜谕指，舜素谨敕，太后雅爱信之。舜既见太后，太后知其为莽求玺，怒骂之曰：“而属父子宗族，蒙汉家力，富贵累世，既无以报，受人孤寄，乘便利时夺取其国，不复顾恩义。人如此者，狗猪不食其馀，天下岂有而兄弟邪！且若自以金匮符命为新皇帝，变更正朔、服制，亦当自更作玺，传之万世，何用此亡国不祥玺为，而欲求之：我汉家老寡妇，旦暮且死，欲与此玺俱葬，终不可得！”太后因涕泣而言，旁侧长御以下皆垂涕。舜亦悲不能自止，良久，乃仰谓太后：“臣等已无可言者。莽必欲得传国玺，太后宁能终不与邪?”太后闻舜语切，恐莽欲胁之，乃出汉传国玺投之地，以授舜曰：“我老已死，如而兄弟今族灭也!”舜既得传国玺，奏之；莽大说，乃为太后置酒未央宫渐台，大纵众乐。莽又欲改太后汉家旧号，易其玺绶，恐不见听；而莽疏属王谏欲谄莽，上书言："皇天废去汉而命立新室，太皇太后不宜称尊号，当随汉废，以奉天命。"莽以其书白太后，太后曰："此言是也！"莽因曰："此悖德之臣也，罪当诛！"于是冠军张永献符命铜璧文，言太皇太后当为新室文母太皇太后；莽乃下诏从之。于是鸩杀王谏而封张永为贡符子。

班彪赞曰：三代以来，王公失世，稀不以女宠。及王莽之兴，由孝元后历汉四世为天下母，飨国六十馀载，群弟世权，更持国柄；五将、十侯，卒成新都。位号已移于天下，而元后卷卷犹握一玺，不欲以授莽，妇人之仁，悲夫！

解读

孝元帝皇后王政君经历了汉朝四世皇帝，身居国母高位，享受国家奉养六十余年。王姓家族的众小人世代掌权，轮换把握国家命脉，共计有五个大司马、十个侯爵，而终于权归王莽。君王的宝座和名号已经完全丧失，而孝元后王政君还恋恋不舍地握着一枚玉玺，不想交给王莽。问题是显而易见的，问题的根结并不在玉玺身上，而在于长期以来王氏家族大权在握，皇帝却无所作为，以至于才有今日的结局。如今，太皇太后死抱着一枚玉玺不肯撒手，这又有什么意义？所以班固说：妇人之仁，使人生悲！

淮阳王更始元年——王莽新朝的覆灭

【原典】

九月，戊申朔，兵从宣平城门入。张邯逢兵见杀；王邑、王林、王巡、䠠恽等分将兵距击北阙下，会日暮，官府、邸第尽奔亡。己酉，城中少年朱弟、张鱼等恐见卤掠，趋讙（huān）并和，烧作室门，斧敬法闼，呼曰："反虏王莽，何不出降！"火及掖庭、承明，黄皇室主所居。黄皇室主曰："何

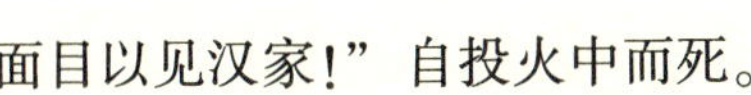

面目以见汉家!”自投火中而死。

莽避火宣室前殿，火辄随之。莽绀袀服，持虞帝匕首，天文郎按式于前，莽旋席随斗柄而坐，曰：“天生德于予，汉兵其如予何!”庚戌，旦明，群臣扶掖莽自前殿之渐台，欲阻池水，公卿从官尚千馀人随之。王邑昼夜战，罢极，士死伤略尽；驰入宫，间关至渐台，见其子侍中睦解衣冠欲逃，邑叱之，令还，父子共守莽。军人入殿中，闻莽在渐台，众共围之数百重。台上犹与相射，矢尽，短兵接。王邑父子、䠠恽、王巡战死，莽入室。下餔（bū）时，众兵上台，苗䜣、唐尊、王盛等皆死。商人杜吴杀莽，校尉东海公宾就斩莽首；军人分莽身，节解脔（luán）分，争相杀者数十人。公宾就持莽首诣王宪。宪自称汉大将军，城中兵数十万皆属焉。舍东宫，妻莽后宫，乘其车服。癸丑，李松、邓晔入长安，将军赵萌、申屠建亦至。以王宪得玺绶不上，多挟宫女，建天子鼓旗，收斩之。传莽首诣宛，县于市。百姓共提击之，或切食其舌。

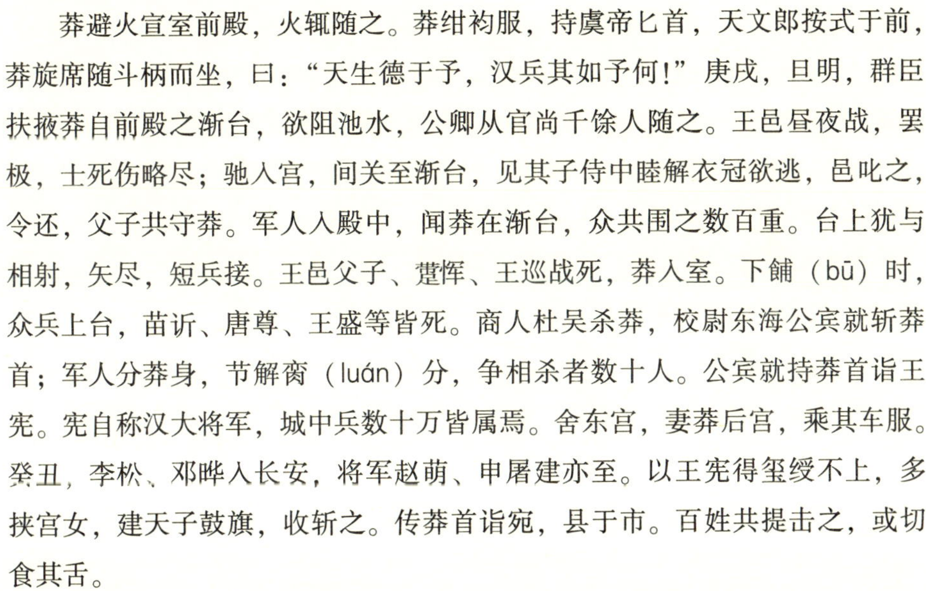

班固赞曰：王莽始起外戚，折节力行以要名誉，及居位辅政，勤劳国家，直道而行，岂所谓“色取仁而行违”者邪！莽既不仁而有佞邪之材，又乘四父历世之权，遭汉中微，国统三绝，而太后寿考，为之宗主，故得肆其奸慝以成篡盗之祸。推是言之，亦天时，非人力之致矣！及其窃位南面，颠覆之势险于桀、纣，而莽晏然自以黄、虞复出也，乃始恣睢，奋其威诈，毒流诸夏，乱延蛮貉，犹未足逞其欲焉。是以四海之内，嚣然丧其乐生之心，中外愤怨，远近俱发，城池不守，支体分裂，遂令天下城邑为虚，害遍生民，自书传所载乱臣贼子，考其祸败，未有如莽之甚者也！昔秦燔《诗》《书》以立私议，莽诵《六艺》以文奸言，同归殊涂，俱用灭亡。皆圣王之驱除云尔。

解读

王莽为西汉外戚王氏家族的成员，其人谦恭俭让，礼贤下士，在朝野素有威名。西汉末年，社会矛盾空前激化，王莽则被朝野视为能挽救危局的不二人选，被看作“周公在世”。公元9年，王莽代汉建新，建元“始建国”，宣布推行新政，史称“王莽改制”。王莽统治的末期，天下大乱，新莽地皇四年（23 年），更始军攻入长安，王莽死于乱军之中。王莽在位 15 年，死时 69 岁，而新朝也成为中国历史上最短命的朝代之一。

王莽新朝的覆灭，一方面是因为王莽“奋其威诈，毒流诸夏，乱延蛮貉，犹未足逞其欲焉”；另一方面，很多外在因素也决定了这个短命王朝的命运。当时屡有旱、蝗、瘟疫、黄河决口改道等灾害出现，由于王莽改制不仅没能缓和社会矛盾，反而使天下剧烈动荡，国库也耗费殆尽，无法拨款赈灾，造成了民众生存难以为继的局面。天凤四年（17 年）全国发生蝗灾、旱灾，饥荒四起，各地农民纷起，形成赤眉及绿林等大规模的反抗。地皇四年（23 年）王莽在南郊举行哭天大典。同年，绿林军攻入长安，王莽在王揖等护卫下逃往渐台，公卿大夫、宦官、随从还有千余人。守城的王邑日夜搏斗，部下死伤略尽，也退至渐台。这时他的儿子、侍中王睦正想脱掉官服逃命。王邑将他喝住，父子俩一起守着王莽。最后随从王莽的千余人全部战死或者被杀。王莽在混乱中被商人杜吴所杀，校尉公宾斩其首，悬于宛市之中。新朝灭亡。

世祖光武皇帝上之上建武元年——刘秀建立东汉王朝

【原典】

春，正月，方望与安陵人弓林共立前定安公婴为天子，聚党数千人，居临泾。更始遣丞相松等击破，皆斩之。

邓禹至箕关，击破河东都尉，进围安邑。

赤眉二部俱会弘农。更始遣讨难将军苏茂拒之；茂军大败。赤眉众遂大集，乃分万人为一营，凡三十营。三月，更始遣丞相松与赤眉战于蓩（mǎo）乡，松等大败，死者三万馀人。赤眉遂转北至湖。

蜀郡功曹李熊说公孙述宜称天子。夏，四月，述即帝位，号成家，改元

龙兴；以李熊为大司徒，述弟光为大司马，恢为大司空。越巂（xī）任贵据郡降述。

萧王北击尤来、大枪、五幡于元氏，追至北平，连破之；又战于顺水北，乘胜轻进，反为所败。王自投高岸，遇突骑王丰下马授王，王仅而得免。散兵归保范阳。军中不见王，或云已殁，诸将不知所为，吴汉曰："卿曹努力！王兄子在南阳，何忧无主！"众恐惧，数日乃定。贼虽战胜，而惮王威名，夜，遂引去。大军复追至安次，连战，破之。贼退入渔阳，所过虏掠。强弩将军陈俊言于王曰："贼无辎重，宜令轻骑出贼前，使百姓各自坚壁以绝其食，可不战而殄也。"王然之，遣俊将轻骑驰出贼前，视人保壁坚完者，敕令固守；放散在野者，因掠取之。贼至，无所得，遂散败。王谓俊曰："困此虏者，将军策也。"

冯异遗李轶书，为陈祸福，劝令归附萧王；轶知长安已危，而以伯升之死，心不自安，乃报书曰："轶本与萧王首谋造汉，今轶守洛阳，将军镇孟津，俱据机轴，千载一会，思成断金。唯深达萧王，愿进愚策以佐国安民。"轶自通书之后，不复与异争锋，故异得北攻天井关，拔上党两城，又南下河南成皋以东十三县，降者十馀万。武勃将万馀人攻诸畔者，异与战于士乡下，大破，斩勃；轶闭门不救。异见其信效，具以白王。王报异曰："季文多诈，人不能得其要领。今移其书告守、尉当警备者。"众皆怪王宣露轶书；朱鲔闻之，使人刺杀轶，由是城中乖离，多有降者。

朱鲔闻王北征而河内孤，乃遣其将苏茂、贾强将兵三万馀人渡巩河，攻温；鲔自将数万人攻平阴以缀异。檄书至河内，寇恂即勒军驰出，并移告属县，发兵会温下。军吏皆谏曰："今洛阳兵渡河，前后不绝。宜待众军毕集，乃可出也。"恂曰："温，郡之藩蔽，失温则郡不可守。"遂驰赴之。旦日，合战，而冯异遣救及诸县兵适至，恂令士卒乘城鼓噪大呼，言曰："刘公兵到！"苏茂军闻之，陈动。恂因奔击，大破之。冯异亦渡河击朱鲔，鲔走；异与恂追至洛阳，环城一匝而归。自是洛阳震恐，城门昼闭。

异、恂移檄上状，诸将入贺，因上尊号。将军南阳马武先进曰："大王虽执谦退，奈宗庙社稷何！宜先即尊位，乃议征伐。今此谁贼而驰骛击之乎？"王惊曰："何将军出此言！可斩也！"乃引军还蓟。复遣吴汉率耿弇（yǎn）、景丹等十三将军追尤来等，斩首万三千馀级，遂穷追至浚靡而还。贼散入辽西、辽东，为乌桓、貊人所钞击略尽。

都护将军贾复与五校战于真定，复伤疮甚。王大惊曰："我所以不令贾复别将者，为其轻敌也。果然，失吾名将！闻其妇有孕，生女邪，我子娶之；生男邪，我女嫁之；不令其忧妻子也。"复病寻愈，追及王于蓟，相见甚欢。

还至中山，诸将复上尊号；王又不听。行到南平棘，诸将复固请之；王不许。诸将且出，耿纯进曰："天下士大夫，捐亲戚，弃土壤，从大王于矢石之间者，其计固望攀龙鳞、附凤翼，以成其所志耳。今大王留时逆众，不正号位，纯恐士大夫望绝计穷，则有去归之思，无为久自苦也。大众一散，难可复合。"纯言甚诚切，王深感曰："吾将思之。"

行至鄗（hào），召冯异诣鄗，问四方动静。异曰："更始必败，宗庙之忧在于大王，宜从众议！"会儒生强华自关中奉《赤伏符》来诣王曰："刘秀发兵捕不道，四夷云集龙斗野，四七之际火为主。"群臣因复奏请。六月，己未，王即皇帝位于鄗南；改元，大赦。

解读

刘秀是东汉王朝的开国皇帝，中国古代著名的政治家、军事家。新朝末年，海内分崩，天下大乱，西汉皇族后裔刘秀与兄在家乡舂陵乘势起兵，与众英雄并争天下。公元25年，刘秀在河北登基称帝，建立了东汉王朝。

刘秀从起兵到收复河北，攻取洛阳，而后称帝。这一路披荆斩棘，众望所归，势不可当，并非偶然，而是与刘秀的德行品格密切相关的，尤其是对待手下将领，他更是关怀备至，令人动容。

都护将军贾复同五校的贼军在真定交战，贾复身负重伤。刘秀大惊，说："我之所以不让贾复率军独当一面，是因为他轻敌。果然如此，我丧失了一员名将！听说他妻子怀有身孕，如果生下女孩儿，将来我的儿子娶她为妻；如果生男孩儿，将来我的女儿嫁给他。不要让他为妻子儿女担忧。"贾复的伤势不久痊愈，在蓟县追上刘秀，两人见面非常高兴。通过这一件小事，足可证明，刘秀称帝也算实至名归了。

世祖光武皇帝上之上建武元年
——刘秀善用忠厚之臣

【原典】

初，宛人卓茂，宽仁恭爱，恬荡乐道，雅实不为华貌，行己在于清浊之间，自束发至白首，与人未尝有争竞，乡党故旧，虽行能与茂不同，而皆爱慕欣欣焉。哀、平间为密令，视民如子，举善而教，口无恶言，吏民亲爱，不忍欺之。民尝有言部亭长受其米肉遗者，茂曰："亭长为从汝求乎，为汝有事嘱之而受乎，将平居自以恩意遗之乎？"民曰："往遗之耳。"茂曰："遗之而受，何故言邪？"民曰："窃闻贤明之君，使民不畏吏，吏不取民。今我畏吏，是以遗之；吏既卒受，故来言耳。"茂曰："汝为敝民矣！凡人所以群居不乱，异于禽兽者，以有仁爱礼义，知相敬事也。汝独不欲修之，宁能高飞远走，不在人间邪！吏顾不当乘威力强请求耳。亭长素善吏，岁时遗之，礼也。"民曰："苟如此，律何故禁之？"茂笑曰："律设大法，礼顺人情。今我以礼教汝，汝必无怨恶；以律治汝，汝何所措其手足乎！一门之内，小者可论，大者可杀也。且归念之。”初，茂到县，有所废置，吏民笑之，邻城闻者皆蚩其不能。河南郡为置守令；茂不为嫌，治事自若。数年，教化大行，道不拾遗；迁京部丞，密人老少皆涕泣随送。及王莽居摄，以病免归。上即位，先访求茂，茂时年七十馀。甲申，诏曰：“夫名冠天下，当受天下重赏。今以茂为太傅，封褒德侯。”

臣光曰：孔子称“举善而教，不能则劝”，是以舜举皋陶，汤举伊尹，而不仁者远，有德故也。光武即位之初，群雄竞逐，四海鼎沸，彼摧坚陷敌之人，权略诡辩之士，方见重于世，而独能取忠厚之臣，旌循良之吏，拔于草莱之中，实诸群公之首，宜其光复旧物，享祚久长，盖由知所先务而得其本原故也。

解读

刘秀是中国历史上一个受百姓拥戴的皇帝，一方面因为在立国之初即以“怀柔施德之政”治天下；另一方面还因他当了皇帝之后仍像以前一样重视知识，“尊贤下士”，并且对曾经随他打天下的功臣予以厚待。

光武帝刚刚即位，群雄竞逐，四海之内像滚水般沸腾。那些冲锋陷阵的人，有权谋而善辩的人，正为世人所敬重。而唯独光武帝能起用像卓茂这样的忠厚之臣，表彰奉公守法的官吏，从社会最底层选拔人才，安排在公卿首位。他之所以能光复汉室，并使之长治久安，是因为他知道首先必须做什么才能达到根本目的。

世祖光武皇帝上之上建武二年——刘秀平定陇西

【原典】

帝遣游击将军邓隆助朱浮讨彭宠。隆军潞南，浮军雍奴，遣吏奏状。帝读檄，怒，谓使吏曰：“营相去百里，其势岂可得相及！比若还，北军必败矣。”彭宠果遣轻兵击隆军，大破之；浮远，遂不能救。

盖延围睢阳数月，克之。刘永走至虞，虞人反，杀其母、妻；永与麾下数十人奔谯。苏茂、佼强、周建合军三万馀人救永；延与战于沛西，大破之。永、强、建走保湖陵，茂奔还广乐；延遂定沛、楚、临淮。

帝使太中大夫伏隆持节使青、徐二州，招降郡国。青、徐群盗闻刘永破败，皆惶怖请降。张步遣其掾孙昱随隆诣阙上书，献鳆鱼。隆，湛之子也。

堵乡人董䜣反宛城，执南阳太守刘龚。扬化将军坚镡（xín）攻宛，拔之；䜣走还堵乡。

吴汉徇南阳诸县，所过多侵暴。破虏将军邓奉谒归新野，怒汉掠其乡里，遂反，击破汉军，屯据淯阳，与诸贼合从。

九月，壬戌，帝自内黄还。

陕贼苏况攻破弘农，帝使景丹讨之。会丹薨，征虏将军祭遵击弘农、柏华、蛮中贼，皆平之。

赤眉引兵欲西上陇，隗嚣遣将军杨广迎击，破之；又追败之于乌氏、泾阳间。赤眉至阳城番须中，逢大雪，坑谷皆满，士多冻死。乃复还，发掘诸陵，取其宝货。凡有玉匣殓者，率皆如生，贼遂污辱吕后尸。邓禹遣兵击之于郁夷，反为所败。禹乃出之云阳。赤眉复入长安。延岑屯杜陵，赤眉将逢安击之。邓禹以安精兵在外，引兵袭长安；会谢禄救至，禹兵败走。延岑击逢安，大破之，死者十馀万人。廖湛将赤眉十八万攻汉中王嘉；嘉与战于谷口，大破之，嘉手杀湛，遂到云阳就谷。嘉妻兄新野来歙，帝之姑子也。帝令邓禹招嘉，嘉因歙诣禹降。李宝倨慢，禹斩之。

冬，十一月，以廷尉岑彭为征南大将军。帝于大会中指王常谓群臣曰："此家率下江诸将辅翼汉室，心如金石，真忠臣也！"即日，拜常为汉忠将军，使与岑彭率建义大将军朱祜等七将军讨邓奉、董䜣。彭等先击堵乡，邓奉救之。朱祜军败，为奉所获。

铜马、青犊、尤来馀贼共立孙登为天子。登将乐玄杀登，以其众五万馀人降。

邓禹自冯愔叛后，威名稍损，又乏粮食，战数不利，归附者日益离散。赤眉、延岑暴乱三辅，郡县大姓各拥兵众，禹不能定。帝乃遣偏将军冯异代禹讨之，车驾送至河南，敕异曰："三辅遭王莽、更始之乱，重以赤眉、延岑之酷，元元涂炭，无所依诉。将军今奉辞讨诸不轨，营保降者，遣其渠帅诣京师；散其小民，令就农桑；坏其营壁，无使复聚。征伐非必略地、屠城，要在平定安集之耳。诸将非不健斗，然好虏掠。卿本能御吏士，念自修敕，无为郡县所苦！"异顿首受命，引而西，所至布威信，群盗多降。

臣光曰：昔周人颂武王之德曰："铺时绎思，我徂惟求定。"言王者之兵志，在布陈威德安民而已。观光武之所以取关中，用是道也。岂不美哉！

又诏征邓禹还，曰："慎毋与穷寇争锋！赤眉无谷，自当来东。吾以饱待饥，以逸待劳，折棰笞之，非诸将忧也。无得复妄进兵！"

帝以伏隆为光禄大夫，复使于张步，拜步东莱太守，并与新除青州牧、守、都尉俱东。诏隆辄拜令、长以下。

十二月，戊午，诏宗室列侯为王莽所绝者，皆复故国。

三辅大饥，人相食，城郭皆空，白骨蔽野，遗民往往聚为营保，各坚壁清野。赤眉虏掠无所得，乃引而东归，众尚二十馀万，随道复散。帝遣破奸将军侯进等屯新安，建威大将军耿弇（yǎn）等屯宜阳，以要其还路，敕诸将曰："贼若东走，可引宜阳兵会新安；贼若南走，可引新安兵会宜阳。"冯异与赤眉遇于华阴，相拒六十馀日，战数十合，降其将卒五千馀人。

解读

刘秀派冯异平定叛乱，意味深长地告诫冯异，将军现在奉命讨伐叛逆，对那些投降的营寨，将其首领送到京城洛阳，遣散小民，让他们回家耕田种桑；摧毁营寨堡垒，使他们不能再聚集起来。出征讨伐并不是一定要夺取土地、屠杀城池，关键在于平息叛乱、安抚百姓而已。刘秀的仁慈之心可见一斑。连司马光都忍不住赞叹：从前，西周时代的人称颂周武王的恩德说："宣扬令人怀念的美德，我的追求只是天下安定。"这是说君王的军事行动目的仅在于传布威望美德，使人民安乐而已。刘秀之所以能夺取关中，所用的就是这个原则。这难道不是美好的事吗？

世祖光武皇帝中之下建武十九年——强项令董宣

【原典】

陈留董宣为雒阳令。湖阳公主苍头白日杀人，因匿主家，吏不能得。及主出行，以奴骖乘。宣于夏门亭候之，驻车叩马，以刀画地，大言数主之失。叱奴下车，因格杀之。主即还宫诉帝，帝大怒，召宣，欲棰杀之。宣叩头曰："愿乞一言而死。"帝曰："欲何言？"宣曰："陛下圣德中兴，而纵奴杀人，将何以治天下乎？臣不须棰，请得自杀！"即以头击楹，流血被面。帝令小黄门持之，使宣叩头谢主，宣不从。强使顿之，宣两手据地，终不肯俯。主曰："文叔为白衣时，藏亡匿死，吏不敢至门；今为天子，威不能行一令乎？"帝笑曰："天子不与白衣同。"因敕："强项令出。"赐钱三十万，宣悉以班诸吏。由是能搏击豪强，京师莫不震慄。

解 读

董宣身为封建社会的一名官吏，却能坚持做到秉公执法时将法置于至高地位，是难能可贵的；作为一名官职卑微的洛阳县令，却敢于和皇亲国戚对簿于朝堂之上，这种精神尤为后人敬佩。无论是清平盛世，还是动荡乱世，人民都希望有公正廉明的执法者出现，有了像董宣这样的执法者，人民才有安宁和舒坦的生活。董宣也因此才受到历代人民的赞扬。

世祖光武皇帝下建武二十五年——伏波将军马援

【原典】

初，援尝有疾，虎贲中郎将梁松来候之，独拜床下，援不答。松去后，诸子问曰："梁伯孙，帝婿，贵重朝庭，公卿已下莫不惮之，大人奈何独不为礼？”援曰：“我乃松父友也，虽贵，何得失其序乎！”

援兄子严、敦并喜讥议，通轻侠，援前在交趾，还书诫之曰：“吾欲汝曹闻人过失，如闻父母之名，耳可得闻，口不可得言也。好论议人长短，妄是非政法，此吾所大恶也，宁死，不愿闻子孙有此行也。龙伯高敦厚周慎，口无择言，谦约节俭，廉公有威，吾爱之重之，愿汝曹效之。杜季良豪侠好义，忧人之忧，乐人之乐，父丧致客，数郡毕至，吾爱之重之，不愿汝曹效也。效伯高不得，犹为谨敕之士，所谓‘刻鹄不成尚类鹜’者也；效季良不得，陷为天下轻薄子，所谓‘画虎不成反类狗’者也。”伯高者，山都长龙述也，季良者，越骑司马杜保也，皆京兆人。会保仇人上书，讼“保为行浮薄，乱群惑众，伏波将军万里还书以诫兄子，而梁松、窦固与之交结，将扇其轻伪，败乱诸夏”。书奏，帝召责松、固，以讼书及援诫书示之，松、固叩头流血，而得不罪。诏免保官，擢拜龙述为零陵太守。松由是恨援。

及援讨武陵蛮，军次下隽，有两道可入：从壶头则路近而水险，从充则涂夷而运远。耿舒欲从充道，援以为弃日费粮，不如进壶头，扼其喉咽，充贼自破。以事上之，帝从援策。进营壶头，贼乘高守隘，水疾，船不得上。会暑甚，士卒多疫死，援亦中病，乃穿岸为室以避炎气。贼每升险鼓噪，援辄曳足以观之，左右哀其壮意，莫不为之流涕。耿舒与兄好畤侯弇书曰：“前舒上书当先击充，粮虽难运而兵马得用，军人数万，争欲先奋。今壶头竟不得进，大众怫郁行死，诚可痛惜！前到临乡，贼无故自致，若夜击之，即可殄灭。伏波类西域贾胡，到一处辄止，以是失利。今果疾疫，皆如舒言。”弇得书奏之，帝乃使梁松乘驿责问援，因代监军。

会援卒，松因是构陷援。帝大怒，追收援新息侯印绶。初，援在交趾，常饵薏苡实，能轻身，胜障气，军还，载之一车。及卒后，有上书谮之者，以为前所载还皆明珠文犀。帝益怒。

援妻孥（nú）惶惧，不敢以丧还旧茔，稿葬城西，宾客故人，莫敢吊会。严与援妻子草索相连，诣阙请罪。帝乃出松书以示之，方知所坐，上书诉冤，前后六上，辞甚哀切。

前云阳令扶风朱勃诣阙上书曰：“窃见故伏波将军马援，拔自西州，钦慕圣义，闻关险难，触冒万死，经营陇、冀，谋如涌泉，势如转规，兵动有功，

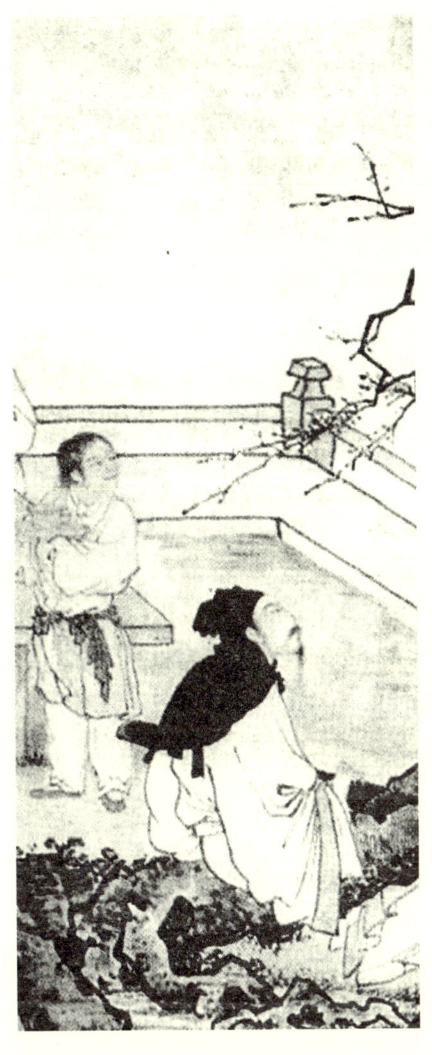

师进辄克。诛锄先零，飞矢贯胫，出征交趾，与妻子生诀。间复南讨，立陷临乡，师已有业，未竟而死。吏士虽疫，援不独存。夫战或以久而立功，或以速而致败，深入未必为得，不进未必为非，人情岂乐久屯绝地不生归哉！惟援得事朝廷二十二年，北出塞漠，南度江海，触冒害气，僵死军事，名灭爵绝，国土不传，海内不知其过，众遮未闻其毁，家属杜门，葬不归墓，怨隙并兴，宗亲怖慄（piào），死者不能自列，生者莫为之讼，臣窃伤之！夫明主醲（nóng）农于用赏，约于用刑，高祖尝与陈平金四万斤以间楚军，不问出入所为，岂复疑以钱谷间哉！愿下公卿，平援功罪，宜绝宜续，以厌海内之望。"帝意稍解。

初，勃年十二，能诵《诗》《书》，常候援兄况，辞言娴雅，援裁知书，见之自失。况知其意，乃自酌酒慰援曰："朱勃小器速成，智尽此耳，卒当从汝禀学，勿畏也。"勃未二十，右扶风请试守渭城宰。及援为将军封侯，而勃位不过县令。援后虽贵，常待以旧恩而卑侮之，勃愈身自亲。及援遇谗，唯勃能终焉。

解读

马援，东汉开国功臣之一。新莽末年，天下大乱，开始的时候，马援是陇右军阀隗嚣的属下，甚得隗嚣的信任。归顺光武帝后，为刘秀的统一战争立下了赫赫战功。天下统一之后，马援虽已年迈，但仍请缨东征西讨，西破羌人，南征交趾（今越南），其“老当益壮”“马革裹尸”的气概甚得后人的崇敬。孙中山先生在给蔡锷的挽联中写道：“平生慷慨班都护，万里间关马伏波。”

马援与其他开国功臣不同，马援大半生都在“安边”战事中度过。马援为国尽忠，殒命疆场，实现了马革裹尸、不死床箦的志愿。不可否认，马援所从事的战争，一般都发生在封建王朝和周边少数民族之间，马援本人思想上也有不可避免的时代局限，但他忠勤国事，马革裹尸的精神，仍然令人钦佩。马援进身朝廷，没有一个人推举荐拔，全靠自己尽忠为国。后来居于高位，也不结势树党。他生前受到权贵的排挤压抑，死后又遭到了严重的诬陷迫害，算是个典型的悲剧英雄。

显宗孝明皇帝下永平十六年——班超出使西域

【原典】

春，二月，遣肜（róng）与度辽将军吴棠将河东、西河羌、胡及南单于兵万一千骑出高阙塞，窦固、耿忠率酒泉、敦煌、张掖甲卒及卢水羌、胡万二千骑出酒泉塞，耿秉、秦彭率武威、陇西、天水募士及羌、胡万骑出张掖居延塞，骑都尉来苗、护乌桓校尉文穆将太原、雁门、代郡、上谷、渔阳、右北平、定襄郡兵及乌桓、鲜卑万一千骑出平城塞，伐北匈奴。窦固、耿忠至天山，击呼衍王，斩首千馀级；追至蒲类海，取伊吾卢地，置宜禾都尉，留吏士屯田伊吾卢城。耿秉、秦彭击匈林王，绝幕六百馀里，至三木楼山而还。来苗、文穆至匈河水上，虏皆奔走，无所获。祭肜与南匈奴左贤王信不相得，出高阙塞九百馀里，得小山，信妄言以为涿邪山，不见虏而还。肜与吴棠坐逗留畏懦，下狱，免。肜自恨无功，出狱数日，欧血死。临终，谓其子曰：“吾蒙国厚恩，奉使不称，身死诚惭恨，义不可以无功受赏。死后，若悉簿上所得物，身自诣兵屯，效死前行，以副吾心。”既卒，其子逢上疏，具陈遗言。帝雅重彤，方更任用，闻之，大惊，嗟叹良久。乌桓、鲜卑每朝贺京师，常过彤冢拜谒，仰天号泣。辽东吏民为立祠，四时奉祭焉。窦固独有功，加位特进。

固使假司马班超与从事郭恂俱使西域。超行到鄯善，鄯善王广奉超礼敬甚备，后忽更疏懈。超谓其官属曰：“宁觉广礼意薄乎？”官属曰：“胡人不能常久，无它故也。”超曰：“此必有北虏使来，狐疑未知所从故也。明者睹未萌，况已著邪！”乃召侍胡，诈之曰：“匈奴使来数日，今安在乎？”侍胡惶恐曰：“到已三日，去此三十里。”超乃闭侍胡，悉会其吏士三十六人，与共饮，酒酣，因激怒之曰：“卿曹与我俱在绝域，今虏使到才数日，而王广礼敬即废。如令鄯善收吾属送匈奴，骸骨长为豺狼食矣。为之奈何？”官属皆曰：“今在危亡之地，死生从司马！”超曰：“不入虎穴，不得虎子。当今之计，独有因夜以火攻虏，使彼不知我多少，必大震怖，可殄尽也。灭此虏，则鄯善破胆，功成事立矣。”众曰：“当与从事议之。”超怒曰：“吉凶决于今日！从事文俗吏，闻此必恐而谋泄，死无所名，非壮士也。”众曰：“善！”初夜，超遂将吏士往奔虏营。会天大风，超令十人持鼓藏虏舍后，约曰：“见火然，皆当鸣鼓大呼。”馀人悉持兵弩，夹门而伏，超乃顺风纵火。前后鼓噪，虏众惊乱。超手格杀三人，吏兵斩其使及从士三十馀级，馀众百许人悉烧死。明日乃还，告郭恂，恂大惊，既而色动，超知其意，举手曰：“掾虽不行，班超何心独擅之乎！”恂乃悦。超于是召鄯善王广，以虏使首示之，一国震怖。超告以汉威德，“自今以后，勿复与北虏通。”广叩头：“愿属汉，无二心。”遂纳子为质。还白窦固，固大喜，具上超功效，并求更选使使西域。帝曰：“吏如班超，何故不遣，而更选乎！今以超为军司马，令遂前功。”

固复使超使于窴（tián），欲益其兵，超愿但将本所从三十六人，曰：“于窴国大而远，今将数百人，无益于强；如有不虞，多益为累耳。”是时于窴王广德雄张南道，而匈奴遣使监护其国。超既至于窴，广德礼意甚疏。且其俗信巫，巫言：“神怒，何故欲向汉？汉使有騧马，急求取以祠我！”广德乃遣国相私来比就超请马。超密知其状，报许之，而令巫自来取马。有顷，巫至，超即斩其首；收私来比，鞭笞数百。以巫首送广德；因责让之。广德素闻超在鄯善诛灭虏使，大惶恐，即杀匈奴使者而降。超重赐其王以下，因镇抚焉。于是诸国皆遣子入侍，西域与汉绝六十五载，至是乃复通焉。超，彪之子也。

解读

自西汉建国以来，西北方向的匈奴就一直骚扰中土，是两汉四百多年来在边境上一直存在的隐患。如何正确处理这个问题，关系到汉代政治经济的发展和与西域各国的经济文化交流，因此为历朝统治者所重视。班超正是在这种历史条件下出现的一位杰出将领。他以非凡的政治和军事才能，在西域的三十一年中，正确地执行了汉王朝“断匈奴右臂”的政策，自始至终立足于争取多数，分化、瓦解和驱逐匈奴势力，因而战必胜、攻必取。不仅维护了边疆的安全，而且加强了与西域各族的联系，为我国多民族国家的形成、巩固和发展作出了卓越贡献。

肃宗孝章皇帝上建初二年——明德皇后马氏

【原典】

上欲封爵诸舅，太后不听。会大旱，言事者以为不封外戚之故，有司请依旧典。太后诏曰：“凡言事者，皆欲媚朕以要福耳。昔王氏五侯同日俱封，黄雾四塞，不闻澍雨之应。夫外戚贵盛，鲜不倾覆；故先帝防慎舅氏，不令在枢机之位，又言‘我子不当与先帝子等’，今有司奈何欲以马氏比阴氏乎！且阴卫尉，天下称之，省中御者至门，出不及履，此蘧伯玉之敬也；新阳侯虽刚强，微失理，然有方略，据地谈论，一朝无双；原鹿贞侯，勇猛诚信；此三人者，天下选臣，岂可及哉！马氏不及阴氏远矣。吾不才，夙夜累息，常恐亏先后之法，有毛发之罪吾不释，言之不舍昼夜，而亲属犯之不止，治丧起坟，又不时觉，是吾言之不立而耳目之塞也。

"吾为天下母，而身服大练，食不求甘，左右但著帛布，无香薰之饰者，欲身率下也。以为外亲见之，当伤心自敕，但笑言'太后素好俭'。前过濯龙门上，见外家问起居者，车如流水，马如游龙，仓头衣绿褠（gōu），领袖正白，顾视御者，不及远矣。故不加谴怒，但绝岁用而已，冀以默愧其心，犹懈怠无忧国忘家之虑。知臣莫若君，况亲属乎！吾岂可上负先帝之旨，下亏先人之德，重袭西京败亡之祸哉！"固不许。

帝省诏悲叹，复重请曰："汉兴，舅氏之封侯，犹皇子之为王也。太后诚存谦虚，奈何令臣独不加恩三舅乎！且卫尉年尊，两校尉有大病，如令不讳，使臣长抱刻骨之恨。宜及吉时，不可稽留。"太后报曰："吾反覆念之，思令两善，岂徒欲获谦让之名而使帝受不外施之嫌哉！昔窦太后欲封王皇后之兄，丞相条侯言：'高祖约，无军功不侯。'今马氏无功于国，岂得与阴、郭中兴之后等邪！常观富贵之家，禄位重叠，犹再实之木，其根必伤。且人所以愿封侯者，欲上奉祭祀，不求温饱耳；今祭祀则受太官之赐，衣食则蒙御府馀资，斯岂不可足，而必当得一县乎！吾计之孰矣，勿有疑也。夫至孝之行，安亲为上。今数遭变异，谷价数倍，忧惶昼夜，不安坐卧，而欲先营外家之封，违慈母之拳拳乎！吾素刚急，有胸中气，不可不顺也。子之未冠，由于父母，已冠成人，则行子之志。念帝，人君也；吾以未逾三年之故，自吾家族，故得专之。若阴阳调和，边境清静，然后行子之志；吾但当含饴弄孙，不能复关政矣。"上乃止。

太后尝诏三辅：诸马昏亲有属托郡县、干乱吏治者，以法闻。太夫人葬起坟微高，太后以为言，兄卫尉廖等即时减削。其外亲有谦素义行者，辄假借温言，赏以财位；如有纤介，则先见严恪之色，然后加谴。其美车服、不尊法度者，便绝属籍，遣归田里。广平、巨鹿、乐成王，车骑朴素，无金银之饰，帝以白太后，即赐钱各五百万。于是内外从化，被服如一；诸家惶恐，倍于永平时。置织室，蚕于濯龙中，数往观视，以为娱乐。常与帝旦夕言道政事，及教授小王《论语》经书，述叙平生，雍和终日。

马廖虑美业难终，上疏劝成德政曰："昔元帝罢服官，成帝御浣衣，哀帝去乐府，然而侈费不息，至于衰乱者，百姓从行不从言也。夫改政移风，必有其本。《传》曰：'吴王好剑客，百姓多创瘢；楚王好细腰，宫中多饿死。'

长安语曰：'城中好高结，四方高一尺；城中好广眉，四方且半额；城中好大袖，四方全匹帛。'斯言如戏，有切事实。前下制度未几，后稍不行，虽或吏不奉法，良由慢起京师。今陛下素简所安，发自圣性，诚令斯事一竟，则四海诵德，声薰天地，神明可通，况于行令乎！"太后深纳之。

解读

明德皇后马氏，汉明帝刘庄唯一的皇后，闺名已经失传，她的谥号为明德皇后，单从谥号上来看，就知道她是一位令人敬服的皇后。

马皇后是伏波将军马援的三女儿，在光武帝时代选入太子刘庄的宫中。马氏入宫后，尽心尽力地侍奉阴皇后。她待人和蔼，与宫里的人相处十分融洽，因此深得阴皇后和太子刘庄的喜爱。当上皇后以后，她以西京败亡之祸为戒，劝阻章帝给自己的娘家人封爵。并且，为了不让自己的娘家人生活过于腐朽奢侈，还特地下诏马氏家族的人不得以私事请求地方政府，干预地方行政。

马皇后身体力行，为天下做出了榜样，她一生谨慎、谦虚朴素、知书达理，赢得了后世人们的赞誉，成为历代皇后的楷模。

肃宗孝章皇帝上建初八年——外戚窦宪仗势欺人

【原典】

顺阳侯马廖，谨笃自守，而性宽缓，不能教勒子弟，皆骄奢不谨。校书郎杨终与廖书，戒之曰："君位地尊重，海内所望。黄门郎年幼，血气方盛，既无长君退让之风，而要结轻狡无行之客，纵而莫诲，视成任性，览念前往，可为寒心！"廖不能从。防、光兄弟资产巨亿，大起第观，弥亘街路，食客常数百人。防又多牧马畜，赋敛羌、胡。帝不喜之，数加谴敕，所以禁遏甚备。由是权势稍损，宾客亦衰。

廖子豫为步兵校尉，投书怨诽。于是有司并奏防、光兄弟奢侈逾僭，浊乱圣化，悉免就国。临上路，诏曰："舅氏一门俱就国封，四时陵庙无助祭先后者，朕甚伤之，其令许侯思愆田庐，有司勿复请，以慰朕渭阳之情。"光比防稍为谨密，故帝特留之，后复位特进。豫随廖归国，考击物故。后复有诏还廖京师。

诸马既得罪，窦氏益贵盛。皇后兄宪为侍中、虎贲中郎将，弟笃为黄门侍郎，并侍宫省，赏赐累积；喜交通宾客。司空第五伦上疏曰："臣伏见虎贲中郎将窦宪，椒房之亲，典司禁兵，出入省闼，年盛志美，卑让乐善，此诚其好士交结之方。然诸出入贵戚者，类多瑕衅禁锢之人，尤少守约安贫之节。士大夫无志之徒，更相贩卖，云集其门，盖骄佚所从生也。三辅论议者至云：'以贵戚废锢，当复以贵戚浣濯之，犹解酲当以酒也。'诐险趣势之徒，诚不可亲近。臣愚愿陛下、中宫严敕宪等闭门自守，无妄交通士大夫，防其未萌，虑于无形，令宪永保福禄，君臣交欢，无纤介之隙，此臣之所至愿也。"

宪恃宫掖声势，自王、主及阴、马诸家，莫不畏惮。宪以贱直请夺沁水公主园田，主逼畏不敢计。后帝出过园，指以问宪，宪阴喝不得对。后发觉，帝大怒，召宪切责曰："深思前过夺主田园时，何用愈赵高指鹿为马！久念使人惊怖。昔永平中，常令阴党、阴博、邓叠三人更相纠察，故诸豪戚莫敢犯法者。今贵主尚见枉夺，何况小民哉！国家弃宪，如孤雏、腐鼠耳！"宪大惧，皇后为毁服深谢，良久乃得解，使以田还主。虽不绳其罪，然亦不授以重任。

解读

窦宪受宠得势以后，倚仗权势为所欲为。窦宪曾以低价强买沁水公主的庄园，公主害怕他的权势而不敢计较。后来章帝出行时经过那里，指着庄园向窦宪询问，窦宪暗中喝阻左右的人不得照实回答。后来，章帝发现了真相，大为愤怒，可是并没有治窦宪的罪，只是不再委以重任了。

臣子的罪恶，莫过于欺骗君主，所以圣明的君主痛恨这种行为。孝章皇帝称窦宪的行为无异于指鹿为马，这是对的；然而他最终不能降罪于窦宪，那么奸臣怎么受到惩戒呢！君主对待臣子，最困难的在于不知道谁是邪恶之辈，假如已经知道而又将他赦免，那还不如不知道更好。为什么这样讲？奸臣为非作歹而君主不知，奸臣心中还有所畏惧；君主已知而又不能予以处罚，奸臣便明白君主不值得畏惧，就会放纵大胆而无所顾忌了！因此，司马光针对此事评论说：“是故知善而不能用，知恶而不能去，人主之深戒也。”

孝安皇帝建光元年——才女皇后邓绥

【原典】

帝少号聪明，故邓太后立之。及长，多不德，稍不可太后意；帝乳母王圣知之。太后征济北、河间王子诣京师，河间王子冀美容仪，太后奇之，以为平原怀王后，留京师。王圣见太后久不归政，虑有废置，常与中黄门李闰、江京候伺左右，共毁短太后于帝，帝每怀忿惧。及太后崩，宫人先有受罚者怀怨恚，因诬告太后兄弟悝、弘、阊先从尚书邓访取废帝故事，谋立平原王。帝闻，追怒，今有司奏悝等大逆无道，遂废西平侯广宗、叶侯广德、西华侯

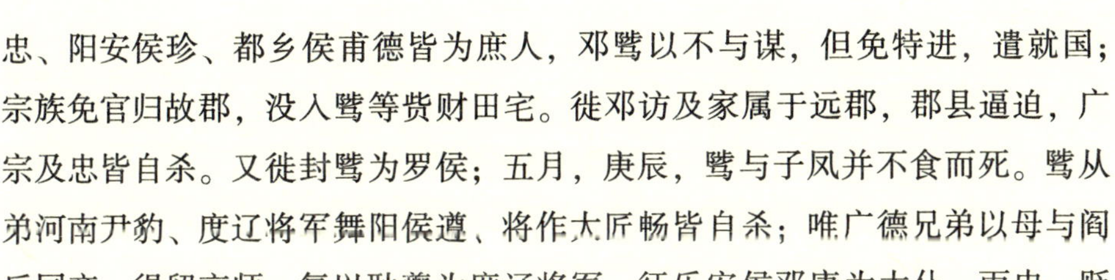

忠、阳安侯珍、都乡侯甫德皆为庶人，邓骘以不与谋，但免特进，遣就国；宗族免官归故郡，没入骘等赀财田宅。徙邓访及家属于远郡，郡县逼迫，广宗及忠皆自杀。又徙封骘为罗侯；五月，庚辰，骘与子凤并不食而死。骘从弟河南尹豹、度辽将军舞阳侯遵、将作大匠畅皆自杀；唯广德兄弟以母与阎后同产，得留京师。复以耿夔为度辽将军，征乐安侯邓康为太仆。丙申，贬平原王翼为都乡侯，遣归河间。翼谢绝宾客，闭门自守，由是得免。

初，邓后之立也，太尉张禹、司徒徐防欲与司空陈宠共奏追封后父训，宠以先世无奏请故事，争之，连日不能夺。及训追加封谥，禹、防复约宠俱遣子奉礼于虎贲中郎将骘，宠不从，故宠子忠不得志于邓氏。骘等败，忠为尚书，数上疏陷成其恶。

大司农京兆朱宠痛骘无罪遇祸，乃肉袒舆榇（chèn）上疏曰：“伏惟和熹皇后圣善之德，为汉文母。兄弟忠孝，同心忧国，宗庙有主，王室是赖。功成身退，让国逊位，历世外戚，无与为比，当享积善履谦祐。而横为宫人单辞所陷，利口倾险，反乱国家，罪无申证，狱不讯鞫（jū），遂令骘等罹此酷滥，一门七人，并不以命，尸骸流离，冤魂不反，逆天感人，率土丧气。宜收还冢次，宠树遗孤，奉承血祀，以谢亡灵。”宠知其言切，自致廷尉；陈忠复劾奏宠，诏免官归田里。众庶多为骘称枉者，帝意颇悟，乃谴让州郡，还葬骘等于北芒，诸从昆弟皆得归京师。

解读

东汉和帝皇后邓绥，新野人，云台二十八宿之首高密侯邓禹之孙女。汉和帝皇后，史称邓太后。中国历史上第一个垂帘听政的皇后。邓绥6岁读史书，12岁通《诗经》《论语》，专志典籍，不问居家之事，家人号曰“诸生”，其才能为诸兄弟所不及。其父邓训（时任护羌校尉）有疑难之事也常询问邓绥。

邓绥15岁应选入宫，16岁封为贵人。因邓绥身材修长，姿容秀美，处事谨慎，善待下人，在后宫很有威信，深受汉和帝喜爱。

跟马皇后一样，每当和帝想封邓氏家族官爵时，邓皇后总是苦苦哀求，表示谦让。因此，在和帝生前，她的哥哥邓骘的官职没有超过虎贲中郎将。

汉和帝死后，由于新继任的皇帝年幼，邓绥便开始了自己16年的垂帘听政生涯。因日夜操劳，年仅41岁的邓太后染病咯血，卧床不治。公元121年， 她抱病下诏，大赦天下，是年3月逝世，与和帝合葬于顺陵。

孝顺皇帝上永建二年——真假隐士

【原典】

初，南阳樊英，少有学行，名著海内，陷于壶山之阳，州郡前后礼请，不应；公卿举贤良、方正、有道，皆不行；安帝赐策书征之，不赴。是岁，帝复以策书、玄纁（xūn），备礼征英，英固辞疾笃。诏切责郡县，驾载上道。英不得已，到京，称疾不肯起；强舆入殿，犹不能屈。帝使出就太医养疾，月致羊酒。其后帝乃为英设坛，令公车令导，尚书奉引，赐几、杖，待以师傅之礼，延问得失，拜五官中郎将。数月，英称疾笃；诏以为光禄大夫，赐告归，令在所送谷，以岁时致牛酒。英辞位不受，有诏譬旨，勿听。

英初被诏命，众皆以为必不降志。南郡王逸素与英善，因与其书，多引古譬谕，劝使就聘。英顺逸议而至；及后应对无奇谋深策，谈者以为失望。河南张楷与英俱征，谓英曰："天下有二道，出与处也。吾前以子之出，能辅是君也，济斯民也。而子始以不訾之身，怒万乘之主，及其享受爵禄，又不闻匡救之术，进退无所据矣。"

臣光曰：古之君子，邦有道则仕，邦无道则隐。隐非君子之所欲也。人莫己知而道不得行，群邪共处而害将及身，故深藏以避之。王者举逸民，扬仄陋，固为其有益于国家，非以徇世俗之耳目也。是故有道德足以尊主，智能足以庇民，被褐怀玉，深藏不市，则王者当尽礼以致之，屈体以下之，虚心以访之，克己以从之，然后能利泽施于四表，功烈格于上下。盖取其道不取其人，务其实不务其名也。

其或礼备而不至，意勤而不起，则姑内自循省而不敢强致其人，曰：岂吾德之薄而不足慕乎？政之乱而不可辅乎？群小在朝而不敢进乎？诚心不至而忧其言之不用乎？何贤者之不我从也？苟其德已厚矣，政已治矣，群小远矣，诚心至矣，彼将扣阍以自售，又安有勤求而不至者哉！荀子曰："耀蝉者，务在明其火，振其木而已；火不明，虽振其木，无益也。今人主有能明其德，则天下归之，若蝉之归明火也。"或者人主耻不能致，乃至诱之以高位，胁之以严刑。使彼诚君子邪，则位非所贪，刑非所畏，终不可得而致也；可致者，皆贪位畏刑之人也，乌足贵哉！

若乃孝弟著于家庭，行谊隆于乡曲，利不苟取，仕不苟进，洁己安分，优游卒岁，虽不足以尊主庇民，是亦清修之吉士也。王者当褒优安养，俾遂其志。若孝昭之待韩福，光武之遇周党，以励廉耻，美风俗，斯亦可矣，固不当如范升之诋毁，又不可如张楷之责望也。

至于饰伪以邀誉，钓奇以惊俗，不食君禄而争屠沽之利，不受小官而规卿相之位，名与实反，心与迹违，斯乃华士、少正卯之流，其得免于圣王之诛幸矣，尚何聘召之有哉！

时又征广汉杨厚、江夏黄琼。琼，香之子也。厚既至，豫陈汉有三百五十年之厄以为戒，拜议郎。琼将至，李固以书逆遗之曰："君子谓伯夷隘，柳下惠不恭。不夷不惠，可否之间，圣贤居身之所珍也。诚遂欲枕山栖谷，拟迹巢、由，斯则可矣；若当辅政济民，今其时也。自生民以来，善政少而乱俗多，必待尧、舜之君，此为士行其志终无时矣。常闻语曰：'峣（yáo）峣者易缺，皦（jiǎo）皦者易污。'盛名之下，其实难副。近鲁阳樊君被征，初至，朝廷设坛席，犹待神明，虽无大异，而言行所守，亦无所缺；而毁谤布流，应时折减者，岂非观听望深，声名太盛乎！是故俗论皆言'处士纯盗虚声'。愿先生弘此远谟，令众人叹服，一雪此言耳！"琼至，拜议郎，稍迁尚书仆射。琼昔随父在台阁，习见故事；及后居职，达练官曹，争议朝堂，莫能抗夺。数上疏言事，上颇采用之。

李固，郃之子，少好学，常改易姓名，杖策驱驴，负笈从师，不远千里，遂究览坟籍，为世大儒。每到太学，密入公府，定省父母，不令同业诸生知其为郃子也。

解读

文中，司马光给我们展示了一幅真假隐士的图画。樊英是徒有虚名，费尽周折来到朝中，结果是胸无点墨。与樊英相对应的是真隐士黄琼，他才是真正的人才。

看来，识人用人真是大有玄机。

玉石不分，丢弃了玉，把石头当作宝贝。识人不分贤愚，这样的领导者眼盲心也盲。那些庸才就像绵羊，即使披上虎皮也改变不了他的本质。

孔子说："了解一个人，看他的所作所为，了解他的做事途径和方法，考察他的爱好。这样，这个人的品质还怎么能隐蔽得了呢?"

认清一个人，在很多时候都是一件极其困难的事，尤其是当对方心怀不轨而竭力伪装时。但最根本的原因，恐怕还在于自身的"失察"。

九方皋相马，只看重马的内在品质，而不看重马的外表，这说明他能透过现象看本质，而不是凭第一印象来判断马的优劣。识人也应该如此。诸葛亮曾对识人有过一番精辟的论述，他说人"有温良而伪诈者，有外恭而内欺者，有外勇而内怯者，有尽力而不忠者"，这些话对于今天的管理者来说，同样具有深刻的启迪作用。

孝恒皇帝本初元年——跋扈将军

【原典】

夏，四月，庚辰，令郡、国举明经诣太学，自大将军以下皆遣子受业；岁满课试，拜官有差。又千石、六百石、四府掾属、三署郎、四姓小侯先能通经者，各令随家法，其高第者上名牒，当以次赏进。自是游学增盛，至三万馀生。

五月，庚寅，徙乐安王鸿为渤海王。

海水溢，漂没民居。

六月，丁巳，赦天下。

帝少而聪慧，尝因朝会，目梁冀曰：“此跋扈将军也！”冀闻，深恶之。闰月，甲申，冀使左右置毒于煮饼以进之。帝苦烦甚，使促召太尉李固。固入前，问帝得患所由；帝尚能言，曰：“食煮饼。今腹中闷，得水尚可活。”时冀亦在侧，曰：“恐吐，不可饮水。”语未绝而崩。固伏尸号哭，推举侍医。冀虑其事泄，大恶之。

将议立嗣，固与司徒胡广、司空赵戒先与冀书曰：“天下不幸，频年之间，国祚三绝。今当立帝，天下重器，诚知太后垂心，将军劳虑，详择其人，务存圣明。然愚情眷眷，窃独有怀。远寻先世废立旧仪，近见国家践祚前事，未尝不询访公卿，广求群议，令上应天心，下合众望。《传》曰：‘以天下与人易，为天下得人难。’昔昌邑之立，昏乱日滋；霍光忧愧发愤，悔之折骨。自非博陆忠勇，延年奋发，大汉之祀，几将倾矣。至忧至重，可不熟虑！悠悠万事，唯此为大；国之兴衰，在此一举。”冀得书，乃召三公、中二千石、列侯，大议所立。固、广、戒及大鸿胪杜乔皆以为清河王蒜明德著闻，又属最尊亲，宜立为嗣，朝臣莫不归心。而中常侍曹腾尝谒蒜，蒜不为礼，宦者由此恶之。初，平原王翼既贬归河间，其父请分蠡（lǐ）吾县以侯之；顺帝许之。翼卒，子志嗣；梁太后欲以女弟妻志，征到夏门亭。会帝崩，梁冀欲立志。众论既异，愤愤不得意，而未有以相夺。曹腾等闻之，夜往说冀曰：“将军累世有椒房之亲，东摄万机，宾客纵横，多有过差。清河王严明，若果立，则将军受祸不久矣！不如立蠡吾侯，富贵可长保也。”冀然其言，明日，重会公卿，冀意气凶凶，言辞激切，自胡广、赵戒以下莫不慑惮，皆曰：“惟大将军令！”独李固、杜乔坚守本议。冀厉声曰：“罢会！”固犹望众心可立，复以书劝冀，冀愈激怒。丁亥，冀说太后，先策免固。戊子，以司徒胡广为太尉；司空赵戒为司徒，与大将军冀参录尚书事；太仆袁汤为司空。汤，安之孙也。庚寅，使大将军冀持节以王青盖车迎蠡吾侯志入南宫；其日，即皇帝位，时年十五。太后犹临朝政。

解读

梁冀是东汉时期外戚出身的权臣。出身世家大族，先祖时曾协助汉光武帝刘秀建立东汉，其父亲为梁商，有一妹，是汉顺帝的皇后。永和元年（136年）成为河南尹。因质帝当面称梁冀为“跋扈将军”，次年即被他所毒杀，另立十五岁的桓帝。此后他专擅朝政，结党营私，且大封梁氏一门为侯为官。

汉光武帝刘秀自称“以柔治天下”，这里所谓“柔”就是对统治阶层尽可能地予以宽容笼络，其中手段之一就是皇室与功臣宿将的家族联姻，用婚姻关系来维系政治关系，企图借此巩固皇室统治，因此，东汉王朝选皇后不出窦融、邓禹、马援、梁统等功臣的家族之外。可是，刘秀这种做法适得其反，不仅没有达到巩固皇室的目的，而且还在皇帝身边培植了一股侵蚀皇权的强大的外戚势力。东汉王朝自第四个皇帝和帝起，就开始了外戚专权的局势，这以后，皇帝的废立直接间接都为外戚所左右。《后汉书·皇后纪》称“外立者四帝”，只是概而言之，其实何止此数。既然外戚掌握了废立皇帝的大权，他们就必然是“贪孩童以久其政”，也就是说，要故意立年纪幼小易于左右的皇室后裔为帝，自章帝以下，所立皇帝最大的不超过十七岁，最小的不过百日。皇帝幼小，皇太后就有理由援例临朝听政。所谓“临朝者六后”，即窦、邓、阎、梁、窦、何六个皇太后临朝听政。皇太后所依靠的势力就是外戚。一般说来，皇太后本人也无多大实权，她们不是将实权委之于父，就是托之于兄。因此与这些皇太后相联系的父兄窦宪、邓骘、阎显和梁商、梁冀父子等都相继掌握了朝廷大权。

孝恒皇帝元嘉元年——崔寔上书建言

【原典】

十一月，辛巳，京师地震。诏百官举独行之士。涿郡举崔寔，诣公车，称病，不对策；退而论世事，名曰《政论》。其辞曰：“凡天下所以不治者，常由人主承平日久，俗渐敝而不悟，政浸衰而不改，习乱安危，怢不自睹。或荒耽耆欲，不恤万机；或耳蔽箴诲，厌伪忽真；或犹豫歧路，莫适所以；

或见信之佐，括囊守禄；或疏远之臣，言以贱废。是以王纲纵弛于上，智士郁伊于下。悲夫！

“自汉兴以来，三百五十馀岁矣，政令垢玩，上下怠懈，百姓嚣然，咸复思中兴之救矣！且济时拯世之术，在于补绽决坏，枝拄邪倾，随形裁割，要措斯世于安宁之域而已。故圣人执权，遭时定制，步骤之差，各有云设，不强人以不能，背急切而慕所闻也。盖孔子对叶公以来远，哀公以临人，景公以节礼，非其不同，所急异务也。俗人拘文牵占，不达权制，奇伟所闻，简忽所见，乌可与论国家之大事哉！故言事者虽合圣德，辄见掎夺。何者？其顽士暗于时权，安习所见，不知乐成，况可虑始，苟云率由旧章而已。其达者或矜名妒能，耻策非己，舞笔奋辞以破其义。寡不胜众，遂见摈弃，虽稷、契复存，犹将困焉。斯贤智之论所以常愤郁而不伸者也。

“凡为天下者，自非上德，严之则治，宽之则乱。何以明其然也？近孝宣皇帝明于君人之道，审于为政之理，故严刑峻法，破奸轨之胆，海内清肃，天下密如，遂计见效，优于孝文。及元帝即位，多行宽政，卒以堕损，威权始夺，遂为汉室基祸之主。政道得失，于斯可鉴。昔孔子作《春秋》，褒齐桓，懿晋文，叹管仲之功，夫岂不美文、武之道哉？诚达权救敝之理也。故圣人能与世推移，而俗士苦不知变，以为结绳之约，可复治乱秦之绪；干戚之舞，足以解平城之围。夫熊经鸟伸，虽延历之术，非伤寒之理；呼吸吐纳，虽度纪之道，非续骨之膏。盖为国之法，有似治身，平则致养，疾则攻焉。夫刑罚者，治乱之药石也；德教者，兴平之粱肉也。夫以德教除残，是以粱肉治疾也；以刑罚治平，是以药石供养也。方今承百王之敝，值厄运之会，自数世以来，政多恩贷，驭委其辔。马骀其衔，四牡横奔，皇路险倾，方将拑勒鞬辀（jiān zhōu）以救之，岂暇鸣和銮，请节奏哉！昔文帝虽除肉刑，当斩右趾者弃市，笞者往往至死。是文帝以严致平，非以宽致平也。”寔，瑗之子也。山阳仲长统尝见其书，叹曰：“凡为人主，宜写一通，置之坐侧。”

解读

汉朝的法令已经是相当严厉的了，然而，崔寔还嫌它宽大，这是为什么呢？因为衰败之世的君王大多懦弱，平庸愚昧的辅佐之臣只知道姑息。所以，有权势而得君王宠幸的臣下，即使有罪，也得不到应有的惩罚；豪强和不守法度的刁徒，即使违法，也不被诛杀；施加仁爱恩惠，只限于眼前；使为非作歹的人得逞，纲纪不能维持。所以，崔寔的评论是用来矫正一时的弊端，不是百代通用的法则。孔子说："为政太宽大，则人民不在乎，人民一旦不在乎，则用严刑峻法来纠正。施行严刑峻法，则人民感到暴虐，人民一旦感到暴虐，则改施宽大之政。用宽大和严厉两种手段互相补充，政局才能稳定。"这是永世不变的为政之道。

孝桓皇帝上之下延熹二年——梁冀被诛

【原典】

梁皇后恃姊、兄廕（yìn）势，恣极奢靡，兼倍前世，专宠妒忌，六宫莫得进见。及太后崩，恩宠顿衰。后既无嗣，每宫人孕育，鲜得全者。帝虽迫畏梁冀，不敢谴怒，然进御转希，后益忧恚。秋，七月，丙午，皇后梁氏崩。乙丑，葬懿献皇后于懿陵。

梁冀一门，前后七侯，三皇后，六贵人，二大将军，夫人、女食邑称君者七人，尚公主者三人，其馀卿、将、尹、校五十七人。冀专擅威柄，凶恣日积，宫卫近侍，并树所亲，禁省起居，纤微必知。其四方调发，岁时贡献，皆先输上第于冀，乘舆乃其次焉。吏民赍货求官、请罪者，道路相望。百官迁召，皆先到冀门笺檄谢恩，然后敢诣尚书。下邳吴树为宛令，之官辞冀，冀宾客布在县界，以情托树，树曰："小人奸蠹（dù），比屋可诛。明将军处上将之位，宜崇贤善以补朝阙。自侍坐以来，未闻称一长者，而多托非人，诚非敢闻！"冀嘿然不悦。树到县，遂诛杀冀客为人害者数十人。树后为荆州刺史，辞冀，冀鸩之，出，死车上。辽东太守侯猛初拜，不谒冀，冀托以它事腰斩之。郎中汝南袁著，年十九，诣阙上书曰："夫四时之运，功成则退，高爵厚宠，鲜不致灾。今大将军位极功成，可为至戒，宜遵县车之礼，高枕颐神。传曰：'木实繁者披枝害心。'若不抑损盛权，将无以全其身矣！"冀闻而密遣掩捕，著乃变易姓名，托病伪死，结蒲为人，市棺殡送。冀知其诈，求得，笞杀之。太原郝絜、胡武，好危言高论，与著友善，絜、武尝连名奏记三府，荐海内高士，而不诣冀。冀追怒之，敕中都官称檄禽捕，遂诛下家，死者六十馀人。絜初逃亡，知不得免，因舆梓奏书冀门，书入，仰药而死，家乃得全。安帝嫡母耿贵人薨，冀从贵人从子林虑侯承求贵人珍玩，不能得，冀怒，并族其家十馀人。涿郡崔琦以文章为冀所善，琦作《外戚箴》《白鹄赋》以风，冀怒。琦曰："昔管仲相齐，乐闻讥谏之言；萧何佐汉，乃设书过之吏。今将军屡世台辅，任齐伊、周，而德政未闻，黎元涂炭，不能结纳贞良以救祸败，反欲钳塞士口，杜蔽主听，将使玄黄改色、马鹿易形乎！"冀无以对，因遣琦归。琦惧而亡匿，冀捕得，杀之。

冀秉政几二十年，威行内外，天子拱手，不得有所亲与，帝既不平之；及陈授死，帝愈怒。和熹皇后从兄子郎中邓香妻宣，生女猛，香卒，宣更适梁纪；纪，孙寿之舅也。寿以猛色美，引入掖庭，为贵人，冀欲认猛为其女，易猛姓为梁。冀恐猛姊婿议郎邴尊沮败宣意，遣客刺杀之。又欲杀宣，宣家与中常侍袁赦相比，冀客登赦屋，欲入宣家，赦觉之，鸣鼓会众以告宣。宣驰入白帝，帝大怒，因如厕，独呼小黄门史唐衡，问："左右与外舍不相得者，谁乎？"衡对："中常侍单超、小黄门史左悺与梁不疑有隙；中常侍徐璜、黄门令具瑗常私忿疾外舍放横，口不敢道。"于是帝呼超、悺入室，谓曰："梁将军兄弟专朝，迫胁内外，公卿以下，从其风旨，今欲诛之，于常侍意如何？"超等对曰："诚国奸贼，当诛日久；臣等弱劣，未知圣意如何耳。"帝曰："审然者，常侍密图之。"对曰："图之不难，但恐陛下腹中狐疑。"帝曰："奸臣胁国，当伏其罪，何疑乎！"于是更召璜、瑗等，五人共定其议，帝齧（niè）超臂出血为盟。超等曰："陛下今计已决，勿复更言，恐为人所疑。"

冀心疑超等，八月，丁丑，使中黄门张恽入省宿，以防其变。具瑗敕吏收恽，以"辄从外入，欲图不轨"。帝御前殿，召诸尚书入，发其事，使尚书令尹勋持节勒丞、郎以下皆操兵守省阁，敛诸符节送省中，使具瑗将左右厩驺、虎贲、羽林、都候剑戟士合千馀人，与司隶校尉张彪共围冀第，使光禄勋袁盱持节收冀大将军印绶，徙封比景都乡侯。冀及妻寿即日皆自杀；不疑、蒙先卒。悉收梁氏、孙氏中外宗亲送诏狱，无长少皆弃市；它所连及公卿、列校、刺史、二千石，死者数十人。太尉胡广、司徒韩縯（yǎn）、司空孙朗皆坐阿附梁冀，不卫宫，止长寿亭，减死一等，免为庶人。故吏、宾客免黜者三百馀人，朝廷为空。是时，事猝从中发，使者交驰，公卿失其度，官府市里鼎沸，数日乃定；百姓莫不称庆。收冀财货，县官斥卖，合三十馀万万，以充王府用，减天下税租之半，散其苑囿，以业穷民。

壬午，立梁贵人为皇后，追废懿陵为贵人冢。帝恶梁氏，改皇后姓为薄氏，久之，知为邓香女，乃复姓邓氏。

诏赏诛梁冀之功，封单超、徐璜、具瑗、左悺、唐衡皆为县侯，超食二万户，璜等各万馀户，世谓之五侯。仍以悺、衡为中常侍。又封尚书令尹勋等七人皆为亭侯。

以大司农黄琼为太尉，光禄大夫中山祝恬为司徒，大鸿胪梁国盛允为司空。

是时，新诛梁冀，天下想望异政，黄琼首居公位，乃举奏州郡素行贪污，至死徙者十馀人，海内翕然称之。

解读

“跋扈将军”梁冀把持朝政以后，为所欲为，肆无忌惮，最后终于被汉桓帝联合几个宦官除掉了。正是多行不义必自毙。

梁冀倒台，最高兴的还是老百姓。汉桓帝没收了梁冀的家产，一共值钱三十多亿，这笔钱相当于当时全国一年租税的半数。被梁家占用作花园、兔苑的民田，仍旧给农民耕种。

汉桓帝论功行赏，把除梁有功的单超等五个宦官都封为侯，称作“五侯”。从此，东汉政权从外戚手里转到了宦官手里，这又是一场灾难的开始。

孝桓皇帝上之下延熹二年——五处士拒绝为官

【原典】

尚书令陈蕃上疏荐五处士，豫章徐稚、彭城姜肱、汝南袁闳、京兆韦著、颍川李昙；帝悉以安车、玄纁备礼征之，皆不至。

稚家贫，常自耕稼，非其力不食，恭俭义让，所居服其德；屡辟公府，不起。陈蕃为豫章太守，以礼请署功曹；稚不之免，既谒而退。蕃性方峻，不接宾客，唯稚来，特设一榻，去则县之。后举有道，家拜太原太守，皆不就。稚虽不应诸公之辟，然闻其死丧，辄负笈赴吊。常于家豫炙鸡一只，以一两绵絮渍酒中暴干，以裹鸡，径到所赴冢隧外，以水渍绵，使有酒气，斗米饭，白茅为藉。以鸡置前，醊酒毕，留谒则去，不见丧主。

肱与二弟仲海、季江俱以孝友著闻，常同被而寝，不应征聘。肱尝与弟季江俱诣郡，夜于道为盗所劫，欲杀之，肱曰：“弟年幼，父母所怜，又未聘娶，愿杀身济弟。”季江曰：“兄年德在前，家之珍宝，国之英俊，乞自受戮，以代兄命。”盗遂两释焉，但掠夺衣资而已。既至，郡中见肱无衣服，怪问其故，肱托以它辞，终不言盗。盗闻而感悔，就精庐求见徵君，叩头谢罪，还所略物。肱不受，劳以酒食而遣之。帝既征肱不至，乃下彭城，使画工图其形状。肱卧于幽暗，以被韬面，言患眩疾，不欲出风，工竟不得见之。

闳，安之玄孙也，苦身修节，不应辟召。

著隐居讲授，不修世务。

昙继母酷烈，昙奉之逾谨，得四时珍玩，未尝不先拜而后进，乡里以为法。

帝又征安阳魏桓，其乡人劝之行，桓曰："夫干禄求进，所以行其志也。今后宫千数，其可损乎？厩马万匹，其可减乎？左右权豪，其可去乎？"皆对曰："不可。"桓乃慨然叹曰："使桓生行死归，于诸子何有哉！"遂隐身不出。

解读

豫章的徐稚、彭城的姜肱、汝南的袁闳、京兆的韦著、颍川的李昙，这五个人受到陈蕃的举荐，却不肯出来为官。千载难逢的机会，他们却不为之所动。他们有自己的处世原则。在那样一个宦官当政的乱世，既然不能施展才华，安邦治国，那么，不同流合污就是他们的底线。高官厚禄并不是他们想要的，对他们来说，洁身自好、一身正气是最重要的。这就是一种精神，足以垂范于后世的精神。

孝桓皇帝中延熹七年——太学生领袖郭泰

【原典】

春，二月，丙戌，邟乡忠侯黄琼薨。将葬，四方远近名士会者六七千人。

初，琼之教授于家。徐稚从之咨访大义，及琼贵，稚绝不复交。至是，稚往吊之，进酹（lèi），哀哭而去，人莫知者。诸名士推问丧宰，宰曰："先

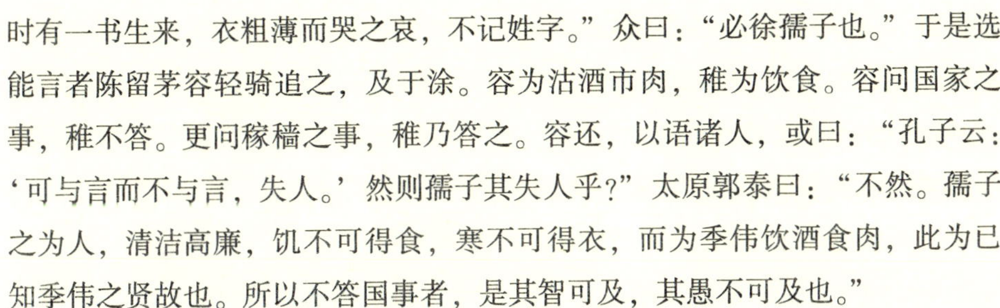

时有一书生来，衣粗薄而哭之哀，不记姓字。”众曰：“必徐孺子也。”于是选能言者陈留茅容轻骑追之，及于涂。容为沽酒市肉，稚为饮食。容问国家之事，稚不答。更问稼穑之事，稚乃答之。容还，以语诸人，或曰：“孔子云：‘可与言而不与言，失人。’然则孺子其失人乎？”太原郭泰曰：“不然。孺子之为人，清洁高廉，饥不可得食，寒不可得衣，而为季伟饮酒食肉，此为已知季伟之贤故也。所以不答国事者，是其智可及，其愚不可及也。”

泰博学，善谈论。初游雒（luò）阳，时人莫识，陈留符融一见嗟异，因以介于河南尹李膺。膺与相见，曰：“吾见士多矣，未有如郭林宗者也。其聪识通朗，高雅密博，今之华夏，鲜见其俦。”遂与为友，于是名震京师。后归乡里，衣冠诸儒送至河上，车数千两，膺唯与泰同舟而济，众宾望之，以为神仙焉。

泰性明知人，好奖训士类，周游郡国。茅容，年四十馀，耕于野，与等辈避雨树下，众皆夷踞相对，容独危坐愈恭；泰见而异之，因请寓宿。旦日，容杀鸡为馔，泰谓为己设；容分半食母，馀半庋（guǐ）置，自以草蔬与客同饭。泰曰：“卿贤哉远矣！郭林宗犹减三牲之具以供宾旅，而卿如此，乃我友也。”起，对之揖，劝令从学，卒为盛德。巨鹿孟敏，客居太原，荷甑（zèng）堕地，不顾而去。泰见而问其意，对曰：“甑已破矣，视之何益！”泰以为有分决，与之言，知其德性，因劝令游学，遂知名当世。陈留申屠蟠，家贫，佣为漆工；鄢陵庾乘，少给事县廷为门士；泰见而奇之，其后皆为名士。自馀或出于屠沽、卒伍，因泰奖进成名者甚众。

陈国童子魏昭请于泰曰：“经师易遇，人师难遭，愿在左右，供给洒扫。”泰许之。泰尝不佳，命昭作粥，粥成，进泰，泰呵之曰：“为长者作粥，不加意敬，使不可食！”以杯掷地。昭更为粥重进，泰复呵之。如此者三，昭姿容无变。泰乃曰：“吾始见子之面，而今而后，知卿心耳！”遂友而善之。

陈留左原，为郡学生，犯法见斥，泰遇诸路，为设酒肴以慰之。谓曰：“昔颜涿聚，梁甫之巨盗，段干木，晋国之大驵，卒为齐之忠臣，魏之名贤；蘧瑗、颜回尚不能无过，况其馀乎！慎勿恚恨，责躬而已！”原纳其言而去。或有讥泰不绝恶人者，泰曰：“人而不仁，疾之已甚，乱也。”原后忽更怀忿结客，欲报诸生，其日，泰在学，原愧负前言，因遂罢去。后事露，众人咸谢服焉。

或问范滂曰："郭林宗何如人？"滂曰："隐不违亲，贞不绝俗，天子不得臣，诸侯不得友，吾不知其它。"

泰尝举有道，不就，同郡宋冲素服其德，以为自汉元以来，未见其匹，尝劝之仕。泰曰："吾夜观乾象，昼察人事，天之所废，不可支也，吾将优游卒岁而已。"然犹周旋京师，诲诱不息。徐稚以书戒之曰："夫大木将颠，非一绳所维，何为栖栖不遑宁处！"泰感寤曰："谨拜斯言，以为师表。"

济阴黄允，以隽才知名，泰见而谓曰："卿高才绝人，足成伟器，年过四十，声名著矣。然至于此际，当深自匡持，不然，将失之矣！"后司徒袁隗欲为从女求姻，见允，叹曰："得婿如是，足矣。"允闻而黜遣其妻。妻请大会宗亲为别，因于众中攘袂数允隐慝十五事而去，允以此废于时。

初，允与汉中晋文经并恃其才智，曜名远近，征辟不就。托言疗病京师，不通宾客，公卿大夫遣门生旦暮问疾，郎吏杂坐其门，犹不得见；三公所辟召者，辄以询访之，随所臧否，以为与夺。符融谓李膺曰："二子行业无闻，以豪桀自置，遂使公卿问疾，王臣坐门，融恐其小道破义，空誉违实，特宜察焉。"膺然之。二人自是名论渐衰，宾徒稍省，旬日之间，惭叹逃去，后并以罪废弃。

陈留仇香，至行纯嘿，乡党无知者。年四十，为蒲亭长。民有陈元，独与母居，母诣香告元不孝。香惊曰："吾近日过元舍，庐落整顿，耕耘以时，此非恶人，当是教化未至耳。母守寡养孤，苦身投老，奈何以一旦之忿，弃历年之勤乎！且母养人遗孤，不能成济，若死者有知，百岁之后，当何以见亡者!”母涕泣而起，香乃亲到元家，为陈人伦孝行，譬以祸福之言，元感悟，卒为孝子。考城令河内王奂署香主簿，谓之曰：“闻在蒲亭，陈元不罚而化之，得无少鹰鹯（zhān）之志邪?”香曰：“以为鹰鹯不若鸾凤，故不为也。”奂曰：“枳棘之林非鸾凤所集，百里非大贤之路。”乃以一月奉资香，使入太学。郭泰、符融赍刺谒之，因留宿。明旦，泰起，下床拜之曰：“君，泰之师，非泰之友也。”香学毕归乡里，虽在宴居，必正衣服，妻子事之若严君；妻子有过，免冠自责，妻子庭谢思过，香冠，妻子乃敢升堂，终不见其喜怒声色之异。不应征辟，卒于家。

解读

郭泰，字林宗，太原介休人。身长八尺，相貌魁伟，绣衣博带，周游列国。与李膺等交游，名重洛阳，被太学生推为领袖。第一次党锢事起，被士子誉为“八顾”之一，言能以德行导人。

桓帝、灵帝之际，“党锢之祸”爆发，宦臣大肆陷害士人，朝野一派混乱，郭泰深感世道黑暗，遂闭门教授讲学，弟子数千之众。建宁二年（169年），第二次“党锢之祸”中，汉灵帝被宦官挟持，下诏捕杀李膺、杜密等名士百余人，并陆续杀死、流徙、囚禁六七百人，太学生被抓捕者千余人。郭泰讲学于家乡，以平素“不为危言覆论”，得免于党祸，但他听到许多名士君子惨于枉死，异常悲痛。就在这年初春，悲愤交瘁的郭泰病卧家中，弥留之际且言“汉朝的天下恐怕不会多长了”，终年42岁。

郭泰生世虽短，影响颇大，死讯传出，四方文人学士纷至沓来，为其送葬者竟达千余之众。志同道合者为其树碑立传，闻名海内的文学家兼书法家、大学士蔡邕亲撰铭文。事后蔡邕说：“我一生为人撰碑铭很多，而多有虚饰之辞，唯郭有道之碑铭，文副其实，我毫不愧色。”仅此一斑，足见世人对郭泰的敬仰之情。

孝桓皇帝下永康元年——党锢之祸

【原典】

陈蕃既免，朝臣震栗，莫敢复为党人言者。贾彪曰："吾不西行，大祸不解。"乃入雒阳，说城门校尉窦武、尚书魏郡霍谞等，使讼之。武上疏曰："陛下即位以来，未闻善政，常侍、黄门，竞行谲诈，妄爵非人。伏寻西京，佞臣执政，终丧天下。今不虑前事之失，复循覆车之轨。臣恐二世之难，必将复及，赵高之变，不朝则夕。近者奸臣牢修造设党议，遂收前司隶校尉李膺等逮考，连及数百人。旷年拘录，事无效验。臣惟膺等建忠抗节，志经王室，此诚陛下稷、伊、吕之佐；而虚为奸臣贼子之所诬枉，天下寒心，海内失望。惟陛下留神澄省，时见理出，以厌人鬼喁喁之心。今台阁近臣，尚书朱寓、荀绲、刘祐、魏朗、刘矩、尹勋等，皆国之贞士，朝之良佐；尚书郎张陵、妫皓、苑康、杨乔、边韶、戴恢等，文质彬彬，明达国典，内外之职，群才并列。而陛下委任近习，专树饕餮（tāo tiè），外典州郡，内干心膂（lǚ），宜以次贬黜，案罪纠罚；信任忠良，平决臧否，使邪正毁誉，各得其所，宝爱天官，唯善是授，如此，咎征可消，天应可待。间者有嘉禾、芝草、黄龙之见。夫瑞生必于嘉士，福至实由善人，在德为瑞，无德为灾。陛下所行不合天意，不宜称庆。"书奏，因以病上还城门校尉、槐里侯印绶。霍谞亦为表请。帝意稍解，因中常侍王甫就狱讯党人范滂等，皆三木囊头，暴于阶下，甫以次辨诘曰："卿等更相拔举，迭为唇齿，其意如何？"滂曰："仲尼之言：'见善如不及，见恶如探汤。'滂欲使善善同其清，恶恶同其污，谓王政之所愿闻，不悟更以为党。古之修善，自求多福。今之修善，身陷大戮。身死之日，愿埋滂于首阳山侧，上不负皇天，下不愧夷、齐。"甫愍然为之改容，乃得并解桎梏。李膺等又多引宦官子弟，宦官惧，请帝以天时宜赦。六月，庚申，赦天下，改元；党人二百馀人皆归田里，书名三府，禁锢终身。

范滂往候霍谞（xū）而不谢。或让之，滂曰：“昔叔向不见祁奚，吾何谢焉！”滂南归汝南，南阳士大夫迎之者，车数千两，乡人殷陶、黄穆侍卫于旁，应对宾客。滂谓陶等曰：“今子相随，是重吾祸也！”遂遁还乡里。

初，诏书下举钩党，郡国所奏相连及者，多至百数，唯平原相史弼独无所上。诏书前后迫切州郡，髡（kūn）笞掾史，从事坐传舍责曰：“诏书疾恶党人，旨意恳恻。青州六郡，其五有党，平原何治而得独无？”弼曰：“先王疆理天下，画界分境，水土异齐，风俗不同。它郡自有，平原自无，胡可相比！若承望上司，诬陷良善，淫刑滥罚，以逞非理，则平原之人，户可为党。相有死而已，所不能也！”从事大怒，即收郡僚职送狱，遂举奏弼。会党禁中解，弼以俸赎罪。所脱者甚众。

窦武所荐：朱寓，沛人；苑康，勃海人；杨乔，会稽人；边韶，陈留人。乔容仪伟丽，数上言政事，帝爱其才貌，欲妻以公主，乔固辞，不听，遂闭口不食，七日而死。

解读

东汉桓帝、灵帝时，宦官专权，世家大族李膺等联结太学生抨击朝政。公元166年，宦官将李膺等逮捕，后虽释放，但终身不许做官。灵帝时，外戚解除党禁，欲诛灭宦官，事泄。宦官于公元169年将李膺等百余人下狱处死，并陆续囚禁、流放、处死数百人。后灵帝在宦官挟持下，下令凡“党人”的门生故吏、父子兄弟，都免官禁锢。历史上称为“党锢之祸”。

党锢之祸以宦官诛杀士大夫一党几尽而结束，当时的言论以及日后的史学家多同情士大夫一党，并认为党锢之祸伤汉朝根本，为黄巾起义和汉朝的最终灭亡埋下了伏笔。

党人不畏强暴的精神激励着后人，并对后世产生了很大影响。在东汉末年宦官的暴政下，道德沦丧，士风败坏的现象特别严重。党人陈蕃、李膺、李云等都怀着忧国忧民之心，敢于冒死直谏，怒斥奸邪，剪除阉党的精神是可嘉的。所以，他们那种“杀身以求仁”的气节为历代人们所推崇。明末东林党人反对宦官的斗争就是受东汉党人斗争精神的鼓舞和影响而为的。

孝灵皇帝上之上建宁二年
——郭泰择安去危，申屠蟠见机行动

【原典】

初，李膺等虽废锢，天下士大夫皆高尚其道而污秽朝廷，希之者唯恐不及，更共相标榜，为之称号：以窦武、陈蕃、刘淑为三君，君者，言一世之所宗也；李膺、荀翌、杜密、王畅、刘祐、魏朗、赵典、朱寓为八俊，俊者，言人之英也；郭泰、范滂、尹勋、巴肃及南阳宗慈、陈留夏馥、汝南蔡衍、泰山羊陟为八顾，顾者，言能以德行引人者也；张俭、翟超、岑晊、苑康及山阳刘表、汝南陈翔、鲁国孔昱、山阳檀敷为八及，及者，言其能导人追宗者也；度尚及东平张邈、王孝、东郡刘儒、泰山胡母班、陈留秦周、鲁国蕃向、东莱王章为八厨，厨者，言能以财救人者也。及陈、窦用事，复举拔膺等；陈、窦诛，膺等复废。

宦官疾恶膺等，每下诏书，辄申党人之禁。侯览怨张俭尤甚，览乡人朱并素佞邪，为俭所弃，承览意指，上书告俭与同乡二十四人别相署号，共为部党，图危社稷，而俭为之魁。诏刊章捕俭等。冬，十月，大长秋曹节因此讽有司奏“诸钩党者故司空虞放及李膺、杜密、荀翌、翟超、刘儒、范滂等，请下州郡考治。”是时上年十四，问节等曰：“何以为钩党？”对曰：“钩党者，即党人也。”上曰：“党人何用为恶而欲诛之邪？”对曰：“皆相举群辈，欲为不轨。”上曰：“不轨欲如何？”对曰：“欲图社稷。”上乃可其奏。

或谓李膺曰：“可去矣！”对曰：“事不辞难，罪不逃刑，臣之节也。吾年已六十，死生有命，去将安之！”乃诣诏狱，考死；门生故吏并被禁锢。侍御史蜀郡景毅子顾为膺门徒，未有录牒，不及于谴，毅慨然曰：“本谓膺贤，遣子师之，岂可以漏脱名籍，苟安而已！”遂自表免归。

汝南督邮吴导受诏捕范滂，至征羌，抱诏书闭传舍，伏床而泣，一县不知所为。滂闻之曰："必为我也。"即自诣狱。县令郭揖大惊，出，解印绶，引与俱亡，曰："天下大矣，子何为在此！"滂曰："滂死则祸塞，何敢以罪累君。又令老母流离乎！"其母就与之诀，滂白母曰："仲博孝敬，足以供养。滂从龙舒君归黄泉，存亡各得其所。惟大人割不可忍之恩，勿增感戚！"仲博者，滂弟也。龙舒君者，滂父龙舒侯相显也。母曰："汝今得与李、杜齐名，死亦何恨！既有令名，复求寿考，可兼得乎！"滂跪受教，再拜而辞。顾其子曰："吾欲使汝为恶，恶不可为；使汝为善，则我不为恶。"行路闻之，莫不流涕。

凡党人死者百馀人，妻子皆徙边，天下豪桀及儒学有行义者，宦官一切指为党人；有怨隙者，因相陷害，睚眦之忿，滥入党中。州郡承旨，或有未尝交关，亦离祸毒，其死、徙、废、禁者又六七百人。

郭泰闻党人已死，私为之恸曰："《诗》云：'人之云亡，邦国殄瘁。'汉室灭矣，但未知'瞻乌爰止，于谁之屋'耳！"泰虽好臧否人伦，而不为危言核论，故能处浊世而怨祸不及焉。

张俭亡命困迫，望门投止，莫不重其名行，破家相容。后流转东莱，止李笃家。外黄令毛钦操兵到门，笃引钦就席曰："张俭负罪亡命，笃岂得藏之！若审在此，此人名士，明廷宁宜执之乎！"钦因起抚笃曰："蘧伯玉耻独为君子，足下如何专取仁义！"笃曰："今欲分之，明廷载半去矣。"钦叹息而去。笃导俭经北海戏子然家，遂入渔阳出塞。其所经历，伏重诛者以十数，连引收考者布遍天下，宗亲并皆殄灭，郡县为之残破。俭与鲁国孔褒有旧，亡抵褒，不遇，褒弟融，年十六，匿之。后事泄，俭得亡走，国相收褒、融送狱，未知所坐。融曰："保纳舍藏者，融也，当坐。"褒曰："彼来求我，非弟之过。"吏问其母，母曰："家事任长，妾当其辜。"一门争死，郡县疑不能决，乃上谳之，诏书竟坐褒。及党禁解，俭乃还乡里，后为卫尉，卒，年八十四。夏馥闻张俭亡命，叹曰："孽自己作，空污良善，一人逃死，祸及万家，何以生为！"乃自翦须变形，入林虑山中，隐姓名，为冶家佣，亲突烟炭，形貌毁瘁，积二三年，人无知者。馥弟静载缣帛追求饷之，馥不受曰："弟奈何载祸相饷乎！"党禁未解而卒。

初，中常侍张让父死，归葬颍川，虽一郡毕至，而名士无往者，让甚耻之，陈寔独吊焉。及诛党人，让以寔故，多所全宥。南阳何颙（yóng），素与陈蕃、李膺善，亦被收捕，乃变名姓匿汝南间，与袁绍为奔走之交，常私入雒阳，从绍计议，为诸名士罹党事者求救援，设权计，使得逃隐，所全免甚众。

初，太尉袁汤三子，成、逢、隗。成生绍，逢生术。逢、隗皆有名称，少历显官。时中常侍袁赦以逢、隗宰相家，与之同姓，推崇以为外援，故袁氏贵宠于世，富奢甚，不与它公族同。绍壮健有威容，爱士养名，宾客辐凑归之，辎（zī）軿、柴毂（gū），填接街陌。术亦以侠气闻。逢从兄子闳，少有操行，以耕学为业，逢、隗数馈之，无所受。闳见时方险乱，而家门富盛，常对兄弟叹曰："吾先公福祚，后世不能以德守之，而竞为骄奢，与乱世争权，此即晋之三郤矣。"及党事起，闳欲投迹深林，以母老，不宜远遁，乃筑土室四周于庭，不为户，自牖纳饮食。母思闳时，往就视，母去，便自掩闭，兄弟妻子莫得见也。潜身十八年，卒于土室。

初，范滂等非讦朝政，自公卿以下皆折节下之，太学生争慕其风，以为文学将兴，处士复用。申屠蟠独叹曰："昔战国之世，处士横议，列国之王至为拥彗先驱，卒有坑儒烧书之祸，今之谓矣。"乃绝迹于梁、砀之间，因树为屋，自同佣人。居二年，滂等果罹党锢之祸，唯蟠超然免于评论。

解读

天下政治清明，正人君子在朝廷上扬眉吐气，依法惩治小人的罪过，没有人敢不服从。天下政治昏暗，正人君子闭口不言，以躲避小人的陷害，尚且不能避免。党人生在政治混乱的时代，又不担任朝廷的高官显位，面对天下民怨沸腾，却打算用舆论去挽救。评论人物的善恶，斥恶奖善，这就犹如用手去撩拨毒蛇的头，用脚践踏老虎和豺狼的尾巴，以致自身遭受酷刑，灾祸牵连朋友。读书人被大批杀害，王朝也跟着覆亡，岂不可悲！其中只有郭泰最为明智，竟能择安去危，保全自身。申屠蟠见机行动，不到一天，立刻回头，他的远见卓识，不是平常人所能赶得上的！

孝灵皇帝上之下熹平四年——汉灵帝的三互法

【原典】

初，朝议以州郡相党，人情比周，乃制昏姻之家及两州人士不得对相监临，至是复有三互法，禁忌转密，选用艰难，幽、冀二州久缺不补。蔡邕上疏曰："伏见幽、冀旧壤，铠、马所出，比年兵饥，渐至空耗。今者阙职经时，吏民延属，而三府选举，逾月不定。臣怪问其故，云避三互。十一月有禁，当取二州而已。又，二州之士或复限以岁月，狐疑迟淹，两州悬空，万里萧条，无所管系。愚以为三互之禁，禁之薄者。今但申以威灵，明其宪令，对相部主，尚畏惧不敢营私；况乃三互，何足为嫌！昔韩安国起自徒中，朱买臣出于幽贱，并以才宜，还守本邦，岂复顾循三互，系以末制乎！臣愿陛下上则先帝，蠲除近禁，其诸州刺史器用可换者，无拘日月、三互，以差厥中。"朝廷不从。

解读

叔向曾经说过："国将亡，必多制。"圣明君王治理国家，谨慎选择忠良贤能加以任用。无论是对朝廷和地方的臣属，凡是有功的加以奖赏，有罪的则加以诛杀，没有任何偏袒。法令规章并不繁多，却能做到天下大治。为什么会如此？是因为抓住了治理国家的根本。等到国家行将衰败灭亡之时，文武百官不能选择合适的人才担任，各种禁令越来越多，防范措施也越来越严密。有功的因碍于条文得不到奖赏，作奸犯罪的却巧妙地利用法律得以免除诛杀，上下劳苦骚扰，天下反而大乱。为什么会如此？是因为治理国家舍本逐末的缘故。汉灵帝时，州刺史、郡太守贪婪暴虐，如狼似虎，残害人民，无以复加。然而，朝廷却还在严格遵守“三互法”的禁令，以防止官吏结党营私。现在看起来，岂不正好是一场笑话，后来者应该深深地引以为鉴。

孝灵皇帝中光和六年——黄巾起义

【原典】

初，钜鹿张角奉事黄、老，以妖术教授，号“太平道”。咒符水以疗病，令病者跪拜首过，或时病愈，众共神而信之。角分遣弟子周行四方，转相诳诱，十馀年间，徒众数十万，自青、徐、幽、冀、荆、扬、兖、豫八州之人，莫不毕应。或弃卖财产、流移奔赴，填塞道路，未至病死者亦以万数。郡县不解其意，反言角以善道教化，为民所归。

太尉杨赐时为司徒，上书言：“角诳曜百姓，遭赦不悔，稍益滋蔓。今若下州郡捕讨，恐更骚扰，速成其患。宜切敕刺史、二千石，简别流民，各护归本郡，以孤弱其党，然后诛其渠帅，可不劳而定。”会赐去位，事遂留中。司徒掾刘陶复上疏申赐前议，言：“角等阴谋益甚，四方私言，云角等窃入京师，觇视朝政。鸟声兽心，私共鸣呼。州郡忌讳，不欲闻之，但更相告语，莫肯公文。宜下明诏，重募角等，赏以国土，有敢回避，与之同罪。”帝殊不为意，方诏陶次第春秋条例。

角遂置三十六方，方犹将军也。大方万馀人，小方六七千，各立渠帅。讹言：“苍天已死，黄天当立，岁在甲子，天下大吉。”以白土书京城寺门及州郡官府，皆作“甲子”字。大方马元义等先收荆、扬数万人，期会发于鄴（yè）。元义数往来京师，以中常侍封谞、徐奉等为内应，约以三月五日内外俱起。

解读

黄巾起义是指东汉末年张角领导的一次有组织、有准备的全国性农民起义。因起义军头戴黄巾为标志，史称黄巾起义。东汉末年，社会危机日益深重，广大农民与豪强地主及封建统治者的矛盾激化。黄巾起义正是在农民斗争蓬勃开展的基础上爆发的。黄巾起义的领袖张角，太平道的首领，自称“大贤良师”，以传道和治病为名，在农民中宣扬教义，进行秘密活动。

起初，张角的活动似乎仍属普通的宗教活动。但到熹平年间（172—177年），随着汉王朝内部宦官集团和外戚士人清议集团间斗争的加剧，张角以符水咒说为民治病，发展徒众，十余年间达数十万，遍及青、徐、幽、冀、荆、扬、兖、豫八州，分置方三十六，各立渠帅。灵帝中平元年甲子岁（184年）扬言“苍天已死，黄天当立，岁在甲子，天下大吉”，三十六方遂同时起事，自号“天公将军”，以其弟张宝为“地公将军”、张梁为“人公将军”。部众皆着黄巾以为标志，故称“黄巾”。后来张角病死于军中，张宝、张梁先后战败被杀。

黄巾起义尽管以失败告终，但这次起义撼动了东汉王朝的根基，直接导致了东汉末年军阀割据、混战，进而演变为三足鼎立的局面。

孝灵皇帝中中平元年——十常侍之乱

【原典】

春，角弟子济南唐周上书告之。于是收马元义，车裂于雒阳。诏三公、司隶案验宫省直卫及百姓有事角道者，诛杀千馀人；下冀州逐捕角等。角等知事已露，晨夜驰敕诸方，一时俱起，皆著黄巾以为标帜，故时人谓之“黄巾贼”。二月，角自称天公将军，角弟宝称地公将军，宝弟梁称人公将军，所在燔烧官府，劫略聚邑，州郡失据，长吏多逃亡；旬月之间，天下响应，京师震动。安平、甘陵人各执其王应贼。

三月，戊申，以河南尹何进为大将军，封慎侯，率左右羽林、五营营士屯都亭，修理器械，以镇京师；置函谷、太谷、广成、伊阙、轘（huàn）辕、旋门、孟津、小平津八关都尉。

帝召群臣会议。北地太守皇甫嵩以为宜解党禁，益出中藏钱、西园厩马以班军士。嵩，规之兄子也。上问计于中常侍吕强，对曰："党锢久积，人情怨愤，若不赦宥，轻与张角合谋，为变滋大，悔之无救。今请先诛左右贪浊者，大赦党人，料简刺史、二千石能否，则盗无不平矣。"帝惧而从之。壬子，赦天下党人，还诸徙者；唯张角不赦。发天下精兵，遣北中郎将卢植讨张角，左中郎将皇甫嵩、右中郎将朱俊讨颍川黄巾。

是时中常侍赵忠、张让、夏恽、郭胜、段珪、宋典等皆封侯贵宠，上常言："张常侍是我公，赵常侍是我母。"由是宦官无所惮畏，并起第宅，拟则宫室。上尝欲登永安侯台，宦官恐望见其居处，乃使中大人尚但谏曰："天子不当登高，登高则百姓虚散。"上自是不敢复升台榭。及封谞、徐奉事发，上诘责诸常侍曰："汝曹常言党人欲为不轨，皆令禁锢，或有伏诛者。今党人更为国用，汝曹反与张角通，为可斩未？"皆叩头曰："此王甫、侯览所为也！"于是诸常侍人人求退，各自征还宗亲、子弟在州郡者。

赵忠、夏恽等遂共谮吕强，云与党人共议朝廷，数读霍光传。强兄弟所在并皆贪秽。帝使中黄门持兵召强。强闻帝召，怒曰："吾死，乱起矣！丈夫欲尽忠国家，岂能对狱吏乎！"遂自杀。忠、恽复谮曰："强见召，未知所问而就外自屏，有奸明审。"遂收捕其宗亲，没入财产。

侍中河内向栩上便宜，讥刺左右。张让诬栩与张角同心，欲为内应，收送黄门北寺狱，杀之。郎中中山张钧上书曰："窃惟张角所以能兴兵作乱，万民所以乐附之者，其源皆由十常侍多放父兄、子弟、婚亲、宾客典据州郡，辜榷财利，侵掠百姓，百姓之冤，无所告诉，故谋议不轨，聚为盗贼。宜斩十常侍，县头南郊，以谢百姓，遣使者布告天下，可不须师旅而大寇自消。"帝以钧章示诸常侍，皆免冠徒跣顿首，乞自致雒阳诏狱，并出家财以助军费。有诏，皆冠履视事如故。帝怒钧曰："此真狂子也！十常侍固常有一人善者不!”御史承旨，遂诬奏钧学黄巾道，收掠，死狱中。

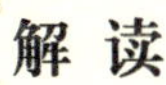

解读

十常侍指灵帝时操纵政权的张让、赵忠、夏恽、郭胜、孙璋、毕岚、栗嵩、段珪、高望、张恭、韩悝、宋典十二个宦官。他们都任职中常侍，其首领就是张让和赵忠。他们玩弄小皇帝于股掌之中，以至于灵帝称“张常侍是我父，赵常侍是我母”。十常侍自己横征暴敛，卖官鬻（yù）爵，他们的父兄子弟遍布天下，横行乡里，祸害百姓，无官敢管。人民不堪剥削、压迫，纷纷起来反抗。黄巾起义就是由外戚宦官集团逼出来的。

孝灵皇帝下中平六年——诛灭宦官集团

【原典】

初，灵帝征董卓为少府，卓上书言：“所将湟中义从及秦、胡兵皆诣臣言：‘牢直不毕，禀赐断绝，妻子饥冻。’牵挽臣车，使不得行。羌、胡憋肠狗态，臣不能禁止，辄将顺安慰。增异复上。”朝廷不能制。及帝寝疾，玺书拜卓并州牧，令以兵属皇甫嵩。卓复上书言：“臣误蒙天恩，掌戎十年，士卒大小，相狎弥久，恋臣畜养之恩，为臣奋一旦之命，乞将之北州，效力边垂。”嵩从子郦说嵩曰：“天下兵柄，在大人与董卓耳。今怨隙已结，势不俱存，卓被诏委兵而上书自请，此逆命也。彼度京师政乱，故敢踌躇不进，此怀奸也。二者，刑所不赦。且其凶戾无亲，将士不附。大人今为元帅，杖国威以讨之，上显忠义，下除凶害，无不济也。”嵩曰：“违命虽罪，专诛亦有责也。不如显奏其事，使朝廷裁之。”乃上书以闻。帝以让卓。卓亦不奉诏，驻兵河东以观时变。

何进召卓使将兵诣京师。侍御史郑泰谏曰：“董卓强忍寡义，志欲无厌，若借之朝政，授以大事，将恣凶欲，必危朝廷。明公以亲德之重，据阿衡之权，秉意独断，诛除有罪，诚不宜假卓以为资援也！且事留变生，殷鉴不远，宜在速决。”尚书卢植亦言不宜召卓，进皆不从。泰乃弃官去，谓荀攸曰：“何公未易辅也。”

进府掾王匡，骑都尉鲍信，皆泰山人，进使还乡里募兵；并召工郡太守桥瑁屯成皋，使武猛都尉丁原将数千人寇河内，烧孟津，火照城中，皆以诛宦官为言。

董卓闻召，即时就道，并上书曰：“中常侍张让等，窃幸承宠，浊乱海内。臣闻扬汤止沸，莫若去薪；溃痈虽痛，胜于内食。昔赵鞅兴晋阳之甲以逐君侧之恶，今臣辄鸣钟鼓如雒阳，请收让等以清奸秽！”太后犹不从。何苗谓进曰：“始共从南阳来，俱以贫贱依省内以致富贵，国家之事，亦何容易。覆水不收，宜深思之，且与省内和也。”卓至渑池，而进更狐疑，使谏议大夫种邵宣诏止之。卓不受诏，遂前至河南；邵迎劳之，因譬令还军。卓疑有变，使其军士以兵胁邵。邵怒，称诏叱之，军士皆披，遂前质责卓；卓辞屈，乃还军夕阳亭。劭，暠（gǎo）之孙也。

袁绍惧进变计，因胁之曰：“交构已成，形势已露，将军复欲何待而不早决之乎？事久变生，复为窦氏矣！”进于是以绍为司隶校尉，假节，专命击断；从事中郎王允为河南尹。绍使雒阳方略武吏司察宦者，而促董卓等使驰驿上奏，欲进兵平乐观。太后乃恐，悉罢中常侍、小黄门使还里舍，唯留进素所私人以守省中。诸常侍、小黄门皆诣进谢罪，唯所措置。进谓曰：“天下匈匈，正患诸君耳。今董卓垂至，诸君何不早各就国！”袁绍劝进便于此决之，至于再三；进不许。绍又为书告诸州郡，诈宣进意，使捕案中官亲属。

进谋积日，颇泄，中官惧而思变。张让子妇，太后之妹也，让向子妇叩头曰：“老臣得罪，当与新妇俱归私门。唯受恩累世，今当远离宫殿，情怀恋恋，愿复一入直，得暂奉望太后陛下颜色，然后退就沟壑，死不恨矣！”子妇言于舞阳君，入白太后，乃诏诸常侍皆复入直。

八月，戊辰，进入长乐宫，白太后，请尽诛诸常侍。中常侍张让、段珪相谓曰：“大将军称疾，不临丧，不送葬，今欻（xū）入省，此意何为？窦氏事竟复起邪？”使潜听，具闻其语。乃率其党数十人持兵窃自侧闼入，伏省户下，进出，因诈以太后诏召进，入坐省阁。让等诘进曰：“天下愦（kuì）

愤，亦非独我曹罪也。先帝尝与太后不快，几至成败，我曹涕泣救解，各出家财千万为礼，和悦上意，但欲托卿门户耳。今乃欲灭我曹种族，不亦太甚乎！”于是尚方监渠穆拔剑斩进于嘉德殿前。让、珪等为诏，以故太尉樊陵为司隶校尉，少府许相为河南尹。尚书得诏板，疑之，曰：“请大将军出共议。”中黄门以进头掷与尚书曰：“何进谋反，已伏诛矣！”

进部曲将吴匡、张璋在外，闻进被害，欲引兵入宫，宫门闭。虎贲中郎将袁术与匡共斫攻之，中黄门持兵守阁。会日暮，术因烧南宫青琐门，欲以胁出让等。让等入白太后，言大将军兵反，烧宫，攻尚书闼，因将太后、少帝及陈留王，劫省内官属，从复道走北宫。尚书卢植执戈于阁道窗下，仰数段珪；珪惧，乃释太后，太后投阁，得免。袁绍与叔父隗矫诏召樊陵、许相，斩之。绍及何苗引兵屯朱雀阙下，捕得赵忠等，斩之。吴匡等素怨苗不与进同心，而又疑其与宦官通谋，乃令军中曰：“杀大将军者，即车骑也，吏士能为报仇乎？”皆流涕曰：“愿致死！”匡遂引兵与董卓弟奉车都尉旻攻杀苗，弃其尸于苑中。绍遂闭北宫门，勒兵捕诸宦者，无少长皆杀之，凡二千馀人，或有无须而误死者。绍因进兵排宫，或上端门屋，以攻省内。

庚午，张让、段珪等困迫，遂将帝与陈留王数十人步出谷门，夜，至小平津，六玺不自随，公卿无得从者，唯尚书卢植、河南中部掾闵贡夜至河上。贡厉声质责让等，且曰：“今不速死，吾将杀汝！”因手剑斩数人。让等惶怖，叉手再拜，叩头向帝辞曰：“臣等死，陛下自爱！”遂投河而死。

贡扶帝与陈留王夜步逐萤光南行，欲还宫，行数里，得民家露车，共乘之，至雒舍止，辛未，帝独乘一马，陈留王与贡共乘一马，从雒舍南行，公卿稍有至者。董卓至显阳苑，远见火起，知有变，引兵急进；未明，到城西，闻帝在北，因与公卿往奉迎于北芒阪下。帝见卓将兵卒至，恐怖涕泣。群公谓卓曰：“有诏却兵。”卓曰：“公诸人为国大臣，不能匡正王室，至使国家播荡，何却兵之有！”卓与帝语，语不可了；乃更与陈留王语，问祸乱由起，王答，自初至终，无所遗失。卓大喜，以王为贤，且为董太后所养，卓自以与太后同族，遂有废立之意。

是日，帝还宫，赦天下，改光熹为昭宁。失传国玺，馀玺皆得之。以丁原为执金吾。骑都尉鲍信自泰山募兵适至，说袁绍曰：“董卓拥强兵，将有异志，今不早图，必为所制；乃其新至疲劳，袭之，可禽也!”绍畏卓，不敢发。信乃引兵还泰山。

董卓之入也，步骑不过三千，自嫌兵少，恐不为远近所服，率四五日辄夜潜出军近营，明旦，乃大陈旌鼓而还，以为西兵复至，雒中无知者。俄而进及遂苗部曲皆归于卓，卓又阴使丁原部曲司马五原吕布杀原而并其众，卓兵于是大盛。乃讽朝廷，以久雨，策免司空刘弘而代之。

初，蔡邕徙朔方，会赦得还。五原太守王智，甫之弟也，奏蔡邕谤讪朝廷；邕遂亡命江海，积十二年，董卓闻其名而辟之，称疾不就。卓怒，詈曰："我能族人!”邕惧而应命，到，署祭酒，甚见敬重，举高第，三日之间，周历三台，迁为侍中。

董卓谓袁绍曰："天下之主，宜得贤明，每念灵帝，令人愤毒！董侯似可，今欲立之，为能胜史侯否？人有小智大痴，亦知复何如？为当且尔。刘氏种不足复遗!”绍曰："汉家君天下四百许年，恩泽深渥，兆民戴之。今上富于春秋，未有不善宣于天下。公欲废嫡立庶，恐众不从公议也。”卓按剑叱绍曰："竖子敢然！天下之事，岂不在我！我欲为之，谁敢不从！尔谓董卓刀为不利乎!”绍勃然曰："天下健者，岂惟董公!”引佩刀，横揖，径出。卓以新至，见绍大家，故不敢害。绍县节于上东门，逃奔冀州。

九月，癸酉，卓大会百寮，奋首而言曰："皇帝暗弱，不可以奉宗庙，为天下主。今欲依伊尹、霍光故事，更立陈留王，何如?”公卿以下皆惶恐，莫敢对。卓又抗言曰："昔霍光定策，延年按剑。有敢沮大议，皆以军法从事!”坐者震动，尚书卢植独曰："昔太甲既立不明，昌邑罪过千馀，故有废立之事。今上富于春秋，行无失德，非前事之比也。”卓大怒，罢坐。将杀植，蔡邕为之请，议郎彭伯亦谏卓曰："卢尚书海内大儒，人之望也。今先害之，天下震怖。”卓乃止，但免植官，植遂逃隐于上谷。卓以废立议示太傅袁隗，隗报如议。

甲戌，卓复会群僚于崇德前殿，遂胁太后策废少帝，曰："皇帝在丧，无人子之心，威仪不类人君，今废为弘农王，立陈留王协为帝。”袁隗解帝玺绶，以奉陈留王，扶弘农王下殿，北面称臣。太后鲠（gěng）涕，群臣含悲，莫敢言者。

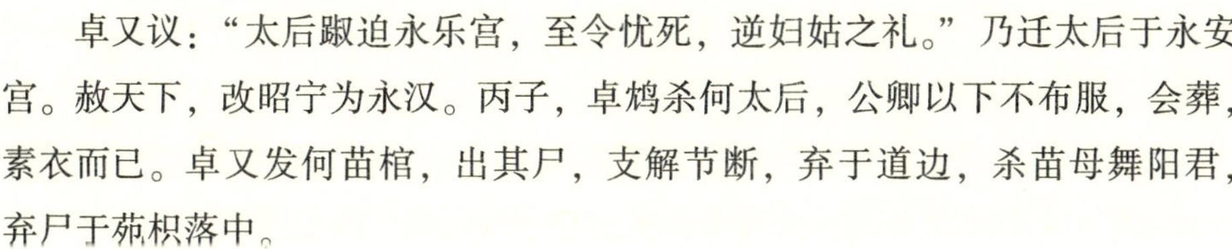

卓又议："太后踧迫永乐宫，至令忧死，逆妇姑之礼。"乃迁太后于永安宫。赦天下，改昭宁为永汉。丙子，卓鸩杀何太后，公卿以下不布服，会葬，素衣而已。卓又发何苗棺，出其尸，支解节断，弃于道边，杀苗母舞阳君，弃尸于苑枳落中。

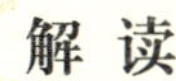

解读

何进本来有大好的机会一展宏图，结果因为犹豫而错过最佳时机，之后又不听陈琳的劝告，调外地军队入都城，却又不能严守秘密，反而被宦官们先下手，落得一败涂地，连身家性命都没能保住。何进被杀，恰好给了袁绍机会，宦官集团终于被剿灭了。这次事件对后来影响最大的是，何进把野心勃勃的董卓招引到都城，真应验了陈琳的话，结果引狼入室，一个乱世又开始了。

孝灵皇帝下中平六年——董卓讨伐战

【原典】

董卓性残忍，一旦专政，据有国家甲兵、珍宝，威震天下，所愿无极，语宾客曰："我相，贵无上也！"侍御史扰龙宗诣卓白事，不解剑，立挝杀之。是时，洛中贵戚，室第相望，金帛财产，家家充积，卓纵放兵士，突其庐舍，剽虏资物，妻略妇女，不避贵贱。人情崩恐，不保朝夕。

卓购求袁绍急，周毖、伍琼说卓曰："夫废立大事，非常人所及。袁绍不达大体，恐惧出奔，非有它志。今急购之，势必为变。袁氏树恩四世，门生故吏遍于天下，若收豪杰以聚徒众，英雄因之而起，则山东非公之有也。不如赦之，拜一郡守，绍喜于免罪，必无患矣。"卓以为然，乃即拜绍勃海太守，封邟乡侯。又以袁术为后将军，曹操为骁骑校尉。

术畏卓，出奔南阳。操变易姓名，间行东归，过中牟，为亭长所疑，执诣县。时县已被卓书，唯功曹心知是操，以世方乱，不宜拘天下雄俊，因白令释之。操至陈留，散家财，合兵得五千人。

是时，豪杰多欲起兵讨卓者，袁绍在勃海，冀州牧韩馥遣数部从事守之，不得动摇。东郡太守桥瑁，诈作京师三公移书与州郡，陈卓罪恶，云："见逼迫，无以自救，企望义兵，解国患难。"馥得移，请诸从事问曰："今当助袁氏邪，助董氏邪?"治中从事刘子惠曰："今兴兵为国，何谓袁、董!"馥有惭色。子惠复言："兵者凶事，不可为首。今宜往视他州，有发动者，然后和之。冀州于他州不为弱也，他人功未有在冀州之右者也。"馥然之。馥乃作书与绍，道卓之恶，听其举兵。

解读

董卓讨伐战是东汉末年，各地群雄组织地方军对抗董卓的战役。公元189年，掌政的董卓废少帝刘宠，拥立其弟陈留王刘协为帝，实行恐怖统治。关东各地方群雄见此，以讨董为名起兵，推举袁绍为盟主。虽然曹操出兵，及后到的孙坚夺战，但其他军队只驻军不加援助，而董卓又放弃洛阳，挟天子迁都长安，关东军起了内讧，盟军决裂，形成群雄割据的局面。

孝献皇帝乙初平三年——董卓自取灭亡

【原典】

春，正月，丁丑，赦天下。

董卓遣牛辅将兵屯陕，辅分遣校尉北地李傕（jué）、张掖郭汜、武威张济将步骑数万击破朱俊于中牟，因掠陈留、颍川诸县，所过杀虏无遗。

初，荀淑有孙曰彧（yù），少有才名，何颙（yóng）见而异之，曰："王佐才也!"及天下乱，彧谓父老曰："颍川四战之地，宜亟避之。"乡人多怀土不能去，彧独率宗族去依韩馥。会袁绍已夺馥位，待彧以上宾之礼。彧度绍

终不能定大业，闻曹操有雄略，乃去绍从操。操与语，大悦，曰："吾子房也！"以为奋武司马。其乡人留者，多为傕、汜等所杀。

袁绍自出拒公孙瓒，与瓒战于界桥南二十里。瓒兵三万，其锋甚锐。绍令麴（qū）义领精兵八百先登，强弩千张夹承之。瓒轻其兵少，纵骑腾之。义兵伏楯（dùn）下不动，未至十数步，一时同发，欢呼动地，瓒军大败。斩其所置冀州刺史严纲，获甲首千馀级。追至界桥，瓒敛兵还战，义复破之，遂到瓒营，拔其牙门，馀众皆走。

初，兖州刺史刘岱与绍、瓒连和，绍令妻子居岱所，瓒亦遣从事范方将骑助岱。及瓒击破绍军，语岱令遣绍妻子，别敕范方："若岱不遣绍家，将骑还！吾定绍，将加兵于岱。"岱与官属议，连日不决，闻东郡程昱有智谋，召而问之，昱曰："若弃绍近援而求瓒远助，此假人于越以救溺子之说也。夫公孙瓒非袁绍之敌也，今虽坏绍军，然终为绍所禽。"岱从之。范方将其骑归，未至而瓒败。

曹操军顿丘，于毒等攻东武阳。操引兵西入山，攻毒等本屯。诸将皆请救武阳。操曰："使贼闻我西而还，武阳自解也，不过，我能败其本屯；虏不能拔武阳必矣。"遂行。毒闻之，弃武阳还。操遂击眭固及匈奴于夫罗于内黄，皆大破之。

董卓以其弟旻为左将军，兄子璜为中军校尉，皆典兵事，宗族内外并列朝廷。卓侍妾怀抱中子皆封侯，弄以金紫。卓车服僭拟天子，召呼三台，尚书以下皆自诣卓府启事。又筑坞于郿，高厚皆七丈，积谷为三十年储，自云："事成，雄据天下；不成，守此足以毕老。"

卓忍于诛杀，诸将言语有蹉跌者，便戮于前，人不聊生。司徒王允与司隶校尉黄琬、仆射士孙瑞、尚书杨瓒密谋诛卓。中郎将吕布，便弓马，膂(lǚ)力过人，卓自以遇人无礼，行止常以布自卫，甚爱信之，誓为父子。然卓性刚褊，尝小失卓意，卓拔手戟掷布，布拳捷避之，而改容顾谢，卓意亦解。布由是阴怨于卓。卓又使布守中阁，而私于傅婢，益不自安。王允素善待布，布见允，自陈卓几见杀之状，允因以诛卓之谋告布，使为内应。布曰："如父子何？"曰："君自姓吕，本非骨肉。今忧死不暇，何谓父子？掷戟之时，岂有父子情邪！"布遂许之。

夏，四月，丁巳，帝有疾新愈，大会未央殿。卓朝服乘车而入，陈兵夹道，自营至宫，左步右骑，屯卫周匝，令吕布等捍卫前后。王允使士孙瑞自书诏以授布，布令同郡骑都尉李肃与勇士秦谊、陈卫等十馀人伪著卫士服，守北掖门内以待卓。卓入门，肃以戟刺之；卓衷甲，不入，伤臂，堕车，顾大呼曰："吕布何在？"布曰："有诏讨贼臣！"卓大骂曰："庸狗，敢如是邪！"布应声持矛刺卓，趣兵斩之。主簿田仪及卓仓头前赴其尸，布又杀之，凡所杀三人。布即出怀中诏版以令吏士曰："诏讨卓耳，馀皆不问。"吏士皆正立不动，大称万岁。百姓歌舞于道，长安中士女卖其珠玉衣装市酒肉相庆者，填满街肆。弟旻、璜等及宗族老弱在郿，皆为其群下所斫射死。暴卓尸于市。天时始热，卓素充肥，脂流于地，守尸吏为大炷，置卓脐中然之，光明达曙，如是积日。诸袁门生聚董氏之尸，焚灰扬之于路。坞中有金二三万斤，银八九万斤，锦绮奇玩积如丘山。以王允录尚书事，吕布为奋威将军、假节、仪比三司，封温侯，共秉朝政。

解读

如果说董卓是一个无能之辈，就有点太主观了。试想一下，倘若董卓真的没有才能，他怎么会爬升得如此之快，由碌碌无为之辈迅速当上了汉朝的太师呢？这点我们从董卓所使用的计谋来看就不难明白了。

有一回，董卓奉命率领三千兵马攻打羌族的先零部落，不料反遭数万敌人包围，粮草断绝。董卓将计就计，在渡河口附近派人构筑堤堰，看似为了捕鱼充饥，实则利用堤堰为掩护悄悄开溜，然后决堤，使河水大涨，让敌军无法追赶。

还有一次，董卓刚到洛阳，手下只有步骑兵三千人，兵力单薄。他担心被看破虚实，于是运用计谋，每四五天便派军队乘夜偷偷出发，次日早上再大张旗鼓返回。看起来好像凉州援军源源开进，虚壮了自己的声势。

可见，董卓的能力不容忽视。然而，他的“德”却无人敢恭维，而这点也是他失败之根源。

董卓一生粗暴，满怀私欲和野心。他从陇西发迹到率军进京操纵中央政权，始终考虑和盘算的是如何满足私欲和野心。为了达到目的，董卓不择手段玩弄权术，践踏法律，破坏经济，残害人民，他的种种倒行逆施，造成了东汉末年政权的极度混乱，给国家和社会的稳定带来了巨大的破坏。东汉政权日趋衰败、最终倾覆，虽然是由多种因素所致，但是，董卓的所做所为无疑加速和促进了东汉政权的衰败。董卓最终遭受群起而攻之的被杀下场，是应得的报应，作为历史的垃圾，他将永世遭到人们的唾骂和谴责。正如宋人苏轼所说：衣中甲厚行何惧，坞里金多退足凭；毕竟英雄谁得似，脐脂自照不须灯。

孝献皇帝丙兴平二年——孙策威震江东

【原典】

初，丹杨朱治尝为孙坚校尉，见袁术政德不立，劝孙策归取江东。时吴景攻樊能、张英等，岁馀不克，策说术曰：“家有旧恩在东，愿助舅讨横江。横江拔，因投本土召募，可得三万兵，以佐明使君定天下。”术知其恨，而以刘繇据曲阿，王朗在会稽，谓策未必能定，乃许之。表策为折冲校尉，将兵千馀人、骑数十匹。行收兵，比至历阳，众五六千。时周瑜从父尚为丹杨太守，瑜将兵迎之，仍助以资粮。策大喜，曰：“吾得卿，谐也!”进攻横江、当利，皆拔之，樊能、张英败走。

策渡江转斗，所向皆破，莫敢当其锋者。百姓闻孙郎至，皆失魂魄。长吏委城郭，窜伏山草。及策至，军士奉令，不敢虏略，鸡犬菜茹，一无所犯，民乃大悦，竞以牛酒劳军。策为人，美姿颜，能笑语，性阔达听受，善于用人，是以士民见者莫不尽心，乐为致死。

策攻刘繇牛渚营，尽得邸阁粮谷、战具。时彭城相薛礼、下邳相丹杨笮融依繇为盟主，礼据秣陵城，融屯县南，策皆击破之。又破繇别将于梅陵，攻湖孰、江乘，皆下之，进击繇于曲阿。

繇同郡太史慈时自东莱来省繇，会策至，或劝繇可以慈为大将。繇曰："我若用子义，许子将不当笑我邪！"但使慈侦视轻重。时独与一骑卒遇策于神亭，策从骑十三，皆坚旧将辽西韩当、零陵黄盖辈也。慈便前斗，正与策对，策刺慈马，而揽得慈项上手戟，慈亦得策兜鍪（móu）。会两家兵骑并各来赴，于是解散。

繇与策战，兵败，走丹徒。策入曲阿，劳赐将士，发恩布令，告谕诸县："其刘繇、笮融等故乡部曲来降首者，一无所问；乐从军者，一身行，复除门户；不乐者不强。"旬日之间，四面云集，得见兵二万馀人，马千馀匹，威震江东。

丙辰，袁术表策行殄寇将军。策将吕范言于策曰："今将军事业日大，士众日盛，而纲纪犹有不整者，范愿暂领都督，佐将军部分之。"策曰："子衡既士大夫，加手下已有大众，立功于外，岂宜复屈小职，知军中细事乎！"范曰："不然。今舍本土而托将军者，非为妻子也，欲济世务也。譬犹同舟涉海，一事不牢，即俱受其败。此亦范计，非但将军也。"策笑，无以答。范出，便释褠，著袴褶，执鞭诣阁下启事，自称领都督，策乃授传，委以众事。由是军中肃睦，威禁大行。

策以张纮为正议校尉，彭城张昭为长史，常令一人居守，一人从征讨，及广陵秦松、陈端等亦参与谋谟。策待昭以师友之礼，文武之事，一以委昭。昭每得北方士大夫书疏，专归美于昭，策闻之，欢笑曰："昔管子相齐，一则仲父，二则仲父，而桓公为霸者宗。今子布贤，我能用之，其功名独不在我乎！"

袁术以从弟胤为丹杨太守。周尚、周瑜皆还寿春。

刘繇自丹徒将奔会稽，许邵曰："会稽富实，策之所贪，且穷在海隅，不可往也。不如豫章，北达豫壤，西接荆州；若收合吏民，遣使贡献，与曹兖州相闻，虽有袁公路隔在其间，其人豺狼，不能久也。足下受王命，孟德、景升必相救济。"繇从之。

解读

孙策是孙坚之子，孙权之长兄，东汉末年割据江东一带的军阀，汉末群雄之一，三国时期吴国的奠基者之一，绰号"小霸王"。为继承父亲孙坚的遗志而屈侍袁术，并在讨伐割据江东各军阀的过程中增强了自己军队的实力，最后终于统一江东。后因被刺客淬毒刺伤后身亡，年仅二十六岁。其弟孙权称帝后，追谥他为长沙桓王。

当初，袁术太小看孙策了，轻易地把他放走。之后因为有了周瑜的帮助，孙策攻城略地，所向披靡，终于成就了一代霸主的美名。而在这之前，朱治的指点对于迷茫中的孙策也是至关重要的。有时候，智者的一句话能改变历史，并非妄言。

孝献皇帝丁建安元年——挟天子以令诸侯

【原典】

董承、张杨欲以天子还雒阳，杨奉、李乐不欲，由是诸将更相疑贰。二月，韩暹（xiān）攻董承，承奔野王。韩暹屯闻喜，胡才、杨奉之坞乡。胡才欲攻韩暹，上使人谕止之。

汝南、颍川黄巾何仪等拥众附袁术，曹操击破之。

张杨使董承先缮修雒阳宫。太仆赵岐为承说刘表，使遣兵诣雒阳，助修宫室；军资委输，前后不绝。夏，五月，丙寅，帝遣使至杨奉、李乐、韩暹营，求送至雒阳，奉等从诏。六月乙未，车驾幸闻喜。

袁术攻刘备以争徐州，备使司马张飞守下邳，自将拒术于盱眙、淮阴，相持经月，更有胜负。下邳相曹豹，陶谦故将也，与张飞相失，飞杀之，城中乖乱。袁术与吕布书，劝令袭下邳，许助以军粮。布大喜，引军水陆东下。备中郎将丹杨许耽开门迎之。张飞败走，布虏备妻子及将吏家口。备闻之，引还，比至下邳，兵溃。备收馀兵东取广陵，与袁术战，又败，屯于海西。饥饿困踧（cù），吏士相食，从事东海麋（mí）竺以家财助军。备请降于布，布亦忿袁术运粮不继，乃召备，复以为豫州刺史，与并势击术，使屯小沛。布自称徐州牧。

布将河内郝萌夜攻布，布科头袒衣，走诣都督高顺营。顺即严兵入府讨之，萌败走；比明，萌将曹性击斩萌。

庚子，杨奉、韩暹奉帝东还，张杨以粮迎道路。秋，七月，甲子，车驾至雒阳，幸故中常侍赵忠宅。丁丑，大赦。八月，辛丑，幸南宫杨安殿。张杨以为己功，故名其殿曰杨安。杨谓诸将曰："天子当与天下共之，朝廷自有公卿大臣，杨当出扞外难。"遂还野王。杨奉亦出屯梁，韩暹、董承并留宿卫。癸卯，以安国将军张杨为大司马，杨奉为车骑将军，韩暹为大将军、领司隶校尉，皆假节钺。

是时，宫室烧尽，百官披荆棘，依墙壁间，州郡各拥强兵，委输不至；群僚饥乏，尚书郎以下自出采稆（lǚ），或饥死墙壁间，或为兵士所杀。

袁术以谶言"代汉者当涂高"，自云名字应之。又以袁氏出陈，为舜后，以黄代赤，德运之次，遂有僭逆之谋。闻孙坚得传国玺，拘坚妻而夺之。乃闻天子败于曹阳，乃会群下议称尊号；众莫敢对。主簿阎象进曰："昔周自后稷至于文王，积德累功，参分天下有其二，犹服事殷。明公虽奕世克昌，未若有周之盛；汉室虽微，未若殷纣之暴也！"术默然。

术聘处士张范，范不往，使其弟承谢之。术谓承曰："孤以土地之广，士民之众，欲徼福齐桓，拟迹高祖，何如？"承曰："在德不在强。夫用德以同天下之欲，虽由匹夫之资而兴霸王之功，不足为难。若苟欲僭拟，干时而动，众之所弃，谁能兴之！"术不悦。

孙策闻之，与术书曰："成汤讨桀称'有夏多罪'，武王伐纣曰'殷有重罚'，此二主者，虽有圣德，假使时无失道之过，无由逼而取也。今主上非有恶于天下，徒以幼小，胁于强臣，异于汤、武之时也。且董卓贪淫骄陵，志无纪极，至于废主自兴，亦犹未也，而天下同心疾之，况效尤而甚焉者乎！又闻幼主明智聪敏，有夙成之德，天下虽未被其恩，咸归心焉。使君五世相承，为汉宰辅，荣宠之盛，莫与为比，宜效忠守节，以报王室，则旦、奭（shì）之美，率土所望也。时人多惑图纬之言，妄牵非类之文，苟以悦主为美，不顾成败之计，古今所慎，可不孰虑！忠言逆耳，驳议致憎，苟有益于尊明，无所敢辞！"术始自以为有淮南之众，料策必与己合，及得其书，愁沮发疾。既不纳其言，策遂与之绝。

曹操像

曹操在许，谋迎天子。众以为"山东未定，韩暹、杨奉，负功恣睢，未可卒帛。"荀彧曰："昔晋文公纳周襄王而诸侯景从，汉高祖为义帝缟素而天下归心。自天子蒙尘，将军首唱义兵，徒以山东扰乱，未遑远赴。今銮驾旋轸，东京榛芜，义士有存本之思，兆民怀感旧之哀。诚因此时，奉主上以从人望，大顺也；秉至公以服天下，大略也；扶弘义以致英俊，大德也。四方虽有逆节，其何能为？韩暹、杨奉，安足恤哉！若不时定，使豪杰生心，后虽为虑，亦无及矣。"操乃遣扬武中郎将曹洪将兵西迎天子，董承等据险拒之，洪不得进。

议郎董昭以杨奉兵马最强而少党援，作操书与奉曰："吾与次军闻名慕义，便推赤心。今将军拔万乘之艰难，反之旧都，翼佐之功，超世无畴，何其休哉！方今群凶猾夏，四海未宁，神器至重，事在维辅；必须众贤以清王轨，诚非一人所能独建，心腹四支，实相恃赖，一物不备，则有阙焉。将军当为内主，吾为外援。今吾有粮，将军有兵，有无相通，足以相济，死生契阔，相与共之。"奉得书喜悦，语诸将军曰："兖州诸军近在许耳，有兵有粮，国家所当依仰也。"遂共表操为镇东将军，袭父爵费亭侯。

韩暹矜功专恣，董承患之，因潜召操；操乃将兵诣雒阳。既至，奏韩暹、张杨之罪。暹惧诛，单骑奔杨奉。帝以暹、杨有翼车驾之功，诏一切勿问。辛亥，以曹操领司隶校尉、录尚书事。操于是诛尚书冯硕等三人，讨有罪也；封卫将军董承等十三人为列侯，赏有功也；赠射声校尉沮俊为弘农太守，矜死节也。

操引董昭并坐，问曰："今孤为此，当施何计？"昭曰："将军兴义兵以诛暴乱，入朝天子，辅翼三室，此五伯之功也。此下诸将，人殊意异，未必服从，今留匡弼，事势不便，惟有移驾幸许耳。然朝廷播越，新还旧京，远近跂望，冀一朝获安，今复徙驾，不厌众心。夫行非常之事，乃有非常之功，愿将军算其多者。"操曰："此孤本志也。杨奉近在梁耳，闻其兵精，得无为孤累乎？"昭曰："奉少党援，心相凭结，镇东、费亭之事，皆奉所定，宜进遣使厚遗答谢，以安其意，说：'京都无粮，欲车驾暂幸鲁阳，鲁阳近许，转运稍易，可无县乏之忧。'奉为人勇而寡虑，必不见疑，比使往来，足以定计，奉何能为累！"操曰："善！"即遣使诣奉。庚申，车驾出轘辕而东，遂迁都许。己巳，幸曹操营，以操为大将军，封武平侯。始立宗庙社稷于许。

孙策将取会稽，吴人严白虎等众各万馀人，处处屯聚，诸将欲先击白虎等。策曰："白虎等群盗，非有大志，此成禽耳。"遂引兵渡浙江。会稽功曹虞翻说太守王朗曰："策善用兵，不如避之。"朗不从，发兵拒策于固陵。

策数渡水战，不能克。策叔父静说策曰："朗负阻城守，难可卒拔。查渎南去此数十里，宜从彼据其内，所谓攻其无备、出其不意者也。"策从之，夜，多然火为疑兵，分军投查渎道，袭高迁屯。朗大惊，遣故丹杨太守周昕等帅兵逆战，策破昕等，斩之。朗遁去，虞翻追随营护朗，浮海至东冶，策追击，大破之，朗乃诣策降。

策自领会稽太守，复命虞翻为功曹，待以交友之礼。策好游猎，翻谏曰："明府喜轻出微行，从官不暇严，吏卒常苦之。夫君人者不重则不威，故白龙鱼服，困于豫且，白蛇自放，刘季害之。愿少留意！"策曰："君言是也。"然不能改。

九月，司徒淳于嘉、太尉杨彪、司空张喜皆罢。

车驾之东迁也，杨奉自梁欲邀之，不及。冬，十月，曹操征奉，奉南奔袁术，遂攻其梁屯，拔之。

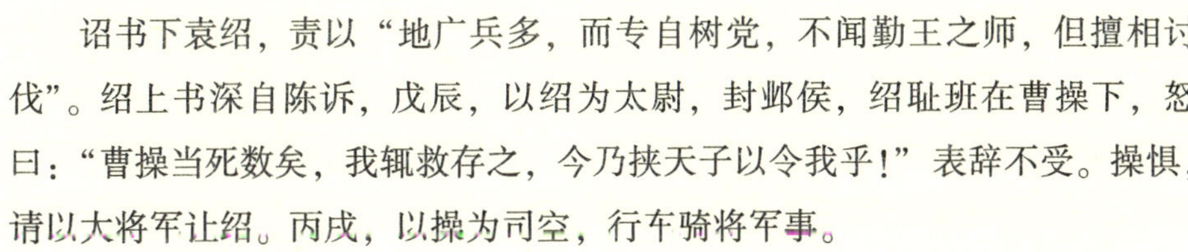

诏书下袁绍，责以“地广兵多，而专自树党，不闻勤王之师，但擅相讨伐”。绍上书深自陈诉，戊辰，以绍为太尉，封邺侯，绍耻班在曹操下，怒曰：“曹操当死数矣，我辄救存之，今乃挟天子以令我乎！”表辞不受。操惧，请以大将军让绍。丙戌，以操为司空，行车骑将军事。

操以荀彧为侍中，守尚书令。操问彧以策谋之士，彧荐其从子蜀郡太守攸及颍川郭嘉。操征攸为尚书，与语，大悦，曰：“公达，非常人也。吾得与之计事，天下当何忧哉！”以为军师。

初，郭嘉往见袁绍，绍甚敬礼之，居数十日，谓绍谋臣辛评、郭图曰：“夫智者审于量主，故百全而功名可立。袁公徒欲效周公之下士，而不知用人之机，多端寡要，好谋无决，欲与共济天下大难，定霸王之业，难矣。吾将更举以求主，子盍去乎！”二人曰：“袁氏有恩德于天下，人多归之，且今最强，去将何之！”嘉知其不寤，不复言，遂去之。操召见，与论天下事，喜曰：“使孤成大业者，必此人也！”嘉出，亦喜曰：“真吾主也！”操表嘉为司空祭酒。

操以山阳满宠为许令，操从弟洪，有宾客在许界数犯法，宠收治之，洪书报宠，宠不听。洪以白操，操寻许主旨，宠知将欲原客，乃速杀之。操喜曰：“当事不当尔邪！”

解读

曹操事业之成功，其酷虐、机变的个性及表现，在扫荡政敌、诛除异己、树威秉势、以猛药治乱世上固然发挥了特殊的作用，然而，单凭树威秉势还不足以成大业，还需具审时度势、多谋善断、善于借势的特殊才能、智谋和魄力才行。在这方面，曹操显露出了政治家、军事家非凡的雄才大略。

曹操“能断大事”，占得先机，夺取政治、军事上的主动权，被人称为“谋权”。从他“挟天子以令诸侯”这件事上，我们就完全可以看出曹操的“谋权”术。

曹操迎帝都许，将献帝置于自己有力的保护之下，虽然使献帝变成了一个傀儡，但却也使献帝在局势极为混乱的时期免除了被废黜、被杀害的危险，保留了这样一个国家最高权力的象征，使得不少割据者的野心、行为受到遏制，从而在一定程度上维护了中央集权，对控制割据、分裂局面的恶性发展，加速国家统一的进程发挥了一定作用。这正是曹操“挟天子以令诸侯”策略的妙用。优柔寡断的袁绍丧失了汉献帝这张王牌，便处处受制于曹操。而曹操则掌握了天下大权，在群雄中脱颖而出。

孝献皇帝丁建安三年——白门楼杀吕布

【原典】

吕布复与袁术通，遣其中郎将高顺及北地太守雁门张辽攻刘备。曹操遣将军夏侯惇救之，为顺等所败。秋，九月，顺等破沛城，虏备妻子，备单身走。

曹操欲自击布，诸将皆曰：“刘表、张绣在后，而远袭吕布，其危必也。”荀攸曰：“表、绣新破，势不敢动，布骁猛，又恃袁术，若从横淮、泗间，豪杰必应之。今乘其初叛，众心未一，往可破也。”操曰：“善!”此行，泰山屯帅臧霸、孙观、吴敦、尹礼、昌豨（xī）等皆附于布。操与刘备遇于梁。进至彭城。陈宫谓布：“宜逆击之，以逸击劳，无不克也。”布曰：“不如待其来攻，蹙著泗水中。”冬，十月，操屠彭城。广陵太守陈登率郡兵为操先驱，进至下邳。布自将屡与操战，皆大败，还保城，不敢出。

操遗布书，为陈祸福。布惧，欲降。陈宫曰：“曹操远来，势不能久。将军若以步骑出屯于外，宫将馀众闭守于内。若向将军，宫引兵而攻其背；若但攻城，则将军救于外。不过旬月，操军食尽，击之，可破也。”布然之，欲使宫与高顺守城，自将骑断操粮道。布妻谓布曰：“宫、顺素不和，将军一出，宫、顺必不同心共城守也，如有蹉跌，将军当于何自立乎？且曹氏待公台如赤子，独舍而归我。今将军厚公台不过曹氏，而欲委全城，捐妻子，孤军远出，若一旦有变，妾岂得复为将军妻哉!”布乃止，潜遣其官属许汜、王

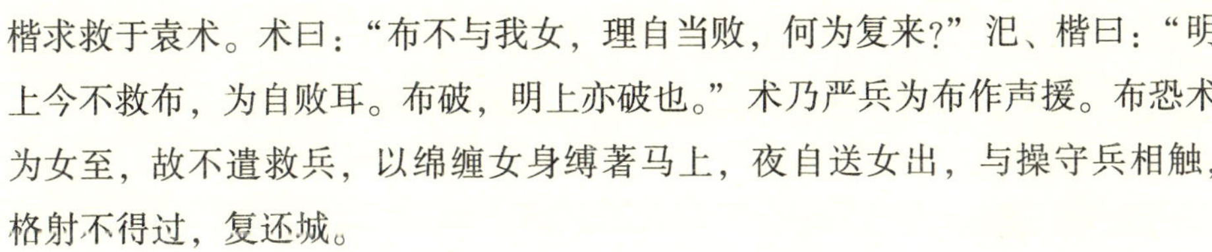

楷求救于袁术。术曰："布不与我女，理自当败，何为复来？"汜、楷曰："明上今不救布，为自败耳。布破，明上亦破也。"术乃严兵为布作声援。布恐术为女至，故不遣救兵，以绵缠女身缚著马上，夜自送女出，与操守兵相触，格射不得过，复还城。

河内太守张杨素与布善，欲救之，不能，乃出兵东市，遥为之势。十一月，杨将杨丑杀杨以应操，别将眭固复杀丑，将其众北合袁绍。杨性仁和，无威刑，下人谋反发觉，对之涕泣，辄原不问，故及于难。

操掘堑围下邳，积久，士卒疲敝，欲还，荀攸、郭嘉曰："吕布勇而无谋，今屡战皆北，锐气衰矣。三军以将为主，主衰则军无奋意。陈宫有智而迟。今及布气之未复，宫谋之未定，急攻之，布可拔也。"乃引沂、泗灌城。月馀，布益困迫，临城谓操军士曰："卿曹无相困，我当自首于明公。"陈宫曰："逆贼曹操，何等明公！今日降之，若卵投石，岂可得全也！"

布将侯成亡其名马，已而复得之，诸将合礼以贺成，成分酒肉先入献布。布怒曰："布禁酒而卿等酝酿，为欲因酒共谋布邪？"成忿惧，十二月，癸酉，成与诸将宋宪、魏续等共执陈宫、高顺，率其众降。布与麾下登白门楼。兵围之急，布令左右取其首诣操，左右不忍，乃下降。

布见操曰："今日已往，天下定矣。"操曰："何以言之？"布曰："明公之所患不过于布，今已服矣。若令布将骑，明公将步，天下不足定也。"顾谓刘备曰："玄德，卿为坐上客，我为降虏，绳缚我急，独不可一言邪？"操笑曰："缚虎不得不急。"乃命缓布缚。刘备曰："不可。明公不见吕布事丁建阳、董太师乎！"操颔之。布目备曰："大耳儿，最叵信！"

操谓陈宫曰："公台平生自谓智有馀，今竟何如？"宫指布曰："是子不用宫言，以至于此。若其见从，亦未必为禽也。"操曰："奈卿老母何？"宫曰："宫闻以孝治天下者不害人之亲。老母存否，在明公，不在宫也。"操曰："奈卿妻子何？"宫曰："宫闻施仁政于天下者不绝人之祀，妻子存否，在明公，不在宫也。"操未复言。宫请就刑，遂出，不顾，操为之泣涕，并布、顺皆缢杀之，传首许市。操召陈宫之母，养之终其身，嫁宫女，抚视其家，皆厚于初。

前尚书令陈纪、纪子群在布军中，操皆礼而用之。张辽将其众降，拜中郎将。臧霸自亡匿，操募索得之，使霸招吴敦、尹礼、孔观等，皆诣操降。操乃分琅邪、东海为城阳、利城、昌虑郡，悉以霸等为守、相。

解读

三国中的吕布绝对是个棘手的人物。仅从他的武功来说是无人能敌的：且不说刘、关、张三人群殴不过他，就连曹操手下六员上将才稍胜一筹——“吕布出马横戟……许褚使出。斗二十合，不分胜负。操曰：‘吕布非一人可胜。’便差典韦又出，两将夹攻；左边夏侯惇、夏侯渊，右边李典、乐进齐到，六员将杀得吕布遮拦不住。”

尽管吕布如此强悍，但始终是个碌碌无为、被众人追杀得无处安身之人。其实，吕布这个人完全可以有大好的前程，只是他的人生没有目标而已。

总结吕布短促的一生，他曾经投靠过七个人：丁原、董卓、王允、袁术、袁绍、张扬、刘备。他和这七位主子的关系大体上都经历了三个阶段：起初是一见倾心，如胶似漆；不久便嫌隙丛生，各怀鬼胎；最终是反目成仇，甚至相互火拼。

其实可以这么说，倘若吕布像赵云一样死心塌地地跟定一个主公，他也会前程似锦的。

孝献皇帝戊建安五年——官渡之战

【原典】

春，正月，董承谋泄；壬子，曹操杀承及王服、种辑，皆夷三族。

操欲自讨刘备，诸将皆曰：“与公争天下者，袁绍也，今绍方来而弃之东，绍乘人后，若何?”操曰：“刘备，人杰也，今不击，必为后患。”郭嘉曰：“绍性迟而多疑，来必不速。备新起，众心未附，急击之，必败。”操师遂东。冀州别驾田丰说袁绍曰：“曹操与刘备连兵，未可卒解。公举军而袭其后，可一往而定。”绍辞以子疾，未得行。丰举杖击地曰：“嗟乎！遭难遇之时，而以婴儿病失其会，惜哉，事去矣！”

曹操击刘备，破之，获其妻子；进拔下邳，禽关羽；又击昌豨，破之。备奔青州，因袁谭以归袁绍。绍闻备至，去邺二百里迎之，驻月馀，所亡士卒稍稍归之。

曹操还军官渡，绍乃议攻许，田丰曰：“曹操既破刘备，则许下非复空虚。且操善用兵，变化无方，众虽少，未可轻也，今不如以久持之。将军据山河之固，拥四州之众，外结英雄，内修农战，然后简其精锐，分为奇兵，乘虚迭出以扰河南，救右则击其左，救左则击其右，使敌疲于奔命，民不得安业，我未劳而彼已困，不及三年，可坐克也。今释庙胜之策而决成败于一战，若不如志，悔无及也。”绍不从。丰强谏忤绍，绍以为沮众，械系之。于是移檄州郡，数操罪恶。二月，进军黎阳。

沮授临行，会其宗族，散资财以与之曰：“势存则威无不加，势亡则不保一身，哀哉！”其弟宗曰：“曹操士马不敌，君何惧焉？”授曰：“以曹操之明略，又挟天子以为资，我虽克伯珪，众实疲敝，而主骄将忲，军之破败，在此举矣。扬雄有言：‘六国蚩蚩，为嬴弱姬。’其今之谓乎！”

振威将军程昱以七百兵守鄄城。曹操欲益昱兵二千，昱不肯，曰：“袁绍拥十万众，自以所向无前，今见昱少兵，必轻易，不来攻。若益昱兵，过则不可不攻，攻之必克，徒两损其势，愿公无疑。”绍闻昱兵少，果不往，操谓贾诩曰：“程昱之胆，过于贲、育矣！”

袁绍遣其将颜良攻东郡太守刘延于白马，沮授曰：“良性促狭，虽骁勇，不可独任。”绍不听。夏，四月，曹操北救刘延。荀攸曰：“今兵少不敌，必分其势乃可。公到延津，若将渡兵向其后者，绍必西应之，然后轻兵袭白马，掩其不备，颜良可禽也。”操从之，绍闻兵渡，即分兵西邀之。操乃引军兼行趣白马，未至十馀里，良大惊，来逆战。操使张辽、关羽先登击之。羽望见良麾盖，策马刺良于万众之中，斩其首而还，绍军莫能当者。遂解白马之围，徙其民，循河而西。

绍渡河追之，沮授谏曰：“胜负变化，不可不详。今宜留屯延津；分兵官渡，若其克获，还迎不晚，设其有难，众弗可还。”绍弗从。授临济叹曰：

“上盈其志，下务其功，悠悠黄河，吾其济乎！”遂以疾辞。绍不许而意恨之，复省其所部并属郭图。

绍军至延津南，操勒兵驻营南阪下，使登垒望之，曰：“可五六百骑。”有顷，复白：“骑稍多，步兵不可胜数。”操曰：“勿复白。”令骑解鞍放马。是时，白马辎重就道，诸将以为敌骑多，不如还保营。荀攸曰：“此所以饵敌，如何去之！”操顾攸而笑。绍骑将文丑与刘备将五六千骑前后至。诸将复白：“可上马。”操曰：“未也。”有顷，骑至稍多，或分趣辎重。操曰：“可矣！”乃皆上马。时骑不满六百，遂纵兵击，大破之，斩丑。丑与颜良，皆绍名将也，再战，悉禽之，绍军夺气。

初，操壮关羽之为人，而察其心神无久留之意，使张辽以其情问之，羽叹曰：“吾极知曹公待我厚；然吾受刘将军恩，誓以共死，不可背之。吾终不留，要当立效以报曹公乃去耳。”辽以羽言报操，操义之，及羽杀颜良，操知其必去，重加赏赐。羽尽封其所赐，拜书告辞，而奔刘备于袁军。左右欲追之，操曰：“彼各为其主，勿追也。”

操还军官渡，阎柔遣使诣操，操以柔为乌桓校尉。鲜于辅身见操于官渡，操以辅为右度辽将军，还镇幽土。

广陵太守陈登治射阳，孙策西击黄祖，登诱严白虎馀党，图为后害，策还击登，军到丹徒，须待运粮。初，策杀吴郡太守许贡，贡奴客潜民间，欲为贡报仇。策性好猎，数出驱驰，所乘马精骏，从骑绝不能及，卒遇贡客三人，射策中颊，后骑寻至，皆刺杀之。策创甚，召张昭等谓曰：“中国方乱，以吴、越之众，三江之固，足以观成败，公等善相吾弟！”呼权，佩以印绶，谓曰：“举江东之众，决机于两陈之间，与天下争衡，卿不如我；举贤任能，各尽其心以保江东，我不如卿。”丙午，策卒，时年二十六。

权悲号，未视事，张昭曰：“孝廉，此宁哭时邪！”乃改易权服，扶令上马，使出巡军。昭率僚属，上表朝廷，下移属城，中外将校，各令奉职，周瑜自巴丘将兵赴丧，遂留吴，以中护军与张昭共掌众事。时策虽有会稽、吴郡、丹杨、豫章、庐江、庐陵，然深险之地，犹未尽从，流寓之士，皆以安危去就为意，未有君臣之固，而张昭、周瑜等谓权可与共成大业，遂委心而服事焉。

秋，七月，立皇子冯为南阳王；壬午，冯薨。

汝南黄巾刘辟等叛曹操应袁绍，绍遣刘备将兵助辟，郡县多应之。绍遣使拜阳安都尉李通为征南将军，刘表亦阴招之，通皆拒焉。或劝通从绍，通按剑叱之曰："曹公明哲，必定天下；绍虽强盛，终为之虏耳。吾以死不贰。"即斩绍使，送印绶诣操。

通急录户调，朗陵长赵俨见通曰："方今诸郡并叛，独阳安怀附，复趣收其绵绢，小人乐乱，无乃不可乎？"通曰："公与袁绍相持甚急，左右郡县背叛乃尔，若绵绢不调送，观听者必谓我顾望，有所须待也。"俨曰："诚亦如君虑，然当权其轻重。小缓调，当为君释此患。"乃书与荀彧曰："今阳安郡百姓困穷，邻城并叛，易用倾荡，乃一方安危之机也。且此郡人执守忠节，在险不贰，以为国家宜垂慰抚。而更急敛绵绢，何以劝善！"彧即白操，悉以绵绢还民，上下欢喜，郡内遂安。通击群贼瞿恭等，皆破之。遂定淮、汝之地。

时操制新科，下州郡，颇增严峻，而调绵绢方急。长广太守何夔（kuí）言于操曰："先王辨九服之赋以殊远近，制三典之刑以平治乱。愚以为此郡宜依远域新邦之典，其民间小事，使长吏临时随宜，上不背正法，下以顺百姓之心。比及三年，民安其业，然后乃可齐之以法也。"操从之。

刘备略汝、颍之间，自许以南，吏民不安，曹操患之。曹仁曰："南方以大军方有目前急，其势不能相救，刘备以强兵临之，其背叛故宜也。备新将绍兵，未能得其用，击之，可破也。"操乃使仁将骑击备，破走之，尽复收诸叛县而还。

备还至绍军，阴欲离绍，乃说绍南连刘表。绍遣备将本兵复至汝南，与贼龚都等合，众数千人。曹操遣将蔡杨击之，为备所杀。

袁绍军阳武，沮授说绍曰："北兵虽众而劲果不及南，南军谷少而资储不如北；南幸于急战，北利在缓师。宜徐持久，旷以日月。"绍不从。八月，绍进营稍前，依沙堆（duī）为屯，东西数十里。操亦分营与相当。

九月，庚午朔，日有食之。

曹操出兵与袁绍战，不胜，复还，坚壁。绍为高橹，起土山，射营中，营中皆蒙楯而行。操乃为霹雳车，发石以击绍楼，皆破，绍复为地道攻操，操辄于内为长堑以拒之。操众少粮尽，士卒疲乏，百姓困于征赋，多叛归绍者，操患之，与荀彧书，议欲还许，以致绍师。彧报曰："绍悉众聚官渡，欲与公决胜败。公以至弱当至强，若不能制，必为所乘，是天下之大机也。且绍，布衣之雄耳，能聚人而不能用。以公之神武明哲而辅以大顺，何向而不济！今谷食虽少，未若楚、汉在荥（xíng）阳、成皋间也。是时刘、项莫肯先退者，以为先退则势屈也。公以十分居一之众，画地而守之，扼其喉而不得进，已半年矣。情见势竭，必将有变。此用奇之时，不可失也。"操从之，乃坚壁持之。

操见运者，抚之曰："却十五日为汝破绍，不复劳汝矣。"绍运谷车数千乘至官渡。荀攸言于操曰："绍运车旦暮至，其将韩猛锐而轻敌。击，可破也！"操曰："谁可使者？"攸曰："徐晃可。"乃遣偏将军河东徐晃与史涣邀击猛，破走之，烧其辎重。

冬，十月，绍复遣车运谷，使其将淳于琼等将兵万馀人送入，宿绍营北四十里。沮授说绍："可遣蒋奇别为支军于表，以绝曹操之钞。"绍不从。

许攸曰："曹操兵少而悉师拒我，许下馀守，势必空弱。若分遣轻军，星行掩袭，许可拔也。许拔，则奉迎天子以讨操，操成禽矣。如其未溃，可令首尾奔命，破之必也。"绍不从，曰："吾要当先取操。"会攸家犯法，审配收系之，攸怒，遂奔操。

操闻攸来，跣出迎之，抚掌笑曰："子卿远来，吾事济矣！"既入坐，谓操曰："袁氏军盛，何以待之？今有几粮乎？"操曰："尚可支一岁。"攸曰："无是，更言之！"又曰："可支半岁。"攸曰："足下不欲破袁氏邪！何言之不实也！"操曰："向言戏之耳。其实可一月，为之奈何？"攸曰："公孤军独守，外无救援而粮谷已尽，此危急之日也。袁氏辎重万馀乘，在故市、乌巢，屯军无严备，若以轻兵袭之，不意而至，燔其积聚，不过三日，袁氏自败也。"操大喜，乃留曹洪、荀攸守营，自将步骑五千人，皆用袁军旗帜，衔枚缚马口，夜从间道出，人抱束薪，所历道有问者，语之曰："袁公恐曹操钞略后军，遣军以益备。"闻者信以为然，皆自若。既至，围屯，大放火，营中惊乱。会明，琼等望见操兵少，出陈门外，操急击之，琼退保营，操遂攻之。

绍闻操击琼，谓其子谭曰："就操破琼，吾拔其营，彼固无所归矣！"乃

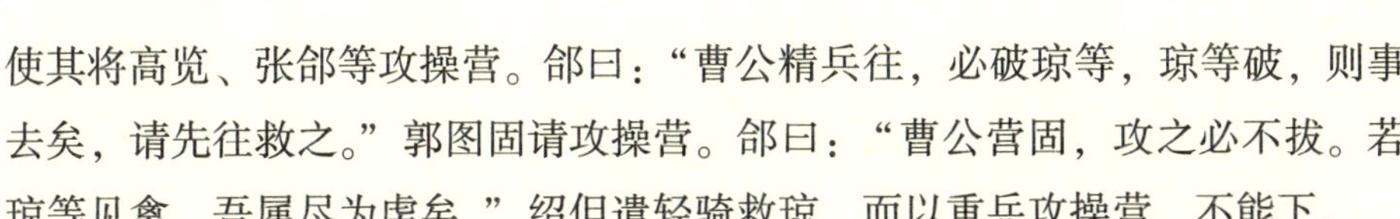

使其将高览、张郃等攻操营。郃曰："曹公精兵往，必破琼等，琼等破，则事去矣，请先往救之。"郭图固请攻操营。郃曰："曹公营固，攻之必不拔。若琼等见禽，吾属尽为虏矣。"绍但遣轻骑救琼，而以重兵攻操营，不能下。

绍骑至乌巢，操左右或言："贼骑稍近，请分兵拒之。"操怒曰："贼在背后，乃白！"士卒皆殊死战，遂大破之，斩琼等，尽燔其粮谷，杀士卒千馀人，皆取其鼻，牛马割唇舌，以示绍军，绍军将士皆恟（xiōng）惧。郭图惭其计之失，复谮张郃于绍曰："郃快军败。"郃忿惧，遂与高览焚攻具，诣操营降。曹洪疑，不敢受，荀攸曰："郃计画不用，怒而来奔，君有何疑！"乃受之。

于是绍军惊扰，大溃，绍及谭等幅巾乘马，与八百骑渡河。操追之不及，尽收其辎重、图书、珍宝。馀众降者，操尽坑之，前后所杀七万馀人。

沮授不及绍渡，为操军所执，乃大呼曰："授不降也，为所执耳！"操与之有旧，迎谓曰："分野殊异，遂用圮（qǐ）绝，不图今日乃相禽也！"授曰："冀州失策，自取奔北。授知力俱困，宜其见禽。"操曰："本初无谋，不相用计，今丧乱未定，方当与君图之。"授曰："叔父、母弟，县命袁氏，若蒙公灵，速死为福。"操叹曰："孤早相得，天下不足虑也。"遂赦而厚遇焉。授寻谋归袁氏，操乃杀之。

操收绍书中，得许下及军中人书，皆焚之，曰："当绍之强，孤犹不能自保，况众人乎！"

冀州城邑多降于操。袁绍走至黎阳北岸，入其将军蒋义渠营，把其手曰："孤以首领相付矣！"义渠避帐而处之，使宣号令。众闻绍在，稍复归之。

或谓田丰曰："君必见重矣。"丰曰："公貌宽而内忌，不亮吾忠，而吾数以至言迕之，若胜而喜，犹能赦我，今战败而恚，内忌将发，吾不望生。"绍军士皆拊膺泣曰："向令田丰在此，必不至于败。"绍谓逢（péng）纪曰："冀州诸人闻吾军败，皆当念吾，惟田别驾前谏止吾，与众不同，吾亦惭之。"纪曰："丰闻将军之退，拊手大笑，喜其言之中也。"绍于是谓僚属曰："吾不用田丰言，果为所笑。"遂杀之。初，曹操闻丰不从戎，喜曰："绍必败矣。"及绍奔遁，复曰："向使绍用其别驾计，尚未可知也。"

审配二子为操所禽，绍将孟岱言于绍曰："配在位专政，族大兵强，且二

子在南，必怀反计。”郭图、辛评亦以为然。绍遂以岱为监军，代配守鄴（yè）。护军逄纪素与配不睦，绍以问之，纪曰：“配天性烈直，每慕古人之节，必不以二子在南为不义也。愿公勿疑。”绍曰：“君不恶之邪？”纪曰：“先所争者，私情也；今所陈者，国事也。”绍曰：“善！”乃不废配，配由是更与纪亲。冀州城邑叛绍者，绍稍复击定之。

绍为人宽雅，有局度，喜怒不形于色，而性矜愎自高，短于从善，故至于败。

解读

可以说，在三国之初北方最有实力、最强大的军事势力非袁绍莫属，然而，他却在官渡之战中败给了兵寡粮缺的曹操，直接导致了北方形势的逆转——他的没落与曹操的兴起。然而形式的突然逆转，原因何在呢？我们只要仔细分析一下官渡之战的始末，就不难发现失败之根源还是在袁绍身上——他的自以为是。

尽起冀、青、幽、并四大州兵马，拥兵七十万的袁绍，手下本来有许多有本领、有能耐的文臣勇将。然而在战争之初，诸多实力派忠义谋臣，如田丰、沮授，要么被贬，要么获罪。

最关键之处还在于，实力派谋臣许攸在关键时候（截获曹军情报后）向袁绍献上的妙计不被采纳，反而遭到他的大骂。后来许攸投降曹操，给他带去了袁军的一些重要的军事机密情报。加之猛将张郃、高览由于不被重用，一个个也离他而去，这都促成了曹军实施夜袭乌巢的军事计划，使曹操这一弱势军事集团转败为胜。

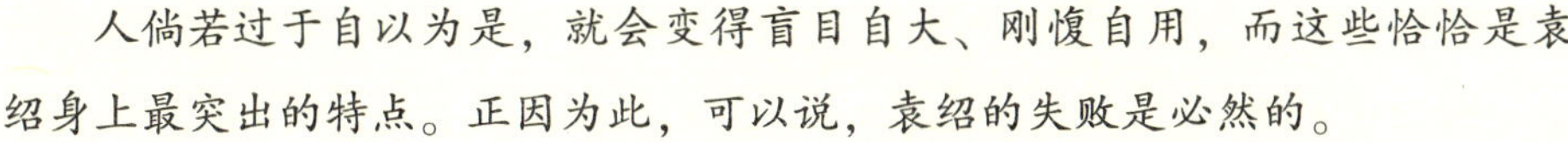

人倘若过于自以为是，就会变得盲目自大、刚愎自用，而这些恰恰是袁绍身上最突出的特点。正因为此，可以说，袁绍的失败是必然的。

孝献皇帝庚建安十二年——三顾茅庐

【原典】

初，琅邪诸葛亮寓居襄阳隆中，每自比管仲、乐毅。时人莫之许也，惟颍川徐庶与崔州平谓为信然。州平，烈之子也。

刘备在荆州，访士于襄阳司马徽。徽曰：“儒生俗士，岂识时务，识时务者在乎俊杰。此间自有伏龙、凤雏。”备问为谁，曰：“诸葛孔明、庞士元也。”徐庶见备于新野，备器之。庶谓备曰：“诸葛孔明，卧龙也，将军岂愿见之乎?”备曰：“君与俱来。”庶曰：“此人可就见，不可屈致也，将军宜枉驾顾之。”

备由是诣亮，凡三往，乃见。因屏人曰：“汉室倾颓，奸臣窃命，孤不度德量力，欲信大义于天下，而智术浅短，遂用猖蹶，至于今日。然志犹未已，君谓计将安出?”亮曰：“今曹操已拥百万之众，挟天子而令诸侯，此诚不可与争锋。孙权据有江东，已历三世，国险而民附，贤能为之用，此可与为援而不可图也。荆州并据汉、沔（miǎn），利尽南海，东连吴会，西通巴、蜀，此用武之国，而其主不能守，此殆天所以资将军也。益州险塞，沃野千里，天府之土；刘璋暗弱，张鲁在北，民殷国富而不知存恤，智能之士思得明君。将军既帝室之胄（zhòu），信义著于四海，若跨有荆、益，保其岩阻，抚和戎、越，结好孙权，内修政治，外观时变，则霸业可成，汉室可兴矣。”备曰：“善!”于是与亮情好日密。关羽、张飞不悦，备解之曰：“孤之有孔明，犹鱼之有水也。愿诸君勿复言。”羽、飞乃止。

司马徽，清雅有知人之鉴。同县庞德公素有重名，徽兄事之。诸葛亮每至德公家，独拜床下，德公初不令止。德公从子统，少时朴钝，未有识者，惟德公与徽重之。德公常谓孔明为卧龙，士元为凤雏，德操为水鉴；故德操与刘备语而称之。

解读

刘备为了聘请诸葛亮为军师，三次亲自到他的茅屋去请他。当时两个人地位相差悬殊，刘备虽然在争霸的过程中不太顺利，但是也颇有名望。而且刘备当时已年近五十，孔明却是个二十岁出头的无名小卒。刘备竟然三次造访孔明，以崇敬的态度请求孔明做他的军师，在孔明应允之后，又马上将全部作战计划等大事都委任于他。这是刘备为人处世的高明之处，正因为此，他才能笼络一批杰出的人才，终于从一个卖草鞋的小商贩成为三足鼎立中的一国之君。

诸葛亮像

孝献皇帝庚建安十三年——赤壁之战

【原典】

初，鲁肃闻刘表卒，言于孙权曰："荆州与国邻接，江山险固，沃野万里，士民殷富，若据而有之，此帝王之资也。今刘表新亡，二子不协，军中诸将，各有彼此。刘备天下枭雄，与操有隙，寄寓于表，表恶其能而不能用也。若备与彼协心，上下齐同，则宜抚安，与结盟好；如有离违，宜别图之，以济大事。肃请得奉命吊表二子，并慰劳其军中用事者，及说备使抚表众，同心一意，共治曹操，备必喜而从命。如其克谐，天下可定也。今不速往，恐为操所先。"权即遣肃行。

到夏口，闻操已向荆州，晨夜兼道，比至南郡，而琮已降，备南走，肃径迎之，与备会于当阳长坂。肃宣权旨，论天下事势，致殷勤之意，且问备曰："豫州今欲何至？"备曰："与苍梧太守吴巨有旧，欲往投之。"肃曰："孙讨虏聪明仁惠，敬贤礼士，江表英豪，咸归附之，已据有六郡，兵精粮多，足以立事。今为君计，莫若遣腹心自结于东，以共济世业。而欲投吴巨，巨是凡人，偏在远郡，行将为人所并，岂足托乎！"备甚悦。肃又谓诸葛亮曰："我，子瑜友也。"即共定交。子瑜者，亮兄瑾也，避乱江东，为孙权长史。备用肃计，进住鄂县之樊口。

曹操自江陵将顺江东下。诸葛亮谓刘备曰："事急矣，请奉命求救于孙将军。"遂与鲁肃俱诣孙权。亮见权于柴桑，说权曰："海内大乱，将军起兵江东，刘豫州收众汉南，与曹操并争天下。今操芟（shān）夷大难，略已平矣，遂破荆州，威震四海。英雄无用武之地，故豫州遁逃至此，愿将军量力而处之。若能以吴、越之众与中国抗衡，不如早与之绝；若不能，何不按兵束甲，北面而事之！今将军外托服从之名，而内怀犹豫之计，事急而不断，祸至无日矣。"权曰："苟如君言，刘豫州何不遂事之乎！"亮曰："田横，齐之壮士耳，犹守义不辱；况刘豫州王室之胄，英才盖世，众士慕仰，若水之归海！若事之不济，此乃天也，安能抗此难乎！"权勃然曰："吾不能举全吴之地，十万之众，受制于人。吾计决矣！非刘豫州莫可以当曹操者；然豫州新败之后，安能抗此难乎！"亮曰："豫州军虽败于长坂，今战士还者及关羽水军精甲万人，刘琦合江夏战士亦不下万人。曹操之众，远来疲敝，闻追豫州，轻骑一日一夜行三百馀里，此所谓'强弩之末势不能穿鲁缟'者也。故《兵法》忌之，曰'必蹶上将军'。且北方之人，不习水战；又，荆州之民附操者，逼近势耳，非心服也。今将军诚能命猛将统兵数万，与豫州协规同力，破操军必矣。操军破，必北还；如此，则荆、吴之势强，鼎足之形成矣。成败之机，在于今日！"权大悦，与其群下谋之。

是时，曹操遗权书曰："近者奉辞伐罪，旄（mào）麾南指，刘琮束手。今治水军八十万众，方与将军会猎于吴。"权以示群下，莫不响震失色。长史张昭等曰："曹公，豺虎也，挟天子以征四方，动以朝廷为辞；今日拒之，事更不顺。且将军大势可以拒操者，长江也。今操得荆州，奄有其地，刘表治水军，蒙冲斗舰乃以千数，操悉浮以沿江，兼有步兵，水陆俱下，此为长江之险已与我共之矣，而势力众寡又不可论。愚谓大计不如迎之。”鲁肃独不言。权起更衣，肃追于宇下。权知其意，执肃手曰：“卿欲何言？”肃曰：“向察众人之议，专欲误将军，不足与图大事。今肃可迎操耳，如将军不可也。何以言之？今肃迎操，操当以肃还付乡党，品其名位，犹不失下曹从事，乘犊车，从吏卒，交游士林，累官故不失州郡也。将军迎操，欲安所归乎？愿早定大计，莫用众人之议也！”权叹息曰：“诸人持议，甚失孤望。今卿廓开大计，正与孤同。”

时周瑜受使至番阳，肃劝权召瑜还。瑜至，谓权曰：“操虽托名汉相，其实汉贼也。将军以神武雄才，兼仗父兄之烈，割据江东，地方数千里，兵精足用，英雄乐业，当横行天下，为汉家除残去秽；况操自送死，而可迎之邪？请为将军筹之：今北土未平、马超、韩遂尚在关西，为操后患；而操舍鞍马，杖舟楫，与吴、越争衡；今又盛寒，马无藁（gǎo）草，驱中国士众远涉江湖之间，不习水土，必生疾病。此数者用兵之患也，而操皆冒行之。将军禽操，宜在今日。瑜请得精兵数万人，进住夏口，保为将军破之！”权曰：“老贼欲废汉自立久矣，徒忌二袁、吕布、刘表与孤耳；今数雄已灭，惟孤尚存。孤与老贼势不两立，君言当击，甚与孤合，此天以君授孤也。”因拔刀斫前奏案曰：“诸将吏敢复有言当迎操者，与此案同！”乃罢会。

是夜，瑜复见权曰：“诸人徒见操书言水步八十万而各恐慑，不复料其虚实，便开此议，甚无谓也。今以实校之：彼所将中国人不过十五六万，且已久疲；所得表众亦极七八万耳，尚怀狐疑。夫以疲病之卒御狐疑之众，众数虽多，甚未足畏。瑜得精兵五万，自足制之，愿将军勿虑！”权抚其背曰：“公瑾，卿言至此，甚合孤心。子布、元表诸人，各顾妻子，挟持私虑，深失所望；独卿与子敬与孤同耳，此天以卿二人赞孤也。五万兵难卒合，已选三万人，船粮战具俱办。卿与子敬、程公便在前发，孤当续发人众，多载资粮，为卿后援。卿能办之者诚决，邂逅不如意，便还就孤，孤当与孟德决之。”遂以周瑜、程普为左右督，将兵与备并力逆操；以鲁肃为赞军校尉，助画方略。

刘备在樊口，日遣逻吏于水次候望权军。吏望见瑜船，驰往白备，备遣人慰劳之。瑜曰：“有军任，不可得委署；傥能屈威，诚副其所望。”备乃乘单舸往见瑜问曰："今拒曹公，深为得计。战卒有几？"瑜曰："三万人。"备曰："恨少。"瑜曰："此自足用，豫州但观瑜破之。"备欲呼鲁肃等共会语，瑜曰："受命不得妄委署。若欲见子敬，可别过之。"备深愧喜。

进，与操遇于赤壁。

时操军众已有疾疫，初一交战，操军不利，引次江北。瑜等在南岸，瑜部将黄盖曰："今寇众我寡，难与持久。操军方连船舰，首尾相接，可烧而走也。"乃取蒙冲斗舰十艘，载燥荻、枯柴、灌油其中，裹以帷幕，上建旌旗，预备走舸，系于其尾。先以书遗操，诈云欲降。时东南风急，盖以十舰最著前，中江举帆，馀船以次俱进。操军吏士皆出营立观，指言盖降。去北军二里馀，同时发火，火烈风猛，船往如箭，烧尽北船，延及岸上营落。顷之，烟炎张天，人马烧溺死者甚众。瑜等率轻锐继其后，雷鼓大进，北军大坏。操引军从华容道步走，遇泥泞，道不通，天又大风，悉使羸兵负草填之，骑乃得过。羸兵为人马所蹈藉，陷泥中，死者甚众。刘备、周瑜水陆并进，追操至南郡。时操军兼以饥疫，死者太半。操乃留征南将军曹仁、横野将军徐晃守江陵，折冲将军乐进守襄阳，引军北还。

解读

赤壁之战是三国时期"三大战役"之一，赤壁之战前，曹操具有很大的优势：第一，曹操"奉天子以令不臣"（反对曹操的人称之为"挟天子以令诸侯"），其他诸侯自然在政治正确性上难以争锋；第二，曹操以新胜之军南下，其气自盛；第三，曹操兵力数倍于孙、刘两家。不过从曹操兵败赤壁中，可以看出曹操自负轻敌，指挥失误，加之水军不强，终致战败。相反，孙权、刘备在强敌面前，冷静分析形势，结盟抗战，扬水战之长，巧用火攻，创造了中国军事史上以弱胜强的著名战例。

此战过后，曹操元气大伤，魏、蜀、吴三足鼎立的局面正式形成。

孝献皇帝辛建安十七年——荀彧之死

【原典】

冬，十月，曹操东击孙权。董昭言于曹操曰："自古以来，人臣匡世，未有今日之功；有今日之功，未有久处人臣之势者也。今明公耻有惭德，乐保名节。然处大臣之势，使人以大事疑己，诚不可不重虑也。"乃与列侯诸将议，以丞相宜进爵国公，九锡备物，以彰殊勋。荀彧以为："曹公本兴义兵以匡朝宁国，秉忠贞之诚，守退让之实。君子爱人以德，不宜如此。"操由是不悦。及击孙权，表请彧劳军于谯，因辄留彧，以侍中、光禄大夫、持节、参丞相军事。操军向濡须，彧以疾留寿春，饮药而卒。彧行义修整而有智谋，好推贤进士，故时人皆惜之。

解读

荀彧，字文若，颍川颍阴（今河南许昌）人，东汉末年杰出的政治家、军事家、战略家。官至汉侍中，守尚书令，他是曹操最信任的谋士之一，为当时北方统一作出了不朽的贡献。后因为反对曹操称魏公而受其所忌，调离中枢，在寿春受到曹操暗示而服毒自尽。死后被追谥敬侯，后又被追谥太尉。

对于荀彧的死，司马光给予了很高的评价：齐桓之时，周室虽衰，未若建安之初也。建安之初，四海荡覆，尺土一民，皆非汉有。荀佐魏武而兴之，

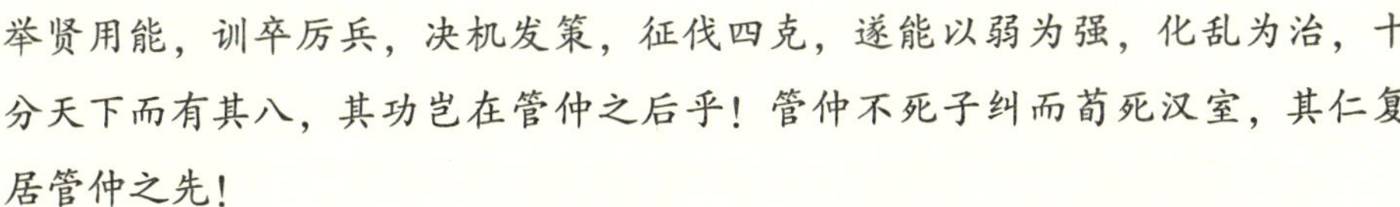

举贤用能，训卒厉兵，决机发策，征伐四克，遂能以弱为强，化乱为治，十分天下而有其八，其功岂在管仲之后乎！管仲不死子纠而荀死汉室，其仁复居管仲之先！

通俗地讲，司马光的意思就是：齐桓公的时代，周期王室虽已衰败，但还没有像建安初期的汉朝王室那样。建安初期，全国大乱，汉朝朝廷连一尺土地、一个百姓都没有。荀辅佐曹操而使他兴起，推荐任用贤能的人才，训练军队，裁决机要，制定策略，征伐四方，连续获胜。于是转弱为强，化乱为治，占据了天下的十分之八，荀的功劳难道还不如管仲吗？管仲没有为子纠而死，但荀却为汉朝王室而死，他的仁德又在管仲之上了！

孝献皇帝壬建安十九年——刘备定蜀

【原典】

诸葛亮留关羽守荆州，与张飞、赵云将兵溯流克巴东。至江州，破巴郡太守严颜，生获之。飞呵颜曰："大军既至，何以不降，而敢拒战！"颜曰："卿等无状，侵夺我州，我州但有断头将军，无降将军也！"飞怒，令左右牵去斫头。颜容止不变，曰："斫头便斫头，何为怒邪！"飞壮而释之，引为宾客。分遣赵云从外水定江阳、犍为，飞定巴西、德阳。

刘备围雒城且一年，庞统为流矢所中，卒。法正笺与刘璋，为陈形势强弱，且曰："左将军从举兵以来，旧心依依，实无薄意。愚以为可图变化，以保尊门。"璋不答。雒城溃，备进围成都。诸葛亮、张飞、赵云引兵来会。

马超知张鲁不足与计事，又鲁将杨昂等数害其能，超内怀于邑。备使建宁督邮李恢往说之，超遂从武都逃入氐中，密书请降于备。使人止超，而潜以兵资之。超到，令引军屯城北，城中震怖。

备围城数十日，使从事中郎涿郡简雍入说刘璋。时城中尚有精兵三万人，谷帛支一年，吏民咸欲死战。璋言："父子在州二十馀年，无恩德以加百姓。

百姓攻战三年，肌膏草野者，以璋故也，何心能安！”遂开城，与简雍同舆出降，群下莫不流涕。备迁璋于公安，尽归其财物，佩振威将军印绶。

备入成都，置酒，大飨士卒。取蜀城中金银，分赐将士，还其谷帛。备领益州牧，以军师中郎将诸葛亮为军师将军，益州太守南郡董和为掌军中郎将，并置左将军府事，偏将军马超为平西将军，军议校尉法正为蜀郡太守、扬武将军，裨将军南阳黄忠为讨虏将军，从事中郎麋（mí）竺为安汉将军，简雍为昭德将军，北海孙乾为秉忠将军，广汉长黄权为偏将军，汝南许靖为左将军长史，庞羲为司马，李严为犍为太守，费观为巴郡太守，山阳伊籍为从事中郎，零陵刘巴为西曹掾，广汉彭羕为益州治中从事。

初，董和在郡，清俭公直，为民夷所爱信，蜀中推为循吏，故备举而用之。备之自新野奔江南也，荆楚群士从之如云，而刘巴独北诣魏公操。操辟为掾，遣招纳长沙、零陵，桂阳。会备略有三郡，巴事不成，欲由交州道还京师。时诸葛亮在临蒸，以书招之，巴不从，备深以为恨。巴遂自交趾入蜀依刘璋。及璋迎备，巴谏曰：“备，雄人也，入必为害。”既入，巴复谏曰：“若使备讨张鲁，是放虎于山林也。”璋不听，巴闭门称疾。备攻成都，令军中曰：“有害巴者，诛及三族。”及得巴，甚喜。是时益州郡县皆望风景附，独黄权闭城坚守，须璋稽服，乃降。于是董和、黄权、李严等，本璋之所授用也；吴懿、费观等，璋之婚亲也；彭羕（yàng），璋之所摈弃也；刘巴，宿昔之所忌恨也；备皆处之显任，尽其器能，有志之士，无不竞劝，益州之民，是以大和。初，刘璋以许靖为蜀郡太守。成都将溃，靖谋逾城降备，备以此薄靖，不用也。法正曰：“天下有获虚誉而无其实者，许靖是也。然今主公始创大业，天下之人，不可户说，宜加敬重，以慰远近之望。”备乃礼而用之。

成都之围也，备与士众约：“若事定，府库百物，孤无预焉。”及拔成都，士众皆舍干戈赴诸藏，竞取宝物。军用不足，备甚忧之，刘巴曰：“此易耳。但当铸直百钱，平诸物价，令吏为官市。”备从之。数月之间，府库充实。

时议者欲以成都名田宅分赐诸将。赵云曰：“霍去病以匈奴未灭，无用家为。今国贼非但匈奴，未可求安也。须天下都定，各反桑梓，归耕本土，乃其宜耳。益州人民，初罹兵革，田宅皆可归还，令安居复业，然后可役调，得其欢心，不宜夺之以私所爱也。”备从之。

备之袭刘璋也，留中郎将南郡霍峻守葭萌城。张鲁遣杨昂诱峻求共守城。峻曰：“小人头可得，城不可得！”昂乃退。后璋将扶禁、向存等帅万馀人由阆水上，攻围峻，且 年。峻城中兵才数百人，伺其怠隙，选精锐出击，大破之，斩存。备既定蜀，乃分广汉为梓潼郡，以峻为梓潼太守。

法正外统都畿（jī），内为谋主，一飧之德、睚眦之怨，无不报复，擅杀毁伤己者数人。或谓诸葛亮曰：“法正太纵横，将军宜启主公，抑其威福。”亮曰：“主公之在公安也，北畏曹操之强，东惮孙权之逼，近则惧孙夫人生变于肘腋。法孝直为之辅翼，令翻然翱翔，不可复制。如何禁止孝直，使不得少行其意邪！”

诸葛亮佐备治蜀，颇尚严峻，人多怨叹者。法正谓亮曰：“昔高祖入关，约法三章，秦民知德。今君假借威力，跨据一州，初有其国，未垂惠抚；且客主之义，宜相降下，愿缓刑弛禁以慰其望。”亮曰：“君知其一，未知其二。秦以无道，政苛民怨，匹夫大呼，天下土崩；高祖因之，可以弘济。刘璋暗弱，自焉已来，有累世之恩，文法羁縻（mí），互相承奉，德政不举，威刑不肃。蜀土人士，专权自恣，君臣之道，渐以陵替。宠之以位，位极则贱；顺之以恩，恩竭则慢。所以致敝，实由于此。吾今威之以法，法行则知恩；限之以爵，爵加则知荣。荣恩并济，上下有节，为治之要，于斯而著矣。”

刘备以零陵蒋琬为广都长。备尝因游观，奄至广都，见琬众事不治，时又沉醉。备大怒，将加罪戮。诸葛亮请曰：“蒋琬社稷之器，非百里之才也。其为政以安民为本，不以修饰为先，愿主公重加察之。”备雅敬亮，乃不加罪，仓卒但免官而已。

解读

刘备之所以能在那个乱世中入蜀建国，有所成就，就在于两点：一是自身的品性，二是爱才如命。

刘备临终前，留给后主刘禅一封遗书来训诫他，其中有“惟贤惟德，能服于人”两句话。“贤”是指聪明，“德”是指仁德，德可谓人之所以为人的魅力所在。如果在位者缺少贤德，便无法推动臣下。刘备又说："你的父亲是一个缺乏贤德的人，你千万不要像我一样。"刘备自谦没有德，实际上正好相反。刘备晚年终于建立了自己的势力范围，这种成就与其说是刘备凭借自己的才智所获取的，不如说是缘于部下们的奋斗更恰当。像诸葛亮、关羽、张飞、赵云等人为了刘备甚至可以赴汤蹈火而在所不辞，他们之所以这样忠心耿耿，完全是因为刘备所具有的德的手腕，即道德、仁义以及对他人的信赖感。

刘备像

刘备一直礼贤下士，爱才如命。赵云救刘禅时，正是刘备创业之初，用人之际，当此之时，他把赵云这样难得的将才看得比自己的家小还重，是可以理解的。所以，当他见到为救自己儿子险些丢了性命的赵云时，掷儿子于地，脱口而出，"为此孺子，几损我一员大将！"这样的言行是爱才之情的自然流露，能说是作秀吗？

刘备对部属是很重感情的。张飞因醉酒被吕布夜袭徐州，不但丢了城池，而且连刘备的家小也丢在城里。张飞自知罪不容赦，欲拔剑自刎，刘备动情地劝道，"兄弟如手足，……手足断，安可续？"对一个丢了城池、丢了自己家小的败军之将，刘备尚念手足之情；对一个在乱军之中舍身救出自己儿子的将军，掷子于地，以谢恩人，这与刘备的为人有什么矛盾吗？

正是基于上述两点，三国乱世中，刘备终于争得了自己的一席之地。

魏纪

世祖文皇帝上黄初元年——魏文帝登基

【原典】

春，正月，武王至洛阳；庚子，薨。王知人善察，难眩以伪。识拔奇才，不拘微贱，随能任使，皆获其用。与敌对陈，意思安闲，如不欲战然；及至决机乘胜，气势盈溢。勋劳宜赏，不吝千金；无功望施，分豪不与。用法峻急，有犯必戮，或对之流涕，然终无所赦。雅性节俭，不好华丽。故能芟（shān）刈群雄，几平海内。

是时太子在邺，军中骚动。群僚欲秘不发丧，谏议大夫贾逵以为事不可秘，乃发丧。或言宜诸城守，悉用谯、沛人。魏郡太守广陵徐宣厉声曰："今者远近一统，人怀效节，何必专任谯、沛以沮宿卫者之心！"乃止。青州兵擅击鼓相引去，众人以为宜禁止之，不从者讨之。贾逵曰："不可。"为作长檄，令所在给其禀食。鄢陵侯彰从长安来赴，问逵先王玺绶所在，逵正色曰："国有储副，先王玺绶非君侯所宜问也。"凶问至邺，太子号哭不已。中庶子司马孚谏曰："君王晏驾，天下恃殿下为命。当上为宗庙，下为万国，奈何效匹夫孝也！"太子良久乃止，曰："卿言是也。"时群臣初闻王薨，相聚哭，无复行列。孚厉声于朝曰："今君王违世，天下震动，当早拜嗣君，以镇万国，而但哭邪！"乃罢群臣，备禁卫，治丧事。孚，懿之弟也。群臣以为太子即位，当须诏命。尚书陈矫曰："王薨于外，天下惶惧。太子宜割哀即位，以系远近之望。且又爱子在侧，彼此生变，则社稷危也。"即具官备礼，一日皆办。明旦，以王后令，策太子即王位，大赦。汉帝寻遣御史大夫华歆奉策诏，授太子丞相印、绶，魏王玺、绶，领冀州牧。于是尊王后曰王太后。

解读

魏文帝曹丕，魏朝开国皇帝。字子桓，三国时期著名的文学家、诗人。建安文学代表者之一。曹丕少有逸才，广泛阅读古今经传、诸子百家之书。年仅八岁，即能为文。建安十六年（211 年），为五官中郎将、副丞相。建安二十二年（217 年），曹丕运用各种计谋，在司马懿、吴质等大臣的帮助下，在继承权的争夺中战胜了弟弟曹植，被立为王世子。

曹操逝世后，曹丕逼迫汉献帝禅位，代汉称帝，终结了汉朝四百多年的统治。改国号大魏，为魏朝的开国皇帝，也是三国时代中第一个称皇帝的君主。后刘备伐吴时，孙权假意向魏国称臣，曹丕大喜，封孙权为吴王、大将军，领荆州牧，没有同时联合蜀汉攻吴国。因为一旦攻打吴、蜀任意一国，那么，吴、蜀势必再次结盟，唇亡齿寒的道理谁都懂。可以说曹丕选择了最有利的方法。刘备被孙权打败，孙权随之与曹丕反目。曹丕大怒才起兵伐吴，结果被孙权的大将徐盛火攻击败。回洛阳后，曹丕大病不起，临终托付曹叡（ruì）于曹真、司马懿等人，终年四十岁。

曹丕的一些措施体现了他在政治上的才能，但在军事上的才华还远不能和其父曹操相比——率三十万大军南下伐吴没有取得太大的效果。但他在文学方面却有相当高的成就，是中国三国时代第一位杰出的伟大诗人，其《燕歌行》是中国现存最早的文人七言诗；他的五言和乐府诗清绮动人；所著《典论·论文》在中国文学批评史上占有重要地位，是我国文学批评史上第一篇专题论文，所论的“文”是广义上的文章，也包括文学作品在内，涉及文学批评中几个很重要的问题，虽不免有些粗略，但在文学批评史上开了风气之先河。

世祖文皇帝上黄初二年——刘备称帝

【原典】

蜀中传言汉帝已遇害，于是汉中王发丧制服，谥曰孝愍皇帝。群下竞言符瑞，劝汉中王称尊号。前部司马费诗上疏曰："殿下以曹操父子逼主篡位，故乃羁旅万里，纠合士众，将以讨贼。今大敌未克而先自立，恐人心疑惑。昔高祖与楚约，先破秦者王之。及屠咸阳，获子婴，犹怀推让。况今殿下未出门庭，便欲自立邪！愚臣诚不为殿下取也。"王不悦，左迁诗为部永昌从事。夏，四月，丙午，汉中王即皇帝位于武担之南，大赦，改元章武。以诸葛亮为丞相，许靖为司徒。

臣光曰：天生烝（zhēng）民，其势不能自治，必相与戴君以治之。苟能禁暴除害以保全其生，赏善罚恶使不至于乱，斯可谓之君矣。是以三代之前，海内诸侯，何啻万国，有民人、社稷者，通谓之君。合万国而君之，立法度，班号令，而天下莫敢违者，乃谓之王。王德既衰，强大之国能帅诸侯以尊天子者，则谓之霸。故自古天下无道，诸侯力争，或旷世无王者，固亦多矣。秦焚书坑儒，汉兴，学者始推五德生、胜，以秦为闰位，在木火之间，霸而不王，于是正闰之论兴矣。及汉室颠覆，三国鼎跱（zhì）。晋氏失驭，五胡云扰。宋、魏以降，南北分治，各有国史，互相排黜，南谓北为索虏，北谓南为岛夷。朱氏代唐，四方幅裂，朱邪入汴，比之穷、新，运历年纪，皆弃而不数，此皆私己之偏辞，非大公之通论也。臣愚诚不足以识前代之正闰，窃以为苟不能使九州合为一统，皆有天子之名，而无其实者也。虽华夷仁暴，大小强弱，或时不同，要皆与古之列国无异，岂得独尊奖一国谓之正统，而其馀皆为僭伪哉！若以自上相授受者为正邪，则陈氏何所授？拓跋氏何所受？若以居中夏者为正邪，则刘、石、慕容、苻、姚、赫连所得之土，皆五帝、三王之旧都也。若有以道德者为正邪，则蕞（zuì）尔之国，必有令主，三代之季，岂无僻王！是以正闰之论，自古及今，未有能通其义，确然使人不可移夺者也。臣今所述，止欲叙国家之兴衰，著生民之休戚，使观者自择其善恶得失，以为劝戒，非若《春秋》立褒贬之法，拨乱世反诸正也。正闰之际，非所敢知，但据其功业之实而言之。周、秦、汉、晋、隋、唐，皆尝混壹九州，传祚于后，子孙虽微弱播迁，犹承祖宗之业，有绍复之望，四方与之争衡者，皆其故臣也，故全用天子之制以临之。其馀地丑德齐，莫能相壹，名号不异，本非君臣者，皆以列国之制处之，彼此钧敌，无所抑扬，庶几不诬事实，近于至公。然天下离析之际，不可无岁、时、月、日以识事之先后。据汉传于魏而晋受之，晋传于宋以至于陈而隋取之，唐传于梁以至于周而大宋承之，故不得不取魏、宋、齐、梁、陈、后梁、后唐、后晋、后汉、后周年号，以纪诸国之事，非尊此而卑彼，有正闰之辨也。昭烈之汉，虽云中山靖王之后，而族属疏远，不能纪其世数名位，亦犹宋高祖称楚元王后，南唐烈祖称吴王恪后，是非难辨，故不敢以光武及晋元帝为比，使得绍汉氏之遗统也。

解读

关于刘备称帝这一段，司马光有一大段论述，重点澄清了《资治通鉴》中关于一些朝代名称的异议：

周、秦、汉、晋、隋、唐这些朝代，都曾统一过全国，将皇位传给自己的子孙，他们的后代虽然衰微，甚至颠沛流离，但还是接替祖宗的基业，有继承恢复的愿望，而与他们争夺天下的人，又都是他们以前的臣属，所以仍然以君臣的关系来看待。对其余土地、威德、名号没有什么区别，原本就非君臣关系的政权，都以对待列国的方法来处理，不厚此薄彼，既不抬高一些人，也不贬低一些人，这才不会歪曲事实，才接近公平。然而对于国家分崩离析的时代，不能没有年、月、日等时间概念以陈述事件发生的先后顺序。根据汉朝将帝位禅让曹魏，晋朝又从曹魏接受皇位；晋以后传于南朝宋，至于陈，又被隋取代；唐传后梁，至于后周，又被大宋承袭下来。所以不得不使用曹魏、南朝宋、齐、梁、陈、后梁、后唐、后晋、后汉、后周这样的朝代政权名称，以便记载各国的史实，并非尊崇谁、鄙视谁，也没有“正”和“闰”之别。蜀汉昭烈帝刘备对汉朝而言，虽然自称是西汉中山靖王的后代，然而族属关系太远了，已说不清有多少代，处于什么名分和地位，就同南朝宋高祖刘裕自称是西汉楚元王的后代，南唐烈祖李昪（biàn）自称是唐朝吴王李恪的后代一样，真假难辨，所以不敢把刘备与东汉光武帝刘秀继承西汉政权、东晋元帝司马睿继承西晋政权相比拟，让他承继汉朝的遗统。

由此可见，司马光的本意是，站在客观的立场阐述史实，并非刻意地贬低谁、抬高谁。作为一个史学家，这种敬业精神，无疑给后来者树立了一个标杆。

世祖文皇帝下黄初四年——白帝城托孤

【原典】

初，黄元为诸葛亮所不善，闻汉主疾病，惧有后患，故举郡反，烧临邛城。时亮东行省疾，成都单虚，元益无所惮。益州治中从事杨洪，启太子遣将军陈曶（hū）、郑绰讨元。众议以为元若不能围成都，当由越巂（xī）据南中。洪曰：“元素性凶暴，无他恩信，何能办此！不过乘水东下，冀主上平安，面缚归死；如其有异，奔吴求活耳。但敕曶、绰于南安峡口邀遮，即便得矣。”元军败，果顺江东下，曶、绰生获，斩之。

汉主病笃，命丞相亮辅太子，以尚书令李严为副。汉主谓亮曰：“君才十倍曹丕，必能安国，终定大事。若嗣子可辅，辅之；如其不才，君可自取。”亮涕泣曰：“臣敢不竭股肱之力，效忠贞之节，继之以死！”汉主又为诏敕太子曰：“人五十不称夭，吾年已六十有馀，何所复恨，但以卿兄弟为念耳。勉之，勉之！勿以恶小而为之，勿以善小而不为！惟贤惟德，可以服人。汝父德薄，不足效也。汝与丞相从事，事之如父。”夏，四月，癸巳，汉主殂于永安，谥曰昭烈。

丞相亮奉丧还成都，以李严为中都护，留镇永安。

五月，太子禅即位，时年十七。尊皇后曰皇太后，大赦，改元建兴。封丞相亮为武乡侯，领益州牧，政事无巨细，咸决于亮。亮乃约官职，修法制，发教与群下曰："夫参署者，集众思，广忠益也。若远小嫌，难相违覆，旷阙损矣。违覆而得中，犹弃敝蹻（qiáo）而获珠玉。然人心苦不能尽，惟徐元直处兹不惑。又，董幼宰参署七年，事有不至，至于十反，来相启告。苟能慕元直之十一，幼宰之勤渠，有忠于国，则亮可以少过矣。"又曰："昔初交州平，屡闻得失；后交元直，勤见启诲；前参事于幼宰，每言则尽；后从事于伟度，数有谏止。虽资性鄙暗，不能悉纳，然与此四子终始好合，亦足以明其不疑于直言也。"伟度者，亮主簿义阳胡济也。

亮尝自校簿书，主簿杨颙（yóng）直入，谏曰："为治有体，上下不可相侵。请为明公以作家譬之。今有人，使奴执耕稼，婢典炊爨（cuàn），鸡主司晨，犬主吠盗，牛负重载，马涉远路。私业无旷，所求皆足，雍容高枕，饮食而已。忽一旦尽欲以身亲其役，不复付任，劳其体力，为此碎务，形疲神困，终无一成。岂其智之不如奴婢鸡狗哉？失为家主之法也。是故古人称'坐而论道，谓之王公；作而行之，谓之士大夫。'故丙吉不问横道死人而忧牛喘，陈平不肯知钱谷之数，云'自有主者'，彼诚达于位分之体也。今明公为治，乃躬自校簿书，流汗终日，不亦劳乎！"亮谢之。及颙卒，亮垂泣三日。

解读

白帝托孤的背景是关羽所守的荆州被吴国攻占，关羽兵败被俘，不降，被杀。刘备闻后尽起全国大兵去讨伐吴国，为关羽报仇，当时诸葛亮为了防备魏军乘虚偷袭成都，所以没有随刘备出征而是留守成都。但是刘备被吴火烧连营，兵败退到白帝城，一病不起，诸葛亮前来探望时，便有了白帝城托孤这一幕。

刘备在白帝托孤之时，并非只找了一个诸葛亮，还有李严。刘备能把远在成都的诸葛亮召来托孤，说明他有足够的时间来考虑和处理这个问题，因此托孤于诸葛亮、李严二人，并非仅仅因为李严在身边，而是应该有其很成熟的考虑，甚至可以说是煞费苦心。

世祖文皇帝下黄初六年——诸葛亮七擒孟获平定南中

【原典】

汉诸葛亮至南中，所在战捷，亮由越巂（xī）入，斩雍闿（kǎi）及高定。使庲（lái）降督益州李恢由益州入，门下督巴西马忠由牂（zāng）柯入，击破诸县，复与亮合。孟获收闿馀众以拒亮。获素为夷、汉所服，亮募生致之，既得，使观于营陈之间，问曰：“此军何如？”获曰：“向者不知虚实，故败。今蒙赐观营陈，若只如此，即定易胜耳。”亮笑，纵使更战。七纵七禽而亮犹遣获，获止不去，曰：“公，天威也，南人不复反矣！”亮遂至滇池。

益州、永昌、牂柯、越巂四郡皆平，亮即其渠率而用之。或以谏亮，亮曰：“若留外人，则当留兵，兵留则无所食，一不易也；加夷新伤破，父兄死丧，留外人而无兵者，必成祸患，二不易也；又，夷累有废杀之罪，自嫌衅

重，若留外人，终不相信，三不易也。今吾欲使不留兵，不运粮，而纲纪粗定，夷、汉粗安故耳。”亮于是悉收其俊杰孟获等以为官属，出其金、银、丹、漆、耕牛、战马以给军国之用。自是终亮之世，夷不复反。

解读

南征之战，是诸葛亮治蜀的一个重要政绩。在平定南中的战役中，诸葛亮把军事行动与政治斗争等诸多因素结合起来，对孟获七擒七纵，以“攻心为上”的策略，不仅解除了尔后北进的后顾之忧，并获得了丰富的军需物资和兵源，为北伐曹魏创造了条件，也为后世兵家提供了借鉴。

烈祖明皇帝上之下太和二年——挥泪斩马谡

【原典】

初，越巂太守马谡才器过人，好论军计，诸葛亮深加器异。汉昭烈临终谓亮曰：“马谡言过其实，不可大用，君其察之！”亮犹谓不然，以谡为参军，每引见谈论，自昼达夜。及出军祁山，亮不用旧将魏延、吴懿等为先锋，而以谡督诸军在前，与张郃战于街亭。

谡违亮节度，举措烦扰，舍水上山，不下据城。张郃绝其汲道，击，大破之，士卒离散。亮进无所据，乃拔西县千馀家还汉中。收谡下狱，杀之。亮自临祭，为之流涕，抚其遗孤，恩若平生。蒋琬谓亮曰：“昔楚杀得臣，文公喜可知也。天下未定而戮智计之士，岂不惜乎！”亮流涕曰：“孙武所以能制胜于天下者，用法明也；是以扬干乱法，魏绛戮其仆。四海分裂，兵交方始，若复废法，何用讨贼邪！”

谡之未败也，裨将军巴西王平连规谏谡，谡不能用；及败，众尽星散，惟平所领千人鸣鼓自守，张郃疑其有伏兵，不往逼也，于是平徐徐收合诸营遗迸，率将士而还。亮既诛马谡及将军李盛，夺将军黄袭等兵，平特见崇显，加拜参军，统五部兼当营事，进位讨寇将军，封亭侯。亮上疏请自贬三等，汉主以亮为右将军，行丞相事。

是时赵云、邓芝兵亦败于箕谷，云敛众固守，故不大伤，云亦坐贬为镇军将军。亮问邓芝曰："街亭军退，兵将不复相录，箕谷军退，兵将初不相失，何故？"芝曰："赵云身自断后，军资什物，略无所弃，兵将无缘相失。"云有军资馀绢，亮使分赐将士，云曰："军事无利，何为有赐！其物请悉入赤岸库，须十月为冬赐。"亮大善之。

或劝亮更发兵者，亮曰："大军在祁山、箕谷，皆多于贼，而不破贼，乃为贼所破，此病不在兵少也，在一人耳。今欲减兵省将，明罚思过，校变通之道于将来；若不能然者，虽兵多何益！自今已后，诸有忠虑于国，但勤攻吾之阙，则事可定，贼可死，功可跷足而待矣。"于是考微劳，甄壮烈，引咎责躬，布所失于境内，厉兵讲武，以为后图，戎士简练，民忘其败矣。

亮之出祁山也，天水参军姜维诣亮降。亮美维胆智，辟为仓曹掾，使典军事。

解读

马谡在历史上的名声并不算太好，很多人都认为他是个无德无能的狂徒。其实我们细分析一下就不难发现事实并非如此，马谡的失败并不在其狂妄，而在其不听劝告。

在诸葛亮出祁山进取渭水之时，早已探得司马懿领兵二十万，任张郃为先锋来势汹汹。当诸葛亮言明街亭的重要性之后，马谡就挺身而出愿意接受这块烫手的山芋，足见其早已将生死置之度外了，这种精神还是值得我们学习的。

不过打仗光不怕死是不够的，还要听从主帅的调遣，听取别人的意见，才能够有针对性地部署兵力、打胜仗。马谡临阵经验本来就少，在正式对敌的时候，作战经验丰富、为人严谨的王平曾指出了他在布阵上的错误，然而马谡却不以为意，结果不但失了街亭，损失了兵力，还挫败了蜀军的士气，他被斩首也就在情理之中了。

烈祖明皇帝中之上青龙二年——诸葛亮星落五丈原

【原典】

司马懿与诸葛亮相守百馀日，亮数挑战，懿不出。亮乃遗懿巾帼妇人之服。懿怒，上表请战，帝使卫尉辛毗（pí）杖节为军师以制之。护军姜维谓亮曰："辛佐治杖节而到，贼不复出矣。"亮曰："彼本无战情，所以固请战者，以示武于其众耳。将在军，君命有所不受，苟能制吾，岂千里而请战邪！"

亮遣使者至懿军，懿问其寝食及事之烦简，不问戎事。使者对曰："诸葛公夙兴夜寐，罚二十已上，皆亲览焉；所啖食不至数升。"懿告人曰："诸葛孔明食少事烦，其能久乎！"

亮病笃，汉主使尚书仆射李福省侍，因谘（zī）以国家大计。福至，与亮语已，别去，数日复还。亮曰："孤知君还意，近日言语虽弥日，有所不尽，更来亦决耳。公所问者，公琰其宜也。"福谢："前实失不咨请，如公百年后谁可任大事者，故辄还耳。乞复请蒋琬之后，谁可任者？"亮曰："文伟可以继之。"又问其次，亮不答。

是月，亮卒于军中。长史杨仪整军而出。百姓奔告司马懿，懿追之。姜维令仪反旗鸣鼓，若将向懿者，懿敛军退，不敢逼。于是仪结陈而去，入谷然后发丧。百姓为之谚曰："死诸葛走生仲达。"懿闻之，笑曰："吾能料生，不能料死故也。"懿案行亮之营垒处所，叹曰："天下奇才也！"追至赤岸，不及而还。

初，汉前军师魏延，勇猛过人，善养士卒。每随亮出，辄欲请兵万人，与亮异道会于潼关，如韩信故事，亮制而不许。延常谓亮为怯，叹恨己才用之不尽。杨仪为人干敏，亮每出军，仪常规画分部，筹度粮谷，不稽思虑，斯须便了，军戎节度，取办于仪。延性矜高，当时皆避下之，唯仪不假借延，延以为至忿，有如水火。亮深惜二人之才，不忍有所偏废也。

费祎使吴，吴主醉，问祎曰："杨仪、魏延，牧竖小人也，虽尝有鸣吠之益于时务，然既已任之，势不得轻。若一朝无诸葛亮，必为祸乱矣。诸君愦愦，不知防虑于此，岂所谓贻厥孙谋乎！"祎对曰："仪、延之不协，起于私忿耳，而无黥、韩难御之心也。今方扫除强贼，混一函夏，功以才成，业由才广，若舍此不任，防其后患，是犹备有风波而逆废舟楫，非长计也。"

亮病困，与仪及司马费祎等作身殁之后退军节度，令延断后，姜维次之；若延或不从命，军便自发。亮卒，仪秘不发丧，令祎往揣延意指。延曰："丞相虽亡，吾自见在。府亲官属，便可将丧还葬，吾当自率诸军击贼；云何以一人死废天下之事邪！且魏延何人，当为杨仪之所部勒，作断后将乎！"自与祎共作行留部分，令祎手书与己连名，告下诸将。祎绐延曰："当为君还解杨长史。长史文吏，稀更军事，必不违命也。"祎出门，奔马而去。延寻悔之，已不及矣。

延遣人觇仪等，欲按亮成规，诸营相次引军还，延大怒，搀仪未发，率所领径先南归，所过烧绝阁道。延、仪各相表叛逆，一日之中，羽檄交至。汉主以问侍中董允、留府长史蒋琬，琬、允咸保仪而疑延。仪等令槎山通道，昼夜兼行，亦继延后。延先至，据南谷口，遣兵逆击仪等，仪等令将军何平于前御延。平叱先登曰："公亡，身尚未寒，汝辈何敢乃尔！"延士众知曲在延，莫为用命，皆散。延独与其子数人逃亡，奔汉中，仪遣将马岱追斩之，遂夷延三族。蒋琬率宿卫诸营北行赴难，行数十里，延死问至，乃还。始，延欲杀仪等，冀时论以己代诸葛辅政，故不降魏而南还击仪，实无反意也。

诸军还成都，大赦，谥诸葛亮曰忠武侯。初，亮表于汉主曰："成都有桑八百株，薄田十五顷，子弟衣食自馀饶，臣不别治生以长尺寸。若臣死之日，不使内有馀帛，外有赢财，以负陛下。"卒如其所言。

丞相长史张裔常称亮曰："公赏不遗远，罚不阿近，爵不可以无功取，刑不可以贵势免，此贤愚之所以佥忘其身者也！"

陈寿评曰：诸葛亮之为相国也，抚百姓，示仪轨，约官职，从权制，开诚心，布公道；尽忠益时者，虽雠必赏，犯治怠慢者，虽亲必罚，服罪输情者，虽重必释，游辞巧饰者，虽轻必戮；善无微而不赏，恶无纤而不贬；庶事精练，物理其本，循名责实，虚伪不齿。终于邦域之内，咸畏而爱之，刑政虽峻而无怨者，以其用心平而劝戒明也。可谓识治之良才，管、萧之亚匹矣！

初，长水校尉廖立，自谓才名宜为诸葛亮之副，常以职位游散，怏怏怨谤无已，亮废立为民，徙之汶山。及亮卒，立垂泣曰："吾终为左衽矣！"李平闻之，亦发病死。平常冀亮复收己，得自补复，策后人不能故也。

习凿齿论曰：昔管仲夺伯氏骈邑三百，没齿而无怨言，圣人以为难。诸葛亮之使廖立垂泣，李严致死，岂徒无怨言而已哉！夫水至平而邪者取法，鉴至明而丑者忘怒；水鉴之所以能穷物而无怨者，以其无私也。水鉴无私，犹以免谤，况大人君子怀乐生之心，流矜恕之德，法行于不可不用，刑加乎自犯之罪，爵之而非私，诛之而不怒，天下有不服者乎！

蜀人所在求为诸葛亮立庙，汉主不听。百姓遂因时节私祭之于道陌上，步兵校尉习隆等上言："请近其墓，立一庙于沔阳，断其私祀。"汉主从之。

解读

诸葛亮是三国时杰出的政治家、军事家，被誉为"千古良相"的典范。为完成统一中原、兴复汉室的大业，他先后五次进攻魏国，在治国、治军等方面发挥了非凡的才能，是以民用其力，百姓不怨；又推演兵法，作"八阵图"，造损益连弩、木牛流马，与名将司马懿、张郃等交锋，屡操胜算。最后一次北伐时，采取分兵屯田之策，与司马懿大军相持百余日，但不幸积劳成疾逝世，享年五十四岁，谥曰忠武侯。

唐朝著名诗人杜甫曾对诸葛亮的事迹甚为欣赏，曾作过数首关于诸葛亮的诗，《蜀相》中"三顾频烦天下计，两朝开济老臣心。出师未捷身先死，长使英雄泪满襟"，已成为日后总结评价诸葛亮一生的名句。

在上文中，《三国志》的作者陈寿对诸葛亮的评价更高：诸葛亮当丞相，安抚百姓，显示法度准则，限制官员的职权，遵照法令制度，开诚布公，坦白无私。对尽忠而有益于国家的人，即使是仇人也必加奖赏，对违法而怠慢的人，即使是亲近者也必定处罚；对真心诚意认罪悔改的人，即使罪行较重也必定释放，对问题花言巧语进行掩饰的人，即使罪行较轻也必定诛杀；再小的善行也予以赞扬，再小的恶行也予以贬责。精熟各种事物，能从根本上治理，要求名义与实际相符，极端厌恶虚伪。最终，蜀国上下都对他怀有敬畏爱戴之情，刑罚虽然严苛，但没有怨恨，这是因为他用心公正，而且劝诫分明。可以说，他是懂得治国之道的卓越人才，与管仲和萧何并列。

“千古良相”诸葛亮以其独特的人格魅力，必将被后人铭记。

烈祖明皇帝中之下景初元年
——魏明帝时期关于用人的争论

【原典】

帝深疾浮华之士，诏吏部尚书卢毓曰：“选举莫取有名，名如画地作饼，不可啖也。”毓对曰：“名不足以致异人而可以得常士；常士畏教慕善，然后有名，非所当疾也。愚臣既不足以识异人，又主者正以循名案常为职，但当有以验其后耳。古者敷奏以言，明试以功；今考绩之法废，而以毁誉相进退，故真伪浑杂，虚实相蒙。”帝纳其言。诏散骑常侍刘邵作考课法。卲作《都官考课法》七十二条，又作《说略》一篇，诏下百官议。

司隶校尉崔林曰：“按《周官》考课，其文备矣。自康王以下，遂以陵夷，此即考课之法存乎其人也。及汉之季，其失岂在乎佐吏之职不密哉！方今军旅或猥或卒，增减无常，固难一矣。且万目不张，举其纲，众毛不整，振其领，皋陶仕虞，伊尹臣殷，不仁者远。若大臣能任其职，式是百辟，则孰敢不肃，乌在考课哉！”

黄门侍郎杜恕曰：“明试以功，三考黜陟（zhì），诚帝王之盛制也。然历六代而考绩之法不著，关七圣而课试之文不垂，臣诚以为其法可粗依，其详难备举故也。语曰‘世有乱人而无乱法’，若使法可专任，则唐、虞可不须稷、契之佐，殷、周无贵伊、吕之辅矣。今奏考功者，陈周、汉之云为，缀京房之本旨，可谓明考课之要矣。于以崇揖让之风，兴济济之治，臣以为未尽善也。其欲使州郡考士，必由四科，皆有事效，然后察举，试辟公府，为新民长吏，转以功次补郡守者，或就增秩赐爵，此最考课之急务也。臣以为便当显其身，用其言，使具为课州郡之法，法具施行，立必信之赏，施必行之罚。至于公卿及内职大臣，亦当俱以其职考课之。古之三公，坐而论道；内职大臣，纳言补阙，无善不纪，无过不举。且天下至大，万机至众，诚非一明所能遍照；故君为元首，臣作股肱，明其一体相须而成也。是以古人称廊庙之材，非一木之枝，帝王之业，非一士之略。由是言之，焉有大臣守职办课，可以致雍熙者哉！诚使容身保位，无放退之辜，而尽节在公，抱见疑之势，公义不修而私议成欲，虽仲尼为课，犹不能尽一才，又况于世俗之人乎！”

司空掾北地傅嘏（gǔ）曰：“夫建官均职，清理民物，所以立本也。循名考实，纠励成规，所以治末也。本纲未举而造制末程，国略不崇而考课是先，惧不足以料贤愚之分，精幽明之理也。”议久之不决，事竟不行。

解读

治理国家的关键，没有比用人更重要的了；然而识别人才的办法，连圣贤也备感困难。所以只好求助于舆论的毁谤或赞誉，于是个人爱憎争相掺杂进来，使善良和邪恶混淆；用档案进行考核，于是巧诈横生，真假不明。总之，识别人才的根本在于主上的至公至明而已。居上位的人至公至明，那么属下有能或无能就会清清楚楚地有所反映，无所遁形。如果不公不明，那么考绩之法，恰好能够成为徇私、欺骗的凭借。

为什么这样说呢？所谓至公至明，是要出自内心。所谓档案，反映的是外在表现。自己的内心都不能理正，而要去考察别人的表现，不也很难吗？居上位的人，如果真能做到不以亲疏贵贱改变心思，不因喜怒好恶改变意志，那么，想要了解谁是擅长经学的人，只要看他博学强记，讲解精辟通达，那他就是饱学之士了；想要了解谁是执法人才，只要看他断案穷尽真相，不使人含冤受屈，那他就是善于执法了；想要了解治军的将领，只要看他战必胜、攻必取，能使敌人畏服，那他就是善于治军了。至于文武百官，莫不如此。虽然要听取别人的意见，但决断在于自己；虽然考核要看实际表现，但审察却在自己内心。探讨实情而斟酌是否适宜，最为精密最为细微，不可以口述，也不可以笔录，如何预先定出法规而全部委派有关部门办理呢？

有的人因是皇亲显贵，虽然无能但仍被任官授职；有的人因为关系疏远出身卑贱，虽然有德有才但仍被排斥。当权者所喜欢的人即使失职也不被罢免，所恼怒厌恶的人即使有功也不被录用。向人咨询，毁誉各半而不能决断；考核事迹，文书内容空洞而不能觉察。即使制定了再好的考核办法，增加考核条目，完备档案文簿，又怎能得到真实情况呢？

有人说：考绩之法，是唐尧、虞舜所制定，京房、刘邵不过是加以陈述及修订罢了，怎么可以废除呢？回答是：唐尧、虞舜的官吏，任职时间长，所担职责专，设立法规宽，完成期限远。所以鲧治水，历经九年尚未完成，然后才治他的罪；大禹治水，等到九州全部安定，四方土地都可以居住，然后才嘉奖他的功劳；不像京房、刘邵的办法，考核官吏琐琐碎碎的功绩，检查他们一朝一夕的成效。事情本来就有名同而本质不同的一面，不可不明察。考绩之法并不是只在唐尧、虞舜时才可能实行，而在汉、魏不可行，是由于京房、刘邵没有弄清根本问题而只追求细枝末节的缘故。

高贵乡公下甘露三年——司马昭以仁德夺取寿春

【原典】

司马昭初围寿春，王基、石苞等皆欲急攻之，昭以为："寿春城固而众多，攻之必力屈；若有外寇，表里受敌，此危道也。今三叛相聚于孤城之中，天其或者使同就戮，吾当以全策縻（mí）之。但坚守三面，若吴贼陆道而来，军粮必少；吾以游兵轻骑绝其转输，可不战而破也。吴贼破，钦等必成禽矣！"乃命诸军按甲以守之，卒不烦攻而破。议者又以为"淮南仍为叛逆，吴兵室家在江南，不可纵，宜悉坑之。"昭曰："古之用兵，全国为上，戮其元恶而已。吴兵就得亡还，适可以示中国之大度耳。"一无所杀，分布三河近郡以安处之。拜唐咨安远将军，其馀裨将，咸假位号，众皆悦服，其淮南将士吏民为诞所胁略者，皆赦之。听文鸯兄弟收敛父丧。给其车牛，致葬旧墓。

昭遗王基书曰："初议者云云，求移者甚众，时未临履，亦谓宜然。将军深算利害，独秉固志，上违诏命，下拒众议，终至制敌禽贼，虽古人所述，不是过也。"昭欲遣诸军轻兵深入，招迎唐咨等子弟，因衅有灭吴之势。王基谏曰："昔诸葛恪乘东关之胜，竭江表之兵以围新城，城既不拔，而众死者太半。姜维因洮西之利，轻兵深入，粮饷不继，军覆上邽。夫大捷之后，上下轻敌，轻敌则虑难不深。今贼新败于外，又内患未弭，是其修备设虑之时也。且兵出逾年，人有归志，今俘馘（guó）十万，罪人斯得，自历代征伐，未有全兵独克如今之盛者也。武皇帝克袁绍于官渡，自以所获已多，不复追奔，惧挫威也。"昭乃止，以基为征东将军、都督扬州诸军事，进封东武侯。

解 读

从一定程度上说，司马昭的这次战役，可说是仁德之战了。

在这次战役中，司马昭擒获三个叛逆，俘虏众多吴国兵士，全部占据了淮浦地区，歼敌十万，功业可以说是宏伟了。但还没等坐安稳，司马昭就大奖王基的功劳；然后在吴人中实施种种恩惠措施，笼络异国之人的感情；恩宠文鸯，安葬文钦，不记往日的怨恨；不责怪诸葛诞手下的兵将，使扬州的人们心怀惭愧。功高盖世而人们乐于看到他的成功，业绩广大而敌人也怀念他的恩德。武功的光芒既已流布天下，文德的计划又非常广博，如果把这种道义推而广之，天下还有谁能够抵挡呢？

邵陵厉公中正始九年——司马懿装病骗曹爽

【原典】

大将军爽，骄奢无度，饮食衣服，拟于乘舆；尚方珍玩，充牣（rèn）其家；又私取先帝才人以为伎乐。作窟室，绮疏四周，数与其党何晏等纵酒其中。弟羲深以为忧，数涕泣谏止之，爽不听。爽兄弟数俱出游，司农沛国桓范谓曰："总万机，典禁兵，不宜并出。若有闭城门，谁复内人者？"爽曰："谁敢尔邪！"

初，清河、平原争界，八年不能决。冀州刺史孙礼请天府所藏烈祖封平原时图以决之。爽信清河之诉，云图不可用，礼上疏自辨，辞颇刚切。爽大怒，劾礼怨望，结刑五岁。久之，复为并州刺史，往见太傅懿，有忿色而无言。懿曰："卿得并州少邪？恚理分界失分乎？"礼曰："何明公言之乖也！礼虽不德，岂以官位往事为意邪！本谓明公齐踪伊、吕，匡辅魏室，上报明帝之托，下建万世之勋。今社稷将危，天下凶凶，此礼之所以不悦也！"因涕泣横流。懿曰："且止，忍不可忍！"

冬，河南尹李胜出为荆州刺史，过辞太傅懿。懿令两婢侍。持衣，衣落；指口言渴，婢进粥，懿不持杯而饮，粥皆流出沾胸。胜曰："众情谓明公旧风发动，何意尊体乃尔！"懿使声气才属，说："年老枕疾，死在旦夕。君当屈并州，并州近胡，好为之备！恐不复相见，以子师、昭兄弟为托。”胜曰：“当还忝本州，非并州。”懿乃错乱其辞曰：“君方到并州？”胜复曰：“当忝荆州。”懿曰：“年老意荒，不解君言。今还为本州，盛德壮烈，好建功勋！”胜退，告爽曰：“司马公尸居馀气，形神已离，不足虑矣。”他日，又向爽等垂泣曰：“太傅病不可复济，令人怆然！”故爽等不复设备。

解读

司马懿可谓老奸巨猾，是个很好的演员。由于这出“装病”戏演得到位，彻底把曹爽麻痹了，从而放松了对司马懿的警惕。司马懿表面上装病，实际上却周密布置，准备消灭曹爽势力。

之后不久，司马懿抓住机会，以谋反的罪名，杀曹爽及其党羽何晏、丁谧、邓扬、毕轨、李胜、桓范等，并灭三族。从此曹魏的军政大权完全落入司马懿的手中，为司马氏取代曹魏奠定了基础。

元皇帝上景元元年——司马昭之心

【原典】

帝见威权日去，不胜其忿。五月，己丑，召侍中王沈、尚书王经、散骑常侍王业，谓曰：“司马昭之心，路人所知也。吾不能坐受废辱，今日当与卿自出讨之。”王经曰：“昔鲁昭公不忍季氏，败走失国，为天下笑。今权在其门，为日久矣。朝廷四方皆为之致死，不顾逆顺之理，非一日也。且宿卫空阙，兵甲寡弱，陛下何所资用；而一旦如此，无乃欲除疾而更深之邪！祸殆不测，宜见重详。”帝乃出怀中黄素诏投地曰：“行之决矣！正使死何惧，况不必死邪！”于是入白太后。沈、业奔走告昭，呼经欲与俱，经不从。帝遂拔剑升辇，率殿中宿卫苍头官僮鼓噪而出。昭弟屯骑校尉伷遇帝于东止车门，左右呵之，伷众奔走。中护军贾充自外入，逆与帝战于南阙下，帝自用剑。

众欲退，骑督成倅弟太子舍人济问充曰："事急矣，当云何？"充曰："司马公畜养汝等，正为今日。今日之事，无所问也！"济即抽戈前刺帝，殒于车下。昭闻之，大惊，自投于地。太傅孚奔往，枕帝股而哭，甚哀，曰："杀陛下者，臣之罪也！"

昭入殿中，召群臣会议。尚书左仆射陈泰不至，昭使其舅尚书荀顗（yǐ）召之，泰曰："世之论者以泰方于舅，今舅不如泰也。"子弟内外咸共逼之，乃入，见昭，悲恸。昭亦对之泣曰："玄伯，卿何以处我？"泰曰："独有斩贾充，少可以谢天下耳。"昭久之曰："卿更思其次。"泰曰："泰言惟有进于此，不知其次。"昭乃不复更言。顗，彧之子也。

太后下令，罪状高贵乡公，废为庶人，葬以民礼。收王经及其家属付廷尉。经谢其母，母颜色不变，笑而应曰："人谁不死，正恐不得其所，以此并命，何恨之有！"及就诛，故吏向雄哭，哀动一市。王沈以功封安平侯。庚寅，太傅孚等上言，请以王礼葬高贵乡公，太后许之。

使中护军司马炎迎燕王宇之子常道乡公璜于鄴（yè），以为明帝嗣。炎，昭之子也。

解读

"司马昭之心，路人皆知"，现如今已经成了一个贬义词，常用来说明阴谋家的野心非常明显，已为人所共知。正是这个词，把司马昭一生的形象给毁了。其实司马昭的一生还是可圈可点的，比如前文攻克寿春时那一场仁义之战，其品德、才能都尽显其中。还有，司马昭执行的政策当时并没有造成民族内战，是民族团结的政策。大量少数民族自觉自愿地改汉族姓氏，《晋

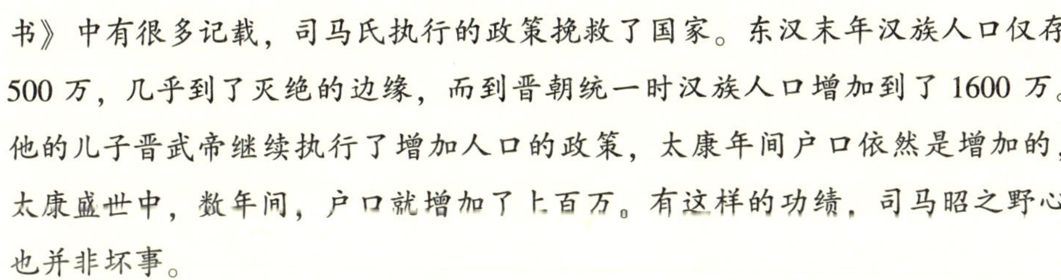
书》中有很多记载，司马氏执行的政策挽救了国家。东汉末年汉族人口仅存500万，几乎到了灭绝的边缘，而到晋朝统一时汉族人口增加到了1600万。他的儿子晋武帝继续执行了增加人口的政策，太康年间户口依然是增加的，太康盛世中，数年间，户口就增加了上百万。有这样的功绩，司马昭之野心也并非坏事。

元皇帝下景元四年——邓艾出奇兵灭蜀

【原典】

邓艾进至阴平，简选精锐，欲与诸葛绪自江油趣成都。绪以本受节度邀姜维，西行非本诏，遂引军向白水，与钟会合。会欲专军势，密白绪畏懦不进，槛车征还，军悉属会。

姜维列营守险，会攻之，不能克；粮道险远，军食乏，欲引还。邓艾上言："贼已摧折，宜遂乘之。若从阴平由邪径经汉德阳亭趣涪，出剑阁西百里，去成都三百馀里，奇兵冲其腹心，出其不意，剑阁之守必还赴涪，则会方轨而进，剑阁之军不还，则应涪之兵寡矣。"遂自阴平行无人之地七百馀里，凿山通道，造作桥阁。山高谷深，至为艰险，又粮运将匮，濒于危殆。艾以毡（zhān）自裹，推转而下。将士皆攀木缘崖，鱼贯而进。先登至江油，蜀守将马邈降。诸葛瞻督诸军拒艾，至涪，停住不进。尚书郎黄崇，权之子也，屡劝瞻宜速行据险，无令敌得入平地，瞻犹豫未纳；崇再三言之，至于流涕，瞻不能从。艾遂长驱而前，击破瞻前锋，瞻退往绵竹。艾以书诱瞻曰："若降者，必表为琅邪王。"瞻怒，斩艾使，列阵以待艾。艾遣子惠唐亭侯忠等出其右，司马师纂（zuǎn）等出其左。忠、纂战不利，并引还，曰："贼未可击！"艾怒曰："存亡之分，在此一举，何不可之有！"叱忠、纂等，将斩之。忠、纂驰还更战，大破，斩瞻及黄崇。瞻子尚叹曰："父子荷国重恩，不早斩黄皓，使败国殄民，用生何为！"策马冒阵而死。

汉人不意魏兵卒至，不为城守调度；闻艾已入平土，百姓扰扰，皆迸山野，不可禁制。汉主使群臣会议，或以为蜀之与吴，本为与国，宜可奔吴；或以为南中七郡，阻险斗绝，易以自守，宜可奔南。光禄大夫谯周以为："自古以来，无寄他国为天子者，今若入吴国，亦当臣服。且治政不殊，则大能吞小，此数之自然也。由此言之，则魏能并吴，吴不能并魏明矣。等为称臣，为小孰与为大！再辱之耻何与一辱！且若欲奔南，则当早为之计，然后可果。今大敌已近，祸败将及，群小之心，无一可保，恐发足之日，其变不测，何至南之有乎！"或曰："今艾已不远，恐不受降，如之何？"周曰："方今东吴未宾，事势不得不受，受之不得不礼。若陛下降魏，魏不裂土以封陛下者，周请身诣京都，以古义争之。"众人皆从周议。汉主犹欲入南，狐疑未决。周上疏曰："南方远夷之地，平常无所供为，犹数反叛，自丞相亮以兵威逼之，穷乃率从。今若至南，外当拒敌，内供服御，费用张广，他无所取，耗损诸夷，其叛必矣！"汉主乃遣侍中张绍等奉玺绶以降于艾。北地王谌怒曰："若理穷力屈，祸败将及，便当父子君臣背城一战，同死社稷，以见先帝可也，奈何降乎！"汉主不听。是日，谌哭于昭烈之庙，先杀妻子，而后自杀。

张绍等见邓艾于雒，艾大喜，报书褒纳。汉主遣太仆蒋显别敕姜维使降钟会，又遣尚书郎李虎送士民簿于艾，户二十八万，口九十四万，甲士十万二千，吏四万人。艾至成都城北，汉主率太子诸王及群臣六十馀人，面缚舆榇诣军门。艾持节解缚焚榇，延请相见；检御将士，无得虏略，绥纳降附，使复旧业；辄依邓禹故事，承制拜汉主禅行骠骑将军，太子奉车、诸王驸马都尉，汉群司各随高下拜为王官，或领艾官属；以师纂领益州刺史，陇西太守牵弘等领蜀中诸郡。艾闻黄皓奸险，收闭，将杀之，皓赂艾左右，卒以得免。

姜维等闻诸葛瞻败，未知汉主所向，乃引军东入于巴。钟会进军至涪，遣胡烈等追维。维至郪，得汉主敕命，乃令兵悉放仗，送节传于胡烈，自从东道与廖化、张翼、董厥等同诣会降。将士咸怒，拔刀斫石。于是诸郡县围守皆被汉主敕罢兵降。钟会厚待姜维等，皆权还其印绶节盖。

吴人闻蜀已亡，乃罢丁奉等兵。吴中书丞吴郡华覈（hé）诣宫门上表曰："伏闻成都不守，臣主播越，社稷倾覆，失委附之土，弃贡献之国，臣以草

芥，窃怀不宁。陛下圣仁，恩泽远抚，卒闻如此，必垂哀悼。臣不胜忡怅之情，谨拜表以闻！"

魏之伐蜀也，吴人或谓襄阳张悌曰："司马氏得政以来，大难屡作，百姓未服，今又劳力远征，败于不暇，何以能克！"悌曰："不然。曹操虽功盖中夏，民畏其威而不怀其德也。丕、睿承之，刑繁役重，东西驱驰，无有宁岁。司马懿父子累有大功，除其烦苛而布其平惠，为之谋主而救其疾苦，民心归之亦已久矣。故淮南三叛，而腹心不扰；曹髦（máo）之死，四方不动。任贤使能，各尽其心，其本根固矣，奸计立矣。今蜀阉宦专朝，国无政令，而玩戎黩武，民劳卒敝，竞于外利，不修守备。彼强弱不同，智算亦胜，因危而伐，殆无不克。噫！彼之得志，我之忧也。"吴人笑其言，至是乃服。

解读

邓艾是三国后期魏国的一位著名将领，他率领魏军曾经多次阻挡了蜀国大将姜维的北伐进攻。

邓艾看到蜀军主力守在剑阁，就带了精兵偷偷绕到剑阁西面的一条羊肠小道向南进军。这一带本来人迹罕至。邓艾带领这支精兵，逢山开路，遇河架桥，走了七百里路，也没有被蜀军发现。最后，他们来到一条绝路上，山高谷深，没法前进。此时，邓艾的兵士随身带的粮草就快用完了，将士们都慌了神。邓艾当机立断，用毡毯裹着身子，从悬崖峭壁上滚了下去。将士们见邓艾带头，也跟着滚了下去。有的攀着树木，一个接一个慢慢地爬下了山，终于越过了这条绝路，一直赶到江油。驻守江油的蜀军没想到邓艾会带兵从背后杀出来，还没应战，就已经乱了阵脚，结果兵败如山倒。之后，邓艾乘胜攻击，一路势如破竹，在很短的时间内就攻克了成都，终于彻底灭了蜀国。

邓艾之所以能够成功，完全缘于他能够出奇制胜，将人们都认为的不可能转化为可能。这不仅需要智慧，更需要魄力。邓艾不愧为一代名将，魏之伐蜀，邓艾居功至伟。

元皇帝下咸熙元年——刘禅乐不思蜀

【原典】

刘禅举家东迁洛阳，时扰攘仓猝，禅之大臣无从行者，惟秘书令郤正及殿中督汝南张通舍妻子单身随禅，禅赖正相导宜适，举动无阙，乃慨然叹息，恨知正之晚。

初，汉建宁太守霍弋都督南中，闻魏兵至，欲赴成都，刘禅以备敌既定，不听。成都不守，弋素服大临三日。诸将咸劝弋宜速降，弋曰："今道路隔塞，未详主之安危，去就大故，不可苟也。若魏以礼遇主上，则保境而降不晚也。若万一危辱，吾将以死拒之，何论迟速邪！"得禅东迁之问，始率六郡将守上表曰："臣闻人生在三，事之如一，惟难所在，则致其命。今臣国败主附，守死无所，是以委质，不敢有贰。"晋王善之，拜南中都尉，委以本任。

丁亥，封刘禅为安乐公，子孙及群臣封侯者五十馀人。晋王与禅宴，为之作故蜀技，旁人皆为之感怆，而禅喜笑自若。王谓贾充曰："人之无情，乃至于此！虽使诸葛亮在，不能辅之久全，况姜维邪！"他日，王问禅曰："颇思蜀否？"禅曰："此间乐，不思蜀也。"郤正闻之，谓禅曰："若王后问，宜泣而答曰：'先人坟墓，远在岷、蜀，乃心西悲，无日不思。'因闭其目。"会王复问，祥对如前，王曰："何乃似郤正语邪！"禅惊视曰："诚如尊命。"左右皆笑。

解读

三国时蜀国的后主刘禅，由于昏庸无能，最终导致国家败亡，被曹魏吞灭。刘禅的昏庸无能可谓登峰造极，也正是这一点让他在众多古代昏庸君主中"脱颖而出"，十分有名。从"乐不思蜀"中，就可见此人昏庸之一斑。

晋　纪

世祖武皇帝上之上泰始元年——司马炎称帝

【原典】

十二月，壬戌，魏帝禅位于晋；甲子，出舍于金墉城。太傅司马孚拜辞，执帝手，流涕歔欷（xū xī）不自胜，曰："臣死之日，固大魏之纯臣也。"丙寅，王即皇帝位，大赦，改元。丁卯，奉魏帝为陈留王，即宫于邺；优崇之礼，皆仿魏初故事。魏氏诸王皆降为侯。追尊宣王为宣皇帝，景王为景皇帝，文王为文皇帝。尊王太后曰皇太后。封皇叔祖父孚为安平王，叔父干为平原王、亮为扶风王、伷为东莞王、骏为汝阴王、肜为梁王、伦为琅邪王，弟攸为齐王、鉴为乐安王、机为燕王，又封群从司徒望等十七人皆为王。以石苞为大司马，郑冲为太傅，王祥为太保，何曾为太尉，贾充为车骑将军，王沈为骠骑将军。其馀文武增位进爵有差。乙亥，以安平王孚为太宰，都督中外诸军事。未几，又以车骑将军陈骞为大将军，与司徒义阳王望、司空荀顗，凡八公，同时并置。帝惩魏氏孤立之敝，故大封宗室，授以职任，又招诸王皆得自选国中长吏；卫将军齐王攸独不敢，皆令上请。

诏除魏宗室禁锢，罢部曲将及长吏纳质任。

帝承魏氏刻薄奢侈之后，矫以仁俭，太常丞许奇，允之子也，帝将有事于太庙，朝议以奇父受诛，不宜接近左右，请出为外官；帝乃追述允之夙望，称奇之才，擢为祠部郎。有司言御牛青丝纼（zhèn）断，诏以青麻代之。

初置谏官，以散骑常侍傅玄、皇甫陶为之。玄，干之子也。玄以魏末士风颓敝，上疏曰："臣闻先王之御天下，教化隆于上，清议行于下。近者魏武好法术而天下贵刑名，魏文慕通达而天下贱守节，其后纲维不摄，放诞盈朝，遂使天下无复清议。陛下龙兴受禅，弘尧、舜之化，惟未举清远有礼之臣以敦风节，未退虚鄙之士以惩不恪，臣是以犹敢有言。"上嘉纳其言，使玄草诏进之，然亦不能革也。

解读

司马炎是司马昭长子，曾出任中抚军，并于公元265年5月被司马昭封为晋王太子。同年8月，司马昭因中风猝死，享年55岁。司马炎继承司马昭的相国、晋王之位。12月，司马炎逼迫魏元帝曹奂禅让，即位为帝，国号晋。晋武帝大肆分封宗室为王并使其掌握兵权，以补曹魏由于过度压抑宗室，导致皇帝孤立最后被权臣所篡的前车之鉴；同时于公元268年颁布泰始律令，并于公元279年命贾充、杨济、杜预、王濬等伐吴，公元280年3月，孙皓投降，孙吴灭亡，自黄巾之乱以来的分裂局势暂时获得统一。

晋武帝本人是继承司马懿、司马师、司马昭三代的基业而称帝的，但本身并非英明之君，罢废州郡武装、大肆分封宗室、允许诸王自选长吏和按等置军与无法处理少数民族内迁问题，埋下日后八王之乱与永嘉之乱的祸患。

世祖武皇帝上之上泰始八年——吴国陆抗克西陵

【原典】

吴陆抗闻步阐叛，亟遣将军左弈、吾彦等讨之。帝遣荆州刺史杨肇迎阐于西陵，车骑将军羊祜帅步军出江陵，巴东监军徐胤帅水军击建平，以救阐。陆抗敕西陵诸军筑严围，自赤谿（xī）至于故市，内以围阐，外以御晋兵，昼夜催切，如敌已至，众甚苦之。诸将谏曰："今宜及三军之锐，急攻阐，比晋救至，必可拔也，何事于围，以敝士民之力！"抗曰："此城处势既固，粮谷又足，且凡备御之具，皆抗所宿规，今反攻之，不可猝拔。北兵至而无备，表里受难，何以御之！"诸将皆欲攻阐，抗欲服众心，听令一攻，果无利。围备始合，而羊祜兵五万至江陵。诸将咸以抗不宜上，抗曰："江陵城固兵足，无可忧者。假令敌得江陵，必不能守，所损者小。若晋据西陵，则南山群夷皆当扰动，其患不可量也！”乃自帅众赴西陵。

初，抗以江陵之北，道路平易，敕江陵督张咸作大堰遏水，渐渍平土以绝寇叛。羊祜欲因所遏水以船运粮，扬声将破堰以通步军。抗闻之，使咸亟破之。诸将皆惑，屡谏，不听。祜至当阳，闻堰败，乃改船以车运粮，大费功力。

十一月，杨肇（zhào）至西陵。陆抗令公安督孙遵循南岸御羊祜，水军督留虑拒徐胤，抗自将大军凭围对肇。将军朱乔营都督俞赞亡诣肇。抗曰：“赞军中旧吏，知吾虚实。吾常虑夷兵素不简练，若敌攻围，必先此处。”即夜易夷兵，皆以精兵守之。明日，肇果攻故夷兵处。抗命击之，矢石雨下，肇众伤、死者相属。十二月，肇计屈，夜遁。抗欲追之，而虑步阐畜力伺间，兵不足分，于是但鸣鼓戒众，若将追者。肇众凶惧，悉解甲挺走。抗使轻兵蹑之，肇兵大败，祜等皆引军还。抗遂拔西陵，诛阐及同谋将吏数十人，皆夷三族，自馀所请赦者数万口。东还乐乡，貌无矜色，谦冲如常。吴主加抗都护。羊祜坐贬平南将军，杨肇免为庶人。

吴主既克西陵，自谓得天助，志益张大，使术士尚广筮取天下，对曰：“吉。庚子岁，青盖当入洛阳。”吴主喜，不修德政，专为兼并之计。

解读

陆抗是三国时期吴国名将，陆逊次子，孙策外孙。年二十已为建武校尉，领其父众五千人。后迁立节中郎将、镇军将军等。孙皓为帝，任镇军大将军、都督西陵、信陵、夷道、乐乡、公安诸军事，驻乐乡（今湖北江陵西南）。凤凰元年（272年），击退晋将羊祜进攻，并攻杀叛将西陵督步阐。

在攻克西陵的战役中，陆抗从容应战，先打破晋军分进合击之势，用次要兵力牵制晋军主力，用主力围城打援，终于击败晋军，攻克西陵。陆抗入城后，修治城围，然后东还乐乡。陆抗虽立大功，却没有因此而自满，还是谦和如常，深得将士敬重。

良将不遇明主，自古是历史的悲剧。陆抗虽独撑大局，系国运于一身，但孙皓与朝中大臣不听其劝告，屡次兴兵从东部进攻晋国，在疯狂中挥霍着

日渐衰弱的国力。终陆抗一生，孙皓都不曾满足他统率八万军队的要求，陆抗对局势的认识是清醒的。然而，这种情况下，清醒就意味着痛苦，正如当年他的父亲陆逊就因孙权的怀疑和指责郁郁而死，陆抗在西陵之战两年后的公元274年病逝，年仅四十八岁，吴国最后的支柱倒下了。

世祖武皇帝中太康元年——三国归晋

【原典】

杜预向江陵，王浑出横江，攻吴镇、戍，所向皆克。二月，戊午，王濬（jùn）、唐彬击破丹杨监盛纪。吴人于江碛要害之处，并以铁锁横截之；又作铁锥，长丈馀，暗置江中，以逆拒舟舰。濬作大筏数十，方百馀步，缚草为人，被甲持仗，令善水者以筏先行，遇铁锥，锥辄著筏而去。又作大炬，长十馀丈，大数十围，灌以麻油，在船前，遇锁，然炬烧之，须臾，融液断绝，于是船无所碍。庚申，濬克西陵，杀吴都督留宪等。壬戌，克荆门、夷道二城，杀夷道监陆晏。杜预遣牙门周旨等帅奇兵八百泛舟夜渡江，袭乐乡，多张旗帜，起火巴山。吴都督孙歆惧，与江陵督伍延书曰："北来诸军，乃飞渡江也。"旨等伏兵乐乡城外，歆遣军出拒王濬，大败而还。旨等发伏兵随歆军而入，歆不觉，直至帐下，虏歆而还。乙丑，王濬击杀吴水军都督陆景。杜预进攻江陵，甲戌，克之，斩伍延。于是沅、湘以南，接于交、广，州郡皆望风送印绶。预杖节称诏而绥抚之。凡所斩获吴都督、监军十四，牙门、郡守百二十馀人。胡奋克江安。

乙亥，诏："王濬、唐彬既定巴丘，与胡奋、王戎共平夏口、武昌，顺流长骛，直造秣陵。杜预当镇静零、桂，怀辑衡阳。大兵既过，荆州南境固当传檄而定。预等各分兵以益濬、彬，太尉充移屯项。"

王戎遣参军襄阳罗尚、南阳刘乔将兵与王濬合攻武昌，吴江夏太守刘朗、督武昌诸军虞昺（bǐng）皆降。昺，翻之子也。

杜预与众军会议，或曰："百年之寇，未可尽克，方春水生，难于久驻，宜俟来冬，更为大举。"预曰："昔乐毅藉济西一战以并强齐，今兵威已振，譬如破竹，数节之后，皆迎刃而解，无复著手处也。"遂指授群帅方略，径造建业。

吴主闻王浑南下，使丞相张悌督丹杨太守沈莹、护军孙震、副军师诸葛靓帅众三万渡江逆战。至牛渚，沈莹曰："晋治水军于蜀久矣，上流诸军，素无戒备，名将皆死，幼少当任，恐不能御也。晋之水军必至于此，宜畜众力以待其来，与之一战，若幸而胜之，江西自清。今渡江与晋大军战，不幸而败，则大事去矣！"悌曰："吴之将亡，贤愚所知，非今日也。吾恐蜀兵至此，众心骇惧，不可复整。及今渡江，犹可决战。若其败丧，同死社稷，无所复恨。若其克捷，北敌奔走，兵势万倍，便当乘胜南上，逆之中道，不忧不破也。若如子计，恐士众散尽，坐待敌到，君臣俱降，无一人死难者，不亦辱乎！"

三月，悌等济江，围浑部将城阳都尉张乔于杨荷。乔众才七千，闭栅请降。诸葛靓欲屠之，悌曰："强敌在前，不宜先事其小，且杀降不祥。"靓曰："此属以救兵未至，少力不敌，故且伪降以缓我，非真伏也。若舍之而前，必为后患。"悌不从，抚之而进。悌与扬州刺史汝南周浚，结陈相对，沈莹帅丹阳锐卒、刀楯五千，三冲晋兵，不动。莹引退，其众乱；将军薛胜、蒋班因其乱而乘之，吴兵以次奔溃，将帅不能止，张乔自后击之，大败吴兵于版桥。

诸葛靓帅数百人遁去，使过迎张悌，悌不肯去，靓自往牵之曰："存亡自有大数，非卿一人所支，奈何故自取死！"悌垂涕曰："仲思，今日是我死日也！且我为儿童时，便为卿家丞相所识拔，常恐不得其死，负名贤知顾。今以身徇社稷，复何道邪！"靓再三牵之，不动，乃流泪放去，行百馀步，顾之，已为晋兵所杀，并斩孙震、沈莹等七千八百级，吴人大震。

初，诏书使王濬下建平，受杜预节度，至建业，受王浑节度。预至江陵，谓诸将曰："若濬得建平，则顺流长驱，威名已著，不宜令受制于我；若不能克，则无缘得施节度。"濬至西陵，预与之书曰："足下既摧其西籓，便当径取建业，讨累世之逋寇，释吴人于涂炭，振旅还都，亦旷世一事也！"濬大悦，表呈预书。及张悌败死，扬州别驾何恽谓周浚曰："张悌举全吴精兵殄灭于此，吴之朝野莫不震慑。今王龙骧既破武昌，乘胜东下，所向辄克，土崩之势见矣。谓宜速引兵渡江，直指建业，大军猝至，夺其胆气，可不战禽也！"浚善其谋，使白王浑。浑曰："浑暗于事机，而欲慎己免咎，必不我从。"浚固使白之，浑果曰："受诏但令屯江北以抗吴军，不使轻进。贵州虽武，岂能独平江东乎！今者违命，胜不足多，若其不胜，为罪已重。且诏令龙骧受我节度，但当具君舟楫，一时俱济耳。"恽曰："龙骧克万里之寇，以既成之功来受节度，未之闻也。且明公为上将，见可而进，岂得一一须诏令乎！今乘此渡江，十全必克，何疑何虑而淹留不进！此鄙州上下所以恨恨也。"浑不听。

王濬自武昌顺流径趣建业，吴主遣游击将军张象帅舟师万人御之，象众望旗而降。濬兵甲满江，旌旗烛天，威势甚盛，吴人大惧。

吴主之嬖臣岑昏，以倾险谀佞，致位九列，好兴功役，为众患苦。及晋兵将至，殿中亲近数百人叩头请于吴主曰："北军日近而兵不举刃，陛下将如之何？"吴主曰："何故？"对曰："正坐岑昏耳。"吴主独言："若尔，当以奴谢百姓！"众因曰："唯！"遂并起收昏。吴主骆驿追止，已屠之矣。

陶浚将讨郭马，至武昌，闻晋兵大入，引兵东还。至建业，吴主引见，问水军消息，对曰："蜀船皆小，今得二万兵，乘大船以战，自足破之。"于是合众，授浚节钺。明日当发，其夜，众悉逃溃。

时王浑、王濬及琅邪王伷皆临近境，吴司徒何植、建威将军孙晏悉送印节诣浑降。吴主用光禄勋薛莹、中书令胡冲等计，分遣使者奉书于浑、濬、伷以请降。又遗其群臣书，深自咎责，且曰："今大晋平治四海，是英俊展节之秋，勿以移朝改朔，用损厥志。"使者先送玺绶于琅邪王伷。壬寅，王濬舟师过三山，王浑遣信要濬暂过论事；濬举帆直指建业，报曰："风利，不得泊也。"是日，濬戎卒八万，方舟百里，鼓噪入于石头，吴主皓面缚舆榇，诣军门降。濬解缚焚榇，延请相见。收其图籍，克州四，郡四十三，户五十二万三千，兵二十三万。

解读

站在后来者的角度来看，三国归晋是不可阻挡的历史潮流。但如果结合孙皓的所做所为，吴国的灭亡更像是一场人祸。

孙皓继位不久，就变得粗暴骄盈，以暴虐的手段治国，又好酒色，从而民心尽丧。加之陆凯、陆抗两位大将相继去世，吴国失去了两位重臣，政局更加动荡。不久，西晋内部达成了伐吴的一致意见，遂于公元280年挥军南下。吴军毫无抵抗之力，结果建业陷落，吴国灭亡，孙皓本人也成了晋武帝的俘虏。

世祖武皇帝中太康三年——石崇王恺斗富

【原典】

春，正月，丁丑朔，帝亲祀南郊。礼毕，喟然问司隶校尉刘毅曰："朕可方汉之何帝？"对曰："桓、灵。"帝曰："何至于此？"对曰："桓、灵卖官钱入官库，陛下卖官钱入私门。以此言之，殆不如也！"帝大笑曰："桓、灵之世，不闻此言，今朕有直臣，固为胜之。"

毅为司隶，纠绳豪贵，无所顾忌。皇太子鼓吹入东掖门，毅劾奏之。中护军、散骑常侍羊琇（xiù），与帝有旧恩，典禁兵，豫机密十馀年，恃宠骄侈，数犯法。毅劾奏琇罪当死；帝遣齐王攸私请琇于毅，毅许之。都官从事广平程卫径驰入护军营，收琇属吏，考问阴私，先奏琇所犯狼籍，然后言于毅。帝不得已，免琇官。未几，复使以白衣领职。琇，景献皇后之从父弟也；后将军王恺，文明皇后之弟也；散骑常侍、侍中石崇，苞之子也。三人皆富于财，竞以奢侈相高。恺以粭澳釜，崇以蜡代薪；恺作紫丝步障四十里，崇作锦步障五十里；崇涂屋以椒，恺用赤石脂。帝每助恺，尝以珊瑚树赐之，高二尺许，恺以示崇，崇便以铁如意碎之；恺怒，以为疾己之宝。崇曰："不足多恨，今还卿！"乃命左右悉取其家珊瑚树，高三四尺者六七株，如恺比者甚众；恺怅然自失。

车骑司马傅咸上书曰："先王之治天下，食肉衣帛，皆有其制。窃谓奢侈之费，甚于天灾。古者人稠地狭，而有储蓄，由于节也。今者土旷人稀，而患不足，由于奢也。欲时人崇俭，当诘其奢。奢不见诘，转相高尚，无有穷极矣！"

解读

石崇与王恺都是西晋时期的官僚贵族，他们对百姓巧取豪夺，生活奢靡腐化，经常争豪斗富，曾以蜡代薪，做锦步障五十里，以竞奢华。王恺虽然得到了其外甥晋武帝的资助，却常常敌不过石崇。

石崇与王恺斗富，是西晋时代奢靡腐化之风的一个缩影。当时，底层百姓身处水深火热之中，当权者却熟视无睹。正是这样一种恶劣的风气，加速了社会矛盾的激化，也为即将到来的乱世埋下了伏笔。

孝惠皇帝上元康元年——兴风作浪的贾南风

【原典】

初，贾后之为太子妃也，尝以妒，手杀数人，又以戟掷孕妾，子随刃堕；武帝大怒，修金墉城，将废之。荀勖、冯紞（dǎn）、杨珧及充华赵粲共营救之，曰："贾妃年少，妒者妇人常情，长自当差。"杨后曰："贾公闾有大勋于社稷，妃亲其女，正复妒忌，岂可遽忘其先德邪！"妃由是得不废。

后数诫厉妃，妃不知后之助己，返以后为构己于武帝，更恨之。及帝即位，贾后不肯以妇道事太后，又欲干预政事，而为太傅骏所抑。殿中中郎渤海孟观、李肇，皆骏所不礼也，阴构骏，云将危社稷。黄门董猛，素给事东宫，为寺人监，贾后密使猛与观、肇谋诛骏，废太后。又使肇报汝南王亮，使举兵讨骏，亮不可。肇报都督荆州诸军事楚王玮，玮欣然许之，乃求入朝。骏素惮玮勇锐，欲召之而未敢，因其求朝，遂听之。二月，癸酉，玮及都督扬州诸军事淮南王允来朝。

三月，辛卯，孟观、李肇启帝，夜作诏，诬骏谋反，中外戒严，遣使奉诏废骏，以侯就第。命东安公繇帅殿中四百人讨骏，楚王玮屯司马门，以淮南相刘颂为三公尚书，屯卫殿中，段广跪言于帝曰："杨骏孤公无子，岂有反理？愿陛下审之！"帝不答。

时骏居曹爽故府，在武库南，闻内有变，召众官议之。太傅主簿朱振说骏曰："今内有变，其趣可知，必是阉竖为贾后设谋，不利于公。宜烧云龙门以胁之，索造事者首，开万春门，引东宫及外营兵拥皇太子入宫，取奸人，殿内震惧，必斩送之。不然，无以免难。"骏素怯懦，不决，乃曰："云龙门，魏明帝所造，功费甚大，奈何烧之！”侍中傅祗白骏，请与尚书武茂入宫观察事势，因谓群僚曰：“宫中不宜空。”遂揖而下阶。众皆走，茂犹坐；祗顾曰：“君非天子臣邪？今内外隔绝，不知国家所在，何得安坐！”茂乃惊起。骏党左军将军刘豫陈兵在门，遇右军将军裴頠，问太傅所在，頠（wěi）绐之曰：“向于西掖门遇公乘素车，从二人西出矣。”豫曰：“吾何之？”頠曰：“宜至廷尉。”豫从頠言，遂委而去。寻诏頠代豫领左军将军，屯万春门。頠，秀之子也。皇太后题帛为书，射之城外，曰：“救太傅者有赏。”贾后因宣言太后同反。寻而殿中兵出，烧骏府，又令弩士于阁上临骏府而射之，骏兵皆不得出，骏逃于马厩，就杀之。孟观等遂收骏弟珧、济、张劭、李斌、段广、刘豫、武茂及散骑常侍杨邈、中书令蒋俊、东夷校尉文鸯，皆夷三族，死者数千人。

珧临刑，告东安公繇曰：“表在石函，可问张华。”众谓宜依钟毓例为之申理。繇不听，而贾氏族党趣使行刑。珧号叫不已，刑者以刀破其头。繇，诸葛诞之外孙也，故忌文鸯，诬以为骏党而诛之。是夜，诛赏皆自繇出，威振内外。王戎谓繇曰：“大事之后，宜深远权势。”繇不从。

壬辰，赦天下，改元。

贾后矫诏，使后军将军荀悝送太后于永宁宫，特全太后母高都君庞氏之命，听就太后居。寻复讽群公有司奏曰：“皇太后阴渐奸谋，图危社稷，飞箭系书，要募将士，同恶相济，自绝于天。鲁侯绝文姜，《春秋》所许。盖奉祖宗，任至公于天下，陛下虽怀无已之情，臣下不敢奉诏。”诏曰：“此大事，更详之。”有司又奏：“宜废皇太后为峻阳庶人。”中书监张华议：“皇太后非得罪于先帝，今党其所亲，为不母于圣世，宜依汉废赵太后为孝成后故事，贬皇太后之号，还称武皇后，居异宫，以全始终之恩。”左仆射荀恺与太子少师下邳王晃等议曰：“皇太后谋危社稷，不可复配先帝，宜贬尊号，废诣金墉城。”于是有司奏请从晃等议，废太后为庶人。诏可。又奏：“杨骏造乱，家属应诛，诏原其妻庞命，以尉太后之心。今太后废为庶人，请以庞付廷尉行刑。”诏不许。有司复固请，乃从之。庞临刑，太后抱持号叫，截发稽颡（sǎng），上表诣贾后称妾，请全母命；不见省。董养游太学，升堂叹曰：“朝廷建斯堂，将以何为乎！每览国家赦书，谋反大逆皆赦，至于杀祖父母、父母不赦者，以为王法所不容故也。奈何公卿处议，文饰礼典，乃至此乎！天人之理既灭，大乱将作矣。”

有司收骏官属，欲悉诛之。侍中傅祗启曰：“昔鲁芝为曹爽司马，斩关赴爽，宣帝用为青州刺史。骏之僚佐，不可悉加罪。”诏赦之。

壬寅，征汝南王亮为太宰，与太保卫瓘皆录尚书事，辅政。以秦王柬为大将军，东平王楙为抚军大将军，楚王玮为卫将军、领北军中候，下邳王晃为尚书令，东安公繇为尚书左仆射，进爵为王。楙（máo），望之子也。封董猛为武安侯，三兄皆为亭侯。

亮欲取悦众心，论诛杨骏之功，督将侯者千八十一人。御史中丞傅咸遗亮书曰：“今封赏熏赫，震动天地，自古以来，未之有也。无功而获厚赏，则人莫不乐国之有祸，是祸原无穷也。凡作此者，由东安公。人谓殿下既至，当有以正之，正之以道，众亦何怒！众之所怒者，在于不平耳；而今皆更倍论，莫不失望。”亮颇专权势，咸复谏曰：“杨骏有震主之威，委任亲戚，此天下所以喧哗。今之处重，宜反此失，静默颐神，有大得失，乃维持之，自非大事，一皆抑遣。比过尊门，冠盖车马，填塞街衢，此之翕习，既宜弭息。又夏侯长容无功而暴擢为少府，论者谓长容，公之姻家，故至于此；流闻四方，非所以为益也。”亮皆不从。

贾后族兄车骑司马模、从舅右卫将军郭彰、女弟之子贾谧与楚王玮、东安王繇，并预国政。贾后暴戾日甚，繇密谋废后，贾氏惮之。繇兄东武公澹，素恶繇，屡谮之于太宰亮曰："繇专行诛赏，欲擅朝政。"庚戌，诏免繇官；又坐有悖言，废徙带方。

于是贾谧、郭彰权势愈盛，宾客盈门。谧虽骄奢而好学，喜延士大夫，郭彰、石崇、陆机、机弟云、和郁及荥阳潘岳、清河崔基、勃海欧阳建、兰陵缪征、京兆杜斌、挚虞、琅邪诸葛诠、弘农王粹、襄城杜育、南阳邹捷、齐国左思、沛国刘瑰、周恢、安平牵秀、颍川陈眕、高阳许猛、彭城刘讷、中山刘舆、舆弟琨皆附于谧，号曰二十四友。郁，峤之弟也。崇舆岳尤谄事谧，每候谧及广城君郭槐出，皆降车路左，望尘而拜。

太宰亮、太保瓘以楚王玮刚愎好杀，恶之，欲夺其兵权，以临海侯裴楷代玮为北军中候。玮怒；楷闻之，不敢拜。亮复与瓘（guàn）谋，遣玮与诸王之国，玮益忿怨。玮长史公孙宏、舍人岐盛，皆有宠于玮，劝玮自昵于贾后；后留玮领太子太傅，盛素善于杨骏，卫瓘恶其反覆，将收之。盛乃与宏谋，因积弩将军李肇矫称玮命，谮亮、瓘于贾后，云将谋废立。后素怨瓘，且患二公执政，己不得专恣；夏，六月，后使帝作手诏赐玮曰："太宰、太保欲为伊、霍之事，王宜宣诏，令淮南、长沙、成都王屯诸宫门，免亮及瓘官。"夜，使黄门赍（jī）以授玮。玮欲覆奏，黄门曰："事恐漏泄，非密诏本意也。"玮亦欲因此复私怨，遂勒本军，复矫诏召三十六军，告以"二公潜图不轨，吾今受诏都督中外诸军，诸在直卫者，皆严加警备；其在外营，便相帅径诣行府，助顺讨逆。"又矫诏"亮、瓘官属，一无所问，皆罢遣之；若不奉诏，便军法从事。"遣公孙宏、李肇以兵围亮府，侍中、清河王遐收瓘。

亮帐下督李龙，白"外有变，请拒之"，亮不听。俄而兵登墙大呼，亮惊曰："吾无贰心，何故至此！诏书其可见乎？"宏等不许，趣兵攻之。长史刘准谓亮曰："观此必是奸谋。府中俊乂如林，犹可力战。"又不听。遂为肇所执，叹曰："我之赤心，可破示天下也。"与世子矩俱死。

卫瓘左右亦疑遐矫诏，请拒之，须自表得报，就戮未晚，瓘不听。初，瓘为司空，帐下督荣晦有罪，斥遣之。至是，晦从遐收瓘，辄杀瓘及子孙共九人，遐不能禁。

岐盛说玮："宜因兵势，遂诛贾、郭，以正王室，安天下。"玮犹豫未决。会天明，太子少傅张华使董猛说贾后曰："楚王既诛二公，则天下威权尽归之

矣，人主何以自安！宜以玮专杀之罪诛之。”贾后亦欲因此除玮，深然之。是时内外扰乱，朝廷恂（xiōng）惧，不知所出。张华白帝，遣殿中将军王宫赍驺（zōu）虞幡出麾众曰：“楚王矫诏，勿听也！”众皆释仗而走。玮左右无复一人，窘迫不知所为，遂执之，下廷尉。乙丑，斩之。玮出怀中青纸诏，流涕以示监刑尚书刘颂曰：“幸托体先帝，而受枉乃如此乎！”公孙宏、岐盛并夷三族。

玮之起兵也，陇西王泰严兵将助玮，祭酒丁绥谏曰：“公为宰相，不可轻动。且夜中仓猝，宜遣人参审定问。”泰乃止。

卫瓘女与国臣书曰：“先公名谥未显，每怪一国蔑然无言。《春秋》之失，其咎安在？”于是太保主簿刘繇等执黄幡，挝登闻鼓，上言曰：“初，矫诏者至，公即奉送章绶，单车从命。如矫诏之文唯免公官，而故给使荣晦，辄收公父子及孙，一时斩戮。乞验尽情伪，加以明刑。”乃诏族诛荣晦，追复亮爵位，谥曰文成。封瓘为兰陵郡公，谥曰成。

于是贾后专朝，委任亲党，以贾模为散骑常侍，加侍中。贾谧与后谋，以张华庶姓，无逼上之嫌，而儒雅有筹略，为众望所依，欲委以朝政。疑未决，以问裴頠赞成之。乃以华为侍中、中书监，頠为侍中，又以安南将军裴楷为中书令，加侍中，与右仆射王戎并管机要。华尽忠帝室，弥缝遗阙，贾后虽凶险，犹知敬重华；贾模与华、頠同心辅政，故数年之间，虽暗主在上，而朝野安静，华等之功也。

解读

贾南风是西晋晋惠帝司马衷的皇后，史称惠贾皇后。她是历史上鼎鼎有名的丑女人：据史书记载，惠贾皇后身材矮小（据史学家考证，1.4米左右），面目黑青，鼻孔朝天，嘴唇包地，眉后还有一大块胎记。正是这样一个丑女人，给整个西晋王朝带来了灭顶之灾。

由于贾南风的干政，导致了“八王之乱”，更使西晋“宗室日衰”，大一统的中国从此陷入了三百多年的分裂割据局面。贾南风作为罪魁祸首，必难逃后世的唾骂。

孝惠皇帝上元康七年——清谈之风

【原典】

是时，王衍为尚书令，南阳乐广为河南尹，皆善清谈，宅心事外，名重当世，朝野之人，争慕效之。衍与弟澄，好题品人物，举世以为仪准。衍神情明秀，少时，山涛见之，嗟叹良久，曰：“何物老妪，生宁馨儿！然误天下苍生者，未必非此人也！”乐广性冲约清远，与物无竞。每谈论，以约言析理，厌人之心，而其所不知，默如也。凡论人，必先称其所长，则所短不言自见。王澄及阮咸、咸从子修、泰山胡毋辅之、陈国谢鲲、城阳王夷、新蔡毕卓，皆以任放为达，至于醉狂裸体，不以为非。胡毋辅之尝酣饮，其子谦之窥而厉声呼其父字曰：“彦国！年老，不得为尔！”辅之欢笑，呼入共饮。毕卓尝为吏部郎，比舍郎酿熟，卓因醉，夜至瓮（wèng）间盗饮之，为掌酒者所缚，明旦视之，乃毕吏部也。乐广闻而笑之，曰：“名教内自有乐地，何必乃尔！”

初，何晏等祖述老、庄，立论以为：“天地万物，皆以无为本。无也者，开物成务，无往不存者也。阴阳恃以化生，贤者恃以成德。故无之为用，无爵而贵矣！”王衍之徒皆爱重之。由是朝廷士大夫皆以浮诞为美，弛废职业。裴頠著《崇有论》以释其蔽曰：“夫利欲可损，而未可绝有也；事务可节，而未可全无也。盖有饰为高谈之具者，深列有形之累，盛称空无之美。形器之累有征，空无之义难检；辩巧之文可悦，似象之言足惑。众听眩焉，溺其成说。虽颇有异此心者，辞不获济，屈于所习，因谓虚无之理诚不可盖。一唱百和，往而不反，遂薄综世之务，贱功利之用，高浮游之业，卑经实之贤。人情所徇，名利从之，于是文者衍其辞，讷者赞其旨。立言藉于虚无，谓之玄妙；处官不亲所职，谓之雅远；奉身散其廉操，谓之旷达。故砥砺之风，弥以陵迟。放者因斯，或悖吉凶之礼，忽容止之表，渎长幼之序，混贵贱之级，甚者至于裸裎（chéng）亵慢，无所不至，士行又亏矣。

“夫万物之有形者，虽生于无，然生以有为已分，则无是有之所遗者也。故养既化之有，非无用之所能全也；治既有之众，非无为之所能修也。心非事也，而制事必由于心，然不可谓心为无也；匠非器也，而制器必须于匠，然不可谓匠非有也。是以欲收重渊之鳞，非偃息之所能获也；陨高墉之禽，非静拱之所能捷也。由此而观，济有者皆有也，虚无奚益于已有之群生哉！”然习俗已成，頠论亦不能救也。

解读

清谈之风，是魏晋名士圈里最具特色的一种风气，这种风气一直绵延了数百年，使整个魏晋南北朝被一种玄学气氛所笼罩。

清谈一般分宾、主双方，谈主首先叙述自己的意见，称之为“通”；难者即就其论题加以诘辩，称之为“难”。一个问题，为了深入起见，可以经过数次讨论；有时也由谈士本人自为客主，反复分析义理。清谈结束，有时宾主双方一胜一屈；有时双方都能言之成理，不能决定胜屈，便由第三者来作总结性发言。清谈的时候，谈士往往执麈（zhǔ）尾以指划，成为一时风尚。“盛饰麈尾”，也成为谈士的象征。清谈之风始于“正始之音”，其清谈内容主要是玄学思想。名士行清谈之风，使玄学或成为他们论证个人的放荡生活与封建道德如何不冲突，甚至相互补充的辩护词；或成为他们的一种避祸妙

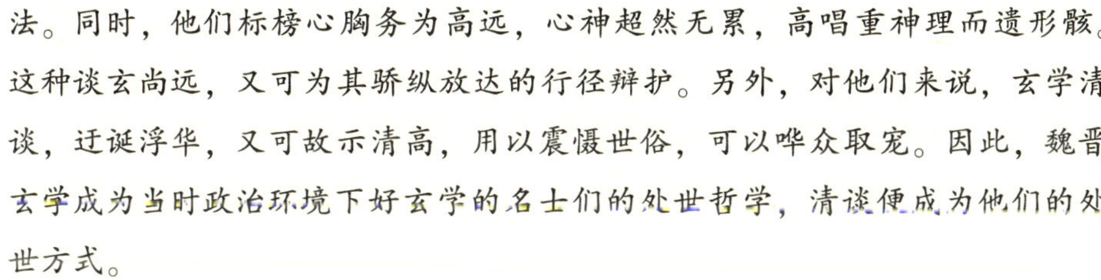

法。同时，他们标榜心胸务为高远，心神超然无累，高唱重神理而遗形骸。这种谈玄尚远，又可为其骄纵放达的行径辩护。另外，对他们来说，玄学清谈，迂诞浮华，又可故示清高，用以震慑世俗，可以哗众取宠。因此，魏晋玄学成为当时政治环境下好玄学的名士们的处世哲学，清谈便成为他们的处世方式。

清谈之风依附魏晋玄学而存在，是当时玄学思潮的重要组成部分，对后世有较大的影响。

孝惠皇帝上之下元康九年——白痴皇帝司马衷

【原典】

贾后淫虐日甚，私于太医令程据等；又以簏（lù）箱载道上年少入宫，复恐其漏泄，往往杀之。贾模恐祸及己，甚忧之。裴頠与模及张华议废后，更立谢淑妃。模、华皆曰："主上自无废黜之意，而吾等专行之，傥上心不以为然，将若之何！且诸王方强，朋党各异，恐一旦祸起，身死国危，无益社稷。"頠曰："诚如公言。然中宫逞其昏虐，乱可立待也。"华曰："卿二人于中宫皆亲戚，言或见信，宜数为陈祸福之戒，庶无大悖，则天下尚未至于乱，吾曹得以佔游卒岁而已。"頠旦夕说其从母广城君，令戒谕贾后以亲厚太子，贾模亦数为后言祸福；后不能用，反以模为毁己而疏之；模不得志，忧愤而卒。

秋，八月，以裴頠为尚书仆射。頠虽贾后亲属，然雅望素隆，四海唯恐其不居权位，寻诏頠专任门下事，頠上表固辞，以"贾模适亡，复以臣代之，崇外戚之望，彰偏私之举，为圣朝累。"不听。或谓頠曰："君可以言，当尽言于中宫；言而不从，当远引而去。傥二者不立，虽有十表，难以免矣。"頠慨然久之，竟不能从。

帝为人戆騃（gàng ái），尝在华林园闻虾蟆，谓左右曰："此鸣者，为官乎，为私乎？”时天下荒馑，百姓饿死，帝闻之，曰：“何不食肉糜？”由是权在群下，政出多门，势位之家，更相荐托，有如互市。贾、郭恣横，货赂公行。南阳鲁褒作《钱神论》以讥之曰：“钱之为体，有乾坤之象，亲之如兄，字曰孔方。无德而尊，无势而热，排金门，入紫闼。危可使安，死可使活，贵可使贱，生可使杀。是故忿争非钱不胜，幽滞非钱不拔，怨仇非钱不解，令闻非钱不发。洛中朱衣、当涂之士，爱我家兄，皆无已已，执我之手，抱我终始，凡今之人，惟钱而已！”

又，朝臣务以苛察相高，每有疑议，群下各立私意，刑法不壹，狱讼繁滋。裴頠上表曰：“先王刑赏相称，轻重无二，故下听有常，群吏安业。去元康四年大风，庙阙屋瓦有数枚倾落，免太常荀寓；事轻责重，有违常典。五年二月有大风，兰台主者惩惧前事，求索阿栋之间，得瓦小邪十五处，遂禁止太常，复兴刑狱。今年八月，陵上荆一枝围七寸二分者被斫；司徒、太常奔走道路，虽知事小，而按劾难测，骚扰驱驰，各竞免负，于今太常禁止未解。夫刑书之文有限而舛违之故无方，故有临时议处之制，诚不能皆得循常也。至于此等，皆为过当，恐奸吏因缘，得为浅深也。”既而曲议犹不止，三公尚书刘颂复上疏曰：“自近世以来，法渐多门，令甚不一，吏不知所守，下不知所避，奸伪者因以售其情，居上者难以检其下，事同议异，狱犴（àn）不平。夫君臣之分，各有所司。法欲必奉，故令主者守文；理有穷塞，故使大臣释滞；事有时宜，故人主权断。主者守文，若释之执犯跸（bì）之平也；大臣释滞，若公孙弘断郭解之狱也；人主权断，若汉祖戮丁公之为也。天下万事，自非此类，不得出意妄议，皆以律令从事；然后法信于下，人听不惑，吏不容奸，可以言政矣。”乃下诏：“郎、令史复出法驳案者，随事以闻。”然亦不能革也。

颂迁吏部尚书，建九班之制，欲令百官居职希迁，考课能否，明其赏罚。贾、郭用权，仁者欲速，事竟不行。

裴頠荐平阳韦忠于张华，华辟之，忠辞疾不起。人问其故，忠曰：“张茂先华而不实，裴逸民欲而无厌，弃典礼而附贼后，此岂大丈夫之所为哉！逸民每有心托我，我常恐其溺于深渊而馀波及我，况可褰（qiān）裳而就之哉！”

关内侯敦煌索靖，知天下将乱，指洛阳宫门铜驼叹曰："会见汝在荆棘中耳！"

解读

晋惠帝司马衷，晋武帝司马炎第二子，西晋的第二代皇帝，是历史上有名的白痴皇帝。初由太傅杨骏辅政，后皇后贾南风杀害杨骏，掌握大权。在"八王之乱"中，惠帝的叔祖赵王司马伦篡夺了惠帝的帝位，并以惠帝为太上皇，囚禁于金墉城。齐王司马冏与成都王司马颖起兵反司马伦，群臣共谋杀司马伦党羽，迎晋惠帝复位，诛司马伦及其子。又由诸王辗转挟持，形同傀儡，受尽凌辱。

有一年闹灾荒，老百姓没饭吃，到处都有饿死的人。有人把情况报告给晋惠帝，但晋惠帝却对报告者说："没有饭吃，他们为什么不吃肉粥呢？"报告的人听了，哭笑不得，灾民们连饭都吃不上，哪里来的肉粥呢？由此可见，晋惠帝是如何愚蠢糊涂。把偌大一个天下，交到这种白痴手中，历史给我们开的这个玩笑有点过头了。若不是这个白痴，贾南风或许不会那么嚣张，也许就没有后来的"八王之乱"，老百姓也许能过上几天安稳的日子。

孝惠皇帝上之下永康元年——八王之乱

【原典】

太子既废，众情愤怒。右卫督司马雅、常从督许超，皆尝给事东宫，与殿中郎士猗等谋废贾后，复太子。以张华、裴頠安常保位，难与行权，右军将军赵王伦执兵柄，性贪冒，可假以济事。乃说孙秀曰："中宫凶妒无道，与贾谧等共诬废太子。今国无嫡嗣，社稷将危，大臣将起大事，而公名奉事中宫，与贾、郭亲善，太子之废，皆云豫知，一朝事起，祸必相及，何不先谋之乎！"秀许诺，言于伦，伦纳焉，遂告通事令史张林及省事张衡等，使为内应。

事将起，孙秀言于伦曰："太子聪明刚猛，若还东宫，必不受制于人。明公素党于贾后，道路皆知之，今虽建大功于太子，太子谓公特逼于百姓之望，翻覆以免罪耳，虽含忍宿忿，必不能深德明公，若有瑕衅，犹不免诛。不若迁延缓期，贾后必害太子，然后废贾后，为太子报仇，岂徒免祸而已，乃更可以得志！"伦然之。

秀因使人行反间，言殿中人欲废皇后，迎太子。贾后数遣宫婢微服于民间听察，闻之甚惧。伦、秀因劝谧等早除太子，以绝众望。癸未，贾后使太医令程据和毒药。矫诏使黄门孙虑至许昌毒太子。太子自废黜，恐被毒，常自煮食于前；虑以告刘振，振乃徙太子于小坊中，绝其食，宫人犹窃于墙上过食与之。虑逼太子以药，太子不肯服，虑以药杵椎杀之。有司请以庶人礼葬，贾后表请以广陵王礼葬之。

夏，四月，辛卯朔，日有食之。

赵王伦、孙秀将讨贾后，告右卫佽（cì）飞督闾和，和从之，期以癸巳丙夜一筹，以鼓声为应。癸巳，秀使司马雅告张华曰："赵王欲与公共匡社稷，为天下除害，使雅以告。"华拒之。雅怒曰："刃将在颈，犹为是言邪！"不顾而出。

及期，伦矫诏敕三部司马曰："中宫与贾谧等杀吾太子，今使车骑入废中宫，汝等皆当从命，事毕，赐爵关中侯，不从者诛三族。"众皆从之。又矫诏开门，夜入，陈兵道南，遣翊军校尉齐王冏将百人排阁而入，华林令骆休为内应，迎帝幸东堂，以诏召贾谧于殿前，将诛之。谧走入西钟下，呼曰："阿后救我！"就斩之。贾后见齐王冏，惊曰："卿何为来？"冏曰："有诏收后。"后曰："诏当从我出，何诏也！"后至上閤，遥呼帝曰："陛下有妇，使人废之，亦行自废矣。"是时，梁王肜亦预其谋，后问冏曰："起事者谁？"冏曰："梁、赵。"后曰："系狗当系颈，反系其尾，何得不然！"遂废后为庶人，幽之于建始殿，收赵粲、贾午等付暴室考竟。诏尚书收捕贾氏亲党，召中书监、侍中、黄门侍郎、八座皆夜入殿。尚书始疑诏有诈，郎师景露版奏请手诏，伦等斩之以徇。

伦阴与秀谋篡位，欲先除朝望，且报宿怨，乃执张华、裴頠、解系、解结

等于殿前。华谓张林曰："卿欲害忠臣邪？"林称诏诘之曰："卿为宰相，太子之废，不能死节，何也？"华曰："式乾之议，臣谏事具存，可覆按也。"林曰："谏而不从，何不去位？"华无以对。遂皆斩之，仍夷三族。解结女适裴氏，明日当嫁而祸起，裴氏欲认活之，女曰："家既若此，我何以活为！"亦坐死。朝廷由是议革旧制，女不从死。甲午，伦坐端门，遣尚书和郁持节送贾庶人于金墉；诛刘振、董猛、孙虑、程据等；司徒王戎及内外官坐张、裴亲党黜免者甚众。阎缵抚张华尸恸哭曰："早语君逊位而不肯，今果不免，命也！"

于是赵王伦称诏赦天下，自为使持节、都督中外诸军事、相国、侍中，一依宣、文辅魏故事，置府兵万人，以其世子散骑常侍荂（fū）领冗从仆射，子馥为前将军，封济阳王；虔为黄门郎，封汝阴王；诩为散骑侍郎，封霸城侯。孙秀等皆封大郡，并据兵权，文武官封侯者数千人，百官总己以听于伦。伦素庸愚，复受制于孙秀。秀为中书令，威权振朝廷，天下皆事秀而无求于伦。

诏追复故太子遹（yù）位号，使尚书和郁帅东宫官属迎太子丧于许昌，追封遹子虨（bīn）为南阳王，封虨弟臧为临淮王，尚为襄阳王。

有司奏："尚书令王衍备位大臣，太子被诬，志在苟免，请禁锢终身。"从之。

相国伦欲收人望，选用海内名德之士，以前平阳太守李重、荥阳太守荀组为左、右长史，东平王堪、沛国刘谟为左、右司马，尚书郎阳平束皙为记室，淮南王文学荀崧（sōng）、殿中郎陆机为参军。组，勖之子；崧，彧之玄孙也。李重知伦有异志，辞疾不就，伦逼之不已，忧愤成疾，扶曳受拜，数日而卒。

丁酉，以梁王肜为太宰，左光禄大夫何劭（shào）为司徒，右光禄大夫刘寔（shí）为司空。

太子遹之废也，将立淮南王允为太弟，议者不合。会赵王伦废贾后，乃以允为骠骑将军、开府仪同三司，领中护军。

己亥，相国伦矫诏遣尚书刘弘赍金屑酒，赐贾后死于金墉城。

五月，己巳，诏立临淮王臧为皇太孙，还妃王氏以母之；太子官属即转为太孙官属，相国伦行太孙太傅。

己卯，谥故太子曰愍（mǐn）怀；六月，壬寅，葬于显平陵。

清河康王遐薨。

中护军淮南王允，性沉毅，宿卫将士皆畏服之。允知相国伦及孙秀有异志，阴养死士，谋讨之；伦、秀深惮之。秋，八月，转允为太尉，外示优崇，实夺其兵权。允称疾不拜。秀遣御史刘机逼允，收其官属以下，劾以拒诏，大逆不敬。允视诏，乃秀手书也，大怒，收御史，将斩之，御史走免，斩其令史二人。厉色谓左右曰："赵王欲破我家！"遂帅国兵及帐下七百人直出，大呼曰："赵王反，我将讨之，从我者左袒。"于是归之者甚众。允将赴宫，尚书左丞王舆闭掖门，允不得入，遂围相府。允所将兵皆精锐，伦与战，屡败，死者千馀人。太子左率陈徽勒东宫兵，鼓噪于内以应允。允结陈于承华门前，弓弩齐发，射伦，飞矢雨下。主书司马眭秘以身蔽伦，箭中其背而死。伦官属皆隐树而立，每树辄中数百箭，自辰至未，中书令陈淮，徽之兄也，欲应允，言于帝曰："宜遣白虎幡以解斗。"乃使司马督护伏胤将骑四百持幡从宫中出。侍中汝阴王虔在门下省，阴与胤誓曰："富贵当与卿共之。"胤乃怀空版出，诈言有诏助淮南王。允不之觉，开阵内之，下车受诏；胤因杀之，并杀允子秦王郁、汉王迪，坐允夷灭者数千人。曲赦洛阳。

初，孙秀尝为小吏，事黄门郎潘岳，岳屡挞之。卫尉石崇之甥欧阳建素与相国伦有隙，崇有爱妾曰绿珠，孙秀使求之，崇不与。及淮南王允败，秀因称石崇、潘岳、欧阳建奉允为乱，收之。崇叹曰："奴辈利吾财尔！"收者曰："知财为祸，何不早散之？"崇不能答。初，潘岳母常诮责岳曰："汝当知足，而乾没不已乎！"及败，岳谢母曰："负阿母。"遂与崇、建皆族诛，籍没崇家。相国伦收淮南王母弟吴王晏，欲杀之。光禄大夫傅祗争之于朝堂，众

皆谏止伦，伦乃贬晏为宾徒县王。

齐王冏以功迁游击将军，冏意不满，有恨色。孙秀觉之，且惮其在内，乃出为平东将军，镇许昌。

以光禄大大陈准为太尉，录尚书事；未几，薨。

孙秀议加相国伦九锡，百官莫敢异议。吏部尚书刘颂曰："昔汉之锡魏，魏之锡晋，皆一时之用，非可通行。周勃、霍光，其功至大，皆不闻有九锡之命也。"张林积忿不已，以颂为张华之党，将杀之。孙秀曰："杀张、裴已伤时望，不可复杀颂。"林乃止。以颂为光禄大夫。遂下诏加伦九锡，复加其子荂抚军将军，虔中军将军，诩为侍中。又加孙秀侍中、辅国将军，相国司马、右率如故。张林等并居显要。增相府兵为二万人，与宿卫同，并所隐匿之兵，数逾三万。

九月，改司徒为丞相，以梁王肜为之，肜固辞不受。

伦及诸子皆顽鄙无识，秀狡黠贪淫，所与共事者，皆邪佞之士，惟竞荣利，无深谋远略，志趣乖异，互相憎嫉。秀子会为射声校尉，形貌短陋，如奴仆之下者，秀使尚帝女河东公主。

冬，十一月，甲子，立皇后羊氏，赦天下。后，尚书郎泰山羊玄之之女也。外祖平南将军乐安孙旂（qí），与孙秀善，故秀立之。拜玄之光禄大夫、特进、散骑常侍，封兴晋侯。

诏征益州刺史赵廞（xīn）为大长秋，以成都内史中山耿滕为益州刺史。廞，贾后之姻亲也。闻征，甚惧，且以晋室衰乱，阴有据蜀之志，乃倾仓廪，赈流民，以收众心。以李特兄弟材武，其党类皆巴西人，与廞同郡，厚遇之，以为爪牙。特等凭恃廞势，专聚众为盗，蜀人患之。滕数密表："流民刚剽，蜀人软弱，主不能制客，必为乱阶，宜使还本居。若留之险地，恐秦、雍之祸更移于梁、益矣。"廞闻而恶之。

州被诏书，遣文武千馀人迎滕。是时，成都治少城，益州治太城，廞犹在太城，未去。滕欲入州，功曹陈恂谏曰："今州、郡构怨日深，入城必有大祸，不如留少城以观其变，檄诸县合村保以备秦氏，陈西夷行至，且当待之。不然，退保犍为，西渡江源，以防非常。"滕不从。是日，帅众入州，廞遣兵逆之，战于西门，滕败死。郡吏皆窜走，惟陈恂面缚诣廞，请滕丧，廞义而许之。

廞又遣兵逆西夷校尉陈总。总至江阳，闻廞有异志，主簿蜀郡赵模曰："今州郡不协，必生大变，当速行赴之。府是兵要，助顺讨逆，谁敢动者!"总更缘道停留，比至南安鱼涪津，已遇廞军，模白总："散财募士以拒战，若克州军，则州可得；不克，顺流而退，必无害也。"总曰："赵益州忿耿侯，故杀之；与吾无嫌，何为如此!"模曰："今非起事，必当杀君以立威。虽不战，无益也!"言至垂涕，总不听，众遂自溃。总逃草中，模著总服格战；廞兵杀模，见其非是，更搜求得总，杀之。

廞自称大都督、大将军、益州牧，署置僚属，改易守令。王官被召，无敢不往。李庠（xiáng）帅妹婿李含、天水任回、上官晶、扶风李攀、始平费他、氐苻成、隗伯等四千骑归廞。廞以庠为威寇将军，封阳泉亭侯，委以心膂，使招合六郡壮勇至万馀人，以断北道。

解读

"八王之乱"的参与者主要有汝南王司马亮、楚王司马玮、赵王司马伦、齐王司马冏、长沙王司马乂、成都王司马颖、河间王司马颙、东海王司马越等八王。太熙元年（290年）晋武帝临终时命弘农大姓出身的车骑将军、杨皇后的父亲杨骏为太傅、大都督，掌管朝政。继立的晋惠帝痴呆低能，即位后，皇后贾南风（即贾后）为了自己的家族能掌握政权，于元康元年（291年）与楚王司马玮合谋，发动禁卫军政变，杀死杨骏，结果政权却落在汝南王司马亮和元老卫瓘手中。贾后政治野心未能实现，当年六月，又使楚王司马玮杀汝南王司马亮，然后反诬楚王司马玮矫诏擅杀大臣，将司马玮处死。贾后遂执政，于元康九年废太子司马遹，次年杀之。诸王为争夺中央政权，不断进行内战，这就是"八王之乱"。

"八王之乱"从291年（元康元年）开始到306年（光熙元年），共持续16年。这场动乱从宫廷内权力斗争开始，引发战争，祸及社会，给社会造成了极大的破坏，也加剧了西晋的统治危机，成为西晋迅速灭亡的重要因素。之后的中国进入五胡十六国时期。

孝惠皇帝中之上永宁元年——李特的流民大营

【原典】

初，朝廷符下秦、雍州，使召还流民入蜀者，又遣御史冯该、张昌督之。李特兄辅自略阳至蜀，言中国方乱，不足复还。特然之，累遣天水阎式诣罗尚求权停至秋，又纳赂于尚及冯该；尚、该许之。朝廷论讨赵廞功，拜特宣威将军，弟流奋武将军，皆封侯。玺书下益州，条列六郡流民与特同讨廞者，将加封赏。广汉太守辛冉欲以灭廞为己功，寝朝命，不以实上；众咸怨之。

罗尚遣从事督遣流民，限七月上道。时流民布在梁、益，为人佣力，闻州郡逼遣，人人愁怨，不知所为；且水潦方盛，年谷未登，无以为行资。特复遣阎式诣尚，求停至冬；辛冉及犍为太守李苾（bì）以为不可。尚举别驾蜀郡杜苾秀才，式为苾说逼移利害，苾亦欲宽流民一年；尚用冉、苾之谋，不从；苾乃致秀才板，出还家。冉性贪暴，欲杀流民首领，取其资货，乃与苾白尚，言："流民前因赵廞之乱，多所剽掠，宜因移设关以夺取之。"尚移书令梓潼太守张演，于诸要施关，搜索宝货。

特数为流民请留，流民皆感而恃之，多相帅归特。特乃结大营于绵竹以处流民，移辛冉求自宽。冉大怒，遣人分榜通衢，购募特兄弟，许以重赏。特见之，悉取以归，与弟骧改其购云："能送六郡之豪李、任、阎、赵、上官及氐、叟侯王一首，赏百匹。"于是流民大惧，归特者愈众，旬月间过二万人。流亦聚众数千人。

特又遣阎式诣罗尚求申期，式见营栅冲要，谋掩流民，叹曰："民心方危，今而速之，乱将作矣。"又知辛冉、李苾意不可回，乃辞尚还绵竹。尚谓式曰："子且以吾意告诸流民，今听宽矣。"式曰："明公惑于奸说，恐无宽理。弱而不可轻者民也，今趣之不以理，众怒难犯，恐为祸不浅。"尚曰：

“然。吾不欺子，子其行矣！”式至绵竹，言于特曰：“尚虽云尔，然未可信也。何者？尚威刑不立，冉等各拥强兵，一旦为变，亦非尚所能制，深宜为备。”特从之。冬，十月，特分为二营，特居北营，流居东营，缮甲厉兵，戒严以待之。

冉、苾相与谋曰：“罗侯贪而无断，日复一日，令流民得展奸计。李特兄弟并有雄才，吾属将为所虏矣！宜为决计，罗侯不足复问也！”乃遣广汉都尉曾元、牙门张显、刘并等潜帅步骑三万袭特营；罗尚闻之，亦遣督护田佐助元。元等至，特安卧不动，待其众半入，发伏击之，死者甚众。杀田佐、曾元、张显，传首以示尚、冉。尚谓将佐曰：“此虏成去矣，而广汉不用吾言以张贼势，今若之何！”

于是六郡流民李含等共推特行镇北大将军，承制封拜；以其弟流行镇东大将军，号东督护，以相镇统；又以兄辅为骠骑将军，弟骧为骁骑将军，进兵攻冉于广汉。尚遣李苾、费远帅众救冉，畏特，不敢进。冉出战，屡败，溃围奔德阳。特入据广汉，以李超为太守，进兵攻尚于成都。尚以书谕阎式，式复书曰：“辛冉倾巧，曾元小竖，李叔平非将帅之材。式前为节下及杜景文论留、徙之宜，人怀桑梓，孰不愿之！但往日初至，随谷庸赁，一室五分，复值秋潦，乞须冬熟，而终不见听。绳之太过，穷鹿抵虎。流民不肯延颈受刀，以致为变。即听式言，宽使治严，不过去九月尽集，十月进道，令达乡里，何有如此也！”

特以兄辅、弟骧、子始、荡、雄及李含、含子国、离、任回、李攀、攀弟恭、上官晶、任臧、杨褒、上官惇等为将帅，阎式、李远等为僚佐。罗尚素贪残，为百姓患。特与蜀民约法三章，施舍赈贷，礼贤拔滞，军政肃然，蜀民大悦。尚频为特所败，乃阻长围，缘郫水作营，连延七百里，与特相拒，求救于梁州及南夷校尉。

解读

公元296年，关西一带兵祸扰乱，再加上连年大饥，略阳、天水等六郡流民十余万人入汉中求食，李特也是流民之一。

公元301年因益州刺史罗尚的压迫，李特率领流民起义。罗尚率三万人偷袭义军绵竹大营，被李特将计就计杀得大败。攻克广汉后，李特与民约法三章，获得民心。罗尚表面上派使者向李特求和，暗地里却勾结当地豪强势力围攻李特。李特在奋勇抵抗之后，战败牺牲。其弟李流继统余众，自称大将军、大都督、益州牧。公元306年，李特的儿子成都王李雄称帝，追谥李特景皇帝，庙号始祖。

综观李特起义的整个过程，他之所以能聚拢一众流民起义，绝非偶然，这其中的约法三章起了关键作用，这是赢得民心的不二良方。凡成大事者都知道民心向背是何其重要。

孝怀皇帝中永嘉三年——英明的何曾

【原典】

丁巳，太傅越自荥阳入京师。中书监王敦谓所亲曰："太傅专执威权，而选用表请，尚书犹以旧制裁之，今日之来，必有所诛。"

帝之为太弟也，与中庶子缪播亲善，及即位，以播为中书监，缪胤为太仆卿，委以心膂；帝舅散骑常侍王延、尚书何绥、太史令高堂冲，并参机密。越疑朝臣贰于己，刘舆、潘滔劝越悉诛播等。越乃诬播等欲为乱，乙丑，遣平东将军王秉，帅甲士三千人宫，执播等十馀人于帝侧，付廷尉，杀之。帝叹息流涕而已。

绥，曾之孙也。初，何曾侍武帝宴，退，谓诸子曰："主上开创大业，吾每宴见，未尝闻经国远图，惟说平生常事，非贻厥孙谋之道也，及身而已，后嗣其殆乎！汝辈犹可以免。"指诸孙曰："此属必及于难。"及绥死，兄嵩哭之曰："我祖其殆圣乎！"曾日食万钱，犹云无下箸处。子劭，日食二万。绥及弟机、羡，汰侈尤甚；与人书疏，词礼简傲。河内王尼见绥书，谓人曰："伯蔚居乱世而矜豪乃尔，其能免乎！"人曰："伯蔚闻卿言，必相危害。"尼曰："伯蔚比闻我言，自己死矣！"及永嘉之末，何氏无遗种。

解读

何曾议论晋武帝苟且懒惰，只顾眼前利益，不为长远考虑，而预知天下将要发生变乱，子孙一定会卷入这场动乱当中，多么英明！但是自己超越本分奢侈无度，使子孙效仿继承这坏毛病，最后因为骄傲奢侈而亡族，何谈英明？再说身为宰相，知道自己君主的过错，而不忠告君主却私下议论，也不是忠臣。

孝怀皇帝下永嘉六年——谋士的杰出代表张宾

【原典】

石勒筑垒于葛陂，课农造舟，将攻建业。琅邪王睿大集江南之众于寿春，以镇东长史纪瞻为扬威将军，都督诸军以讨之。

会大雨，三月不止，勒军中饥疫，死者太半，闻晋军将至，集将佐议之。右长史刁膺请先送款于睿，求扫平河朔以自赎，俟其军退，徐更图之，勒愀（qiǎo）然长啸。中坚将军夔（kuí）安请就高避水，勒曰："将军何怯邪！"孔苌（cháng）等三十馀将请各将兵分道夜攻寿春，斩吴将头，据其城，食其粟。要以今年破丹阳，定江南。勒笑曰："是勇将之计也！"各赐铠马一匹。顾谓张宾曰："于君意何如？"宾曰："将军攻陷京师，囚执天子，杀害王公，妻略妃主。擢将军之发，不足以数将军之罪，奈何复相臣奉乎！去年既杀王弥，不当来此；今天降霖雨于数百里中，示将军不应留此也。邺有三台之固，西接平阳，山河四塞，宜北徙据之，以经营河北，河北既定，天下无处将军之右者矣。晋之保寿春，畏将军往攻之耳。彼闻吾去，喜于自全，何暇追袭吾后，为吾不利邪！将军宜使辎重从北道先发，将军引大兵向寿春。辎重既远，大兵徐还，何忧进退无地乎？"勒攘袂鼓髯曰："张君计是也！"责刁膺

曰："君既相辅佐，当共成大功，奈何遽劝孤降！此策应斩！然素知君怯，特相宥耳。"于是黜膺为将军，擢宾为右长史，号曰"右侯"。

解读

张宾是石勒的谋士，石勒对他也是极其尊重。他是中国历史上谋士的杰出代表，史书称其一生"机不虚发，算无遗策，成勒之基业，皆宾之勋也"(《晋书·张宾载记》)。尽管张宾是为异族效力，难免背负一世骂名，但良才遇名主方能显其价值所在，这本无可厚非。再者，所谓异族，在今天看来，也都是中华民族大家庭的一员，若因此就对张宾大加否定，显然有失公平。

孝愍皇帝上建兴元年——祖逖闻鸡起舞

【原典】

初，范阳祖逖，少有大志，与刘琨俱为司州主簿。同寝，中夜闻鸡鸣，蹴琨觉曰："此非恶声也！"因起舞。及渡江，左丞相睿以为军谘祭酒。逖居京口，纠合骁健，言于睿曰："晋室之乱，非上无道而下怨叛也，由宗室争权，自相鱼肉，遂使戎狄乘隙，毒流中土。今遗民既遭残贼，人思自奋，大王诚能命将出师，使如逖者统之以复中原，郡国豪杰，必有望风响应者矣！"睿素无北伐之志，以逖为奋威将军、豫州刺史，给千人廪，布三千匹，不给铠仗，使自召募。逖将其部曲百馀家渡江，中流，击楫而誓曰："祖逖不能清中原而复济者，有如大江！"遂屯淮阴，起冶铸兵，募得二千馀人而后进。

解读

祖逖是东晋初期有志于恢复中原而致力北伐的大将。父亲祖武，任过上谷（今河北怀来县）太守。父亲去世时，祖逖还小，他的生活由几个兄长照料。祖逖的性格活泼、开朗、好动，十四五岁了，还没读过多少书。几个哥哥为此都很忧虑。但他为人豁达，讲义气，好打抱不平，深得邻里好评。他常常以自己兄长的名义，把家里的谷米、布匹捐给受灾的贫苦农民，可实际上他的兄长们并无此意。著名的“闻鸡起舞”就是他和幼时的好友刘琨的故事。他们每天鸡叫后就起床练剑，剑光飞舞、剑声铿锵，春去冬来，寒来暑往，从不间断。功夫不负有心人，经过长期的刻苦学习和训练，他们终于成为能文能武的全才，既能写得一手好文章，又能带兵打胜仗。祖逖被封为镇西将军，实现了他报效国家的愿望；刘琨做了征北中郎将，兼管并、冀、幽三州的军事，也充分发挥了他的文才武略。可见，只要经过不断努力，就有可能获得成功。相反，则不可能成就一番伟大的事业。

孝愍皇帝下建兴四年——西晋灭亡

【原典】

曜攻陷长安外城，麹（qū）允、索綝（chēn）退守小城以自固。内外断绝，城中饥甚，米斗直金二两，人相食，死者太半，亡逃不可制，唯凉州义众千人，守死不移。太仓有麹数十饼，麹允屑之为粥以供帝，既而亦尽。冬，十一月，帝泣谓允曰：“今穷厄如此，外无救援，当忍耻出降，以活士民。”因叹曰：“误我事者，麹、索二公也！”使侍中宗敞送降笺于曜。索綝潜留敞，使其子说曜曰：“今城中食犹足支一年，未易克也，若许綝以车骑、仪同、万户郡公者，请以城降。”曜斩而送之，曰：“帝王之师，以义行也。孤将兵十五年，未尝以诡计败人，必穷兵极势，然后取之。今索綝所言如此，天下之恶一也，辄相为戮之。若兵食审未尽者，便可勉强固守；如其粮竭兵微，亦宜早寤天命。”

甲午，宗敞至曜营；乙未，帝乘羊车，肉袒、衔璧、舆榇出东门降。群臣号泣，攀车执帝手，帝亦悲不自胜。御史中丞冯翊吉朗叹曰：“吾智不能

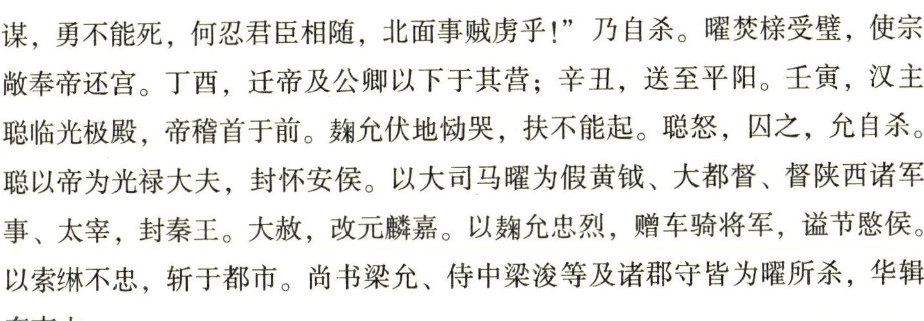

谋，勇不能死，何忍君臣相随，北面事贼虏乎！”乃自杀。曜焚榇受璧，使宗敞奉帝还宫。丁酉，迁帝及公卿以下于其营；辛丑，送至平阳。壬寅，汉主聪临光极殿，帝稽首于前。麹允伏地恸哭，扶不能起。聪怒，囚之，允自杀。聪以帝为光禄大夫，封怀安侯。以大司马曜为假黄钺、大都督、督陕西诸军事、太宰，封秦王。大赦，改元麟嘉。以麹允忠烈，赠车骑将军，谥节愍侯。以索綝不忠，斩于都市。尚书梁允、侍中梁浚等及诸郡守皆为曜所杀，华辑奔南山。

干宝论曰：昔高祖宣皇帝，以雄才硕量，应时而起，性深阻有若城府，而能宽绰以容纳；行数术以御物，而知人善采拔。于是百姓与能，大象始构。世宗承基，太祖继业，咸黜异图，用融前烈。至于世祖，遂享皇极，仁以厚下，俭以足用，和而不弛，宽而能断，掩唐、虞之旧域，班正朔于八荒，于时有“天下无穷人”之谚，虽太平未洽，亦足以明民乐其生矣。

武皇既崩，山陵未干而变难继起。宗子无维城之助，师尹无具瞻之贵，朝为伊、周，夕成桀、跖；国政迭移于乱人，禁兵外散于四方，方岳无钧石之镇，关门无结草之固。戎、羯称制，二帝失尊，何哉？树立失权，托付非才，四维不张而苟且之政多也。

夫基广则难倾，根深则难拔，理节则不乱，胶结则不迁。昔之有天下者所以能长久，用此道也。周自后稷爱民，十六王而武始君之，其积基树本，如此其固。今晋之兴也，其创基立本，固异于先代矣。加以朝寡纯德之人，乡乏不二之老，风俗淫僻，耻尚失所。学者以庄、老为宗而黜《六经》，谈者以虚荡为辩而贱名检，行身者以放浊为通而狭节信，进仕者以苟得为贵而鄙居正，当官者以望空为高而笑勤恪。是以刘颂屡言治道，傅咸每纠邪正，皆谓之俗吏；其倚杖虚旷，依阿无心者，皆名重海内。若夫文王日昃不暇食，仲山甫夙夜匪懈者，盖共嗤黜以为灰尘矣！由是毁誉乱于善恶之实，情慝奔于货欲之涂，选者为人择官，官者为身择利，世族贵戚之子弟，陵迈超越，不拘资次。悠悠风尘，皆奔竞之士；列官千百，无让贤之举。子真著《崇让》而莫之省，子雅制九班而不得用。其妇女不知女工，任情而动，有逆于舅姑，有杀戮妾媵，父兄弗之罪也，天下莫之非也。礼法刑政，于此大坏。“国之将亡，本必先颠”，其此之谓乎！

解读

晋愍帝司马邺是西晋最后一个皇帝，公元311年，晋怀帝被汉军虏走后，群臣拥立他为太子。公元313年正月，晋怀帝被汉军毒死。尚书、左仆射麴允，卫将军索綝、梁芬等人，于4月在长安扶立司马邺为帝。改年号为“建兴”。但这时因为天下大乱，皇室、世族已纷纷迁至江南，西晋王朝实际上已经名存实亡。

公元316年8月，刘曜率军围攻长安。晋愍帝无奈之下出城投降，汉军将他押到平阳，废封为光禄大夫。西晋至此宣告灭亡。

司马光引用干宝的评论说：“国之将亡，本必先颠”。可以说西晋的灭亡是一个必然。由于前几任皇帝的昏庸，整个国家的政权已处在风雨飘摇之中，司马邺上任的时候，整个江北已经没有可用之兵。在这种情形下，纵使司马邺有百般才能，也无力回天，只能给西晋画上了一个不太圆满的句号。

显宗成皇帝上之下咸和四年——晋成帝用人不当

【原典】

帝之出石头也，庾亮见帝，稽颡（sǎng）哽咽，诏亮与大臣俱升御座。明日，亮复泥首谢罪，乞骸骨，欲阖门投窜山海。帝遣尚书、侍中手诏慰喻曰：“此社稷之难，非舅之责也。”亮上疏自陈：“祖约、苏峻纵肆凶逆，罪由臣发，寸斩屠戮，不足以谢七庙之灵，塞四海之责。朝廷复何理齿臣于人次，臣亦何颜自次于人理！愿陛下虽垂宽宥，全其首领；犹宜弃之，任其自存自没，则天下粗知劝戒之纲矣。”优诏不许。亮又欲遁逃山海，自暨阳东出；诏有司录夺舟船。亮乃求外镇自效，出为都督豫州、扬州之江西、宣城诸军事、豫州刺史，领宣城内史，镇芜湖。

陶侃、温峤之讨苏峻也，移檄征、镇，使各引兵入援。湘州刺史益阳侯

卞敦拥兵不赴，又不给军粮，遣督护将数百人随大军而已，朝野莫不怪叹。及峻平，陶侃奏敦阻军，顾望不赴国难，请槛车收付廷尉。王导以丧乱之后，宜加宽宥，转敦安南将军、广州刺史；病不赴，征为光禄大夫、领少府。敦忧愧而卒，追赠本官，加散骑常侍，谥曰敬。

解读

庾亮以外戚的身份辅佐朝政，首先引发祸端，国家毁坏、君主危殆，自己却逃窜以求苟免；卞敦位列方镇大员，兵员和粮食都很充足，朝廷倾覆之时，却坐观胜负。人臣的罪过，哪有比这更大的？但朝廷对他们不能运用典刑彰明罪过，甚至还用宠信和爵禄回报，晋成帝的无所作为和用人不当，由此可见一斑。

显宗成皇帝中之上咸和七年——石勒听书

【原典】

赵主勒大飨群臣，谓徐光曰："朕可方自古何等主？"对曰："陛下神武谋略过于汉高，后世无可比者。"勒笑曰："人岂不自知！卿言太过。朕若遇汉高祖，当北面事之，与韩、彭比肩；若遇光武，当并驱中原，未知鹿死谁手。大丈夫行事，宜磊（lěi）磊落落，如日月皎然，终不效曹孟德、司马仲达欺人孤儿、寡妇，狐媚以取天下也。"群臣皆顿首称万岁。

勒虽不学，好使诸生读书而听之，时以其意论古今得失，闻者莫不悦服。尝使人读《汉书》，闻郦食其劝立六国后，惊曰："此法当失，何以遂得天下？"及闻留侯谏，乃曰："赖有此耳！"

解读

石勒，字世龙，原名匐勒，石勒这个姓名是后来汲桑替他取的。石勒是十六国时期后赵的建立者，从奴隶到皇帝的转变，在世界历史上仅此一人。

石勒出身低微，早年饱经磨难。他富于军事才能，政治上也颇有识度，自比在刘邦（即汉高祖刘邦）、刘秀（即汉光武帝刘秀）之间，鄙视曹操、司马懿欺负孤儿寡妇以取天下。儒生读《汉书》给他听，读到郦食其劝刘邦立六国后人时，石勒大惊，说这样何以统一天下？当听到张良劝阻，才连忙说“赖有此耳”。

石勒最大的优点是从谏如流，对于臣下劝阻的事，有时虽不同意，但也暂且停办。

石勒病危之际，留有遗嘱不要厚葬，劝儿子石虎学习周公、霍光辅佐幼主的先例，不要争权。

显宗成皇帝中之上咸康二年——暴君石虎

【原典】

赵王虎作太武殿于襄国，作东、西宫于鄴，十二月，皆成。太武殿基高二丈八尺，纵六十五步，广七十五步，甃（zhòu）以文石。下穿伏室，置卫士五百人。以漆灌瓦，金珰，银楹，珠帘，玉壁，穷极工巧。殿上施白玉床、流苏帐，为金莲华以冠帐顶。又作九殿于显阳殿后，选士民之女以实之，服珠玉、被绮縠（hú）者万馀人。教宫人占星气、马步射。置女太史，及杂伎工巧，皆与外同。以女骑千人为卤簿，皆著紫纶巾，熟锦袴，金银镂带，五文织成靴，执羽仪，鸣鼓吹，游宴以自随。

于是赵大旱，金一斤直粟二斗，百姓嗷（áo）然；而虎用兵不息，百役并兴。使牙门张弥行徙洛阳钟虡（jù）、九龙、翁仲、铜驼、飞廉于鄴，载以四轮缠辋（wǎng）车，辙广四尺，深二尺。一钟没于河，募浮没三百人入河，系以竹縆（gēng），用牛百头，鹿栌引之，乃出，造万斛之舟以济之。既至邺，虎大悦，为之赦二岁刑，赉百官谷帛，赐民爵一级。又用尚方令解飞之言，于邺南投石于河，以作飞桥，功费数千万亿，桥竟不成，役夫饥甚，乃止。使令长帅民入山泽采橡及鱼以佐食，复为权豪所夺，民无所得。

初，日南夷帅范稚，有奴曰范文，常随商贾往来中国；后至林邑，教林邑王范逸作城郭、宫室、器械，逸爱信之，使为将。文遂谮逸诸子，或徙或逃。是岁，逸卒，文诈迎逸子于它国，置毒于椰酒而杀之，文自立为王。于是出兵攻大岐界、小岐界、式仆、徐狼、屈都、乾鲁、扶单等国，皆灭之，有众四五万，遣使奉表入贡。

赵左校令成公段作庭燎于杠末，高十馀丈，上盘置燎，下盘置人，赵王虎试而悦之。

赵太子邃素骁勇，赵王虎爱之，常谓群臣曰："司马氏父子兄弟自相残灭，故使朕得至此；如朕有杀阿铁理否？"既而邃骄淫残忍，好妆饰美姬，斩其首，洗血置盘上，与宾客传观之，又烹其肉共食之。河间公宣、乐安公韬皆有宠于虎，邃疾之如仇。虎荒耽酒色，喜怒无常。使邃省可尚书事，每有所关白，虎恚曰："此小事，何足白也！"时或不闻，又恚曰："何以不白！"诮责笞棰，月至再三。邃私谓中庶子李颜等曰："官家难称，吾欲行冒顿之事，卿从我乎？"颜等伏不敢对。秋，七月，邃称疾不视事，潜帅宫臣文武五百馀骑饮于李颜别舍，因谓颜等曰："我欲至冀州杀河间公，有不从者斩！"行数里，骑皆逃散。颜叩头固谏，邃亦昏醉而归。其母郑氏闻之，私遣中人诮让邃；邃怒，杀之。佛图澄谓虎曰："陛下不宜数往东宫。"虎将视邃疾，思澄言而还；既而瞋目大言曰："我为天下主，父子不相信乎！"乃命所亲信女尚书往察之。邃呼前与语，因抽剑击之。虎怒，收李颜等诘问，颜具言其状。杀颜等三十馀人；幽邃于东宫，既而赦之，引见太武东堂；邃朝而不谢，俄顷即出。虎使谓之曰："太子应朝中宫，岂可遽去！"邃径出，不顾。虎大怒，废邃为庶人。其夜，杀邃及其妃张氏，并男女二十六人同埋于一棺；诛其宫臣支党二百馀人；废郑后为东海太妃。立其子宣为天王皇太子，宣母杜昭仪为天王皇后。

解读

公元333年，石勒驾崩，其皇位由儿子石弘继承。翌年，石虎废杀石弘，自立为王。至公元335年，其首都由襄国（今中国河北邢台）迁至邺（今河北邯郸市临漳县城西南20千米邺城遗址）。公元349年正式即皇帝位。石虎在位期间，表现出了其残暴的一面，因此被评为五胡十六国中最著名的暴君。

石虎生性残忍，发家前，不仅用残酷的手段先后杀死两位妻子，即使在军队中如果遇到与他一样强健的战士，他会以打猎戏斗为由，借机将对手杀死；战斗中，对俘获的俘虏，不分好坏，不分男女一律坑杀，很少有俘虏生还。称帝后，本性不改，穷奢极欲，劳民伤财，大肆营建宫殿，百姓的劳役负担超过任何一代。

由于统治者穷奢极欲，百姓聊无生路，石赵国阶级矛盾空前激化。阶级矛盾激化的同时，石赵统治阶级内部也发生了内讧。激烈的阶级矛盾、残酷的宫廷斗争，使石虎只能在惊恐不安中度日，终于在晋穆帝永和五年（349年）因愁恐而死，终年54岁。自古残暴者不得善终，石虎也未能幸免这样的劫数，也算是罪有应得！

孝宗穆皇帝上之上永和二年——桓温北伐

【原典】

安西将军桓温将伐汉，将佐皆以为不可。江夏相袁乔劝之曰："夫经略大事，固非常情所及，智者了于胸中，不必待众言皆合也。今为天下之患者，胡、蜀二寇而已。蜀虽险固，比胡为弱，将欲除之，宜先其易者。李势无道，臣民不附，且恃其险远，不修战备。宜以精卒万人轻赍疾趋，比其觉之，我已出其险要，可一战擒也。蜀地富饶，户口繁庶，诸葛武侯用之抗衡中夏，若得而有之，国家之大利也。论者恐大军既西，胡必窥觎，此似是而非。胡闻我万里远征，以为内有重备，必不敢动；纵有侵轶，缘江诸军足以拒守，必无忧也。”温从之。乔，瑰之子也。

十一月，辛未，温帅益州刺史周抚、南郡太守谯王无忌伐汉，拜表即行；委安西长史范江以留事，加抚督梁州之四郡诸军事，使袁乔帅二千人为前锋。

朝廷以蜀道险远，温众少而深入，皆以为忧，惟刘惔以为必克。或问其故，惔（dàn）曰：“以博知之。温，善博者也，不必得则不为。但恐克蜀之后，温终专制朝廷耳。”

解读

桓温，东晋谯国龙亢（今安徽怀远西北）人。出身士族，十八岁因手刃杀父仇人而名声大震，步入仕途。长期控制荆州地区，曾经溯大江（长江）而上剿灭盘踞在蜀地的“成汉”政权，三次出兵北伐，虽都以失败而告终，但也取得了一定的成果。

桓温的失败有主客两方面原因。从主观方面来说，桓温北伐不是真正想收复中原，而是志在立威，企图通过北伐，树立个人威信，伺机夺取晋室而代之。因此，桓温在作战中务求持重，即使在对自己有利的形势下也常常观望不进，人为地贻误战机。再加上桓温性情骄躁，不听劝谏，这些都使他北伐的抱负难以实现。

从客观方面来说，东晋君臣无意恢复失地，志在割江自保，又因桓温权势日增，朝廷对其深怀戒心，因此其北伐得不到真正的支持。当桓温大军进展顺利之时，申胤就曾预料说：“以温今日声势，似能有为，然在吾观之，必无成功。何则？晋室衰微，温专制其国，晋之朝臣未必皆与之同心。故温之得志，众所不愿也，必将乖阻以败其事”。这是正确的分析。

但从另一方面来讲，桓温的征伐还是有一定积极意义的。它支持了北方各族人民反抗剥削压迫的斗争，打击了少数族统治者的残暴统治，这是符合当时中原人民愿望的。

孝宗穆皇帝中之上永和十年——殷浩一错误终身

【原典】

中军将军、扬州刺史殷浩连年北伐，师徒屡败，粮械都尽。征西将军桓温因朝野之怨，上疏数浩之罪，请废之。朝廷不得已，免浩为庶人，徙东阳之信安。自此内外大权一归于温矣。

浩少与温齐名，而心竞不相下，温常轻之。浩既废黜，虽愁怨，不形辞色，常书空作“咄咄怪事”字。久之，温谓掾郗超曰：“浩有德有言，向为令仆，足以仪刑百揆，朝廷用违其才耳。”将以浩为尚书令，以书告之。浩欣然许焉，将答书，虑有谬误，开闭者十数，竟达空函。温大怒，由是遂绝，卒于徙所。以前会稽内史王述为扬州刺史。

解读

对于殷浩，桓温还是有惜才之心的，本打算重新对他委以重任。殷浩受宠若惊，在给桓温回信时，生怕出现什么差错，屡次拆开信封查看，结果却给桓温回了一封空信。桓温大怒，就此回绝。殷浩因一封信而贻误了自己的大好前途，实在是可惜。

孝宗穆皇帝下升平四年——一代良相谢安

【原典】

谢安少有重名，前后征辟，皆不就，寓居会稽，以山水、文籍自娱。虽为布衣，时人皆以公辅期之，士大夫至相谓曰：“安石不出，当如苍生何！”安海游东山，常以妓女自随。司徒昱闻之，曰：“安石既与人同乐，

必不得不与人同忧，召之必至。”安妻，刘惔之妹也，见家门贵盛而安独静退，谓曰：“丈夫不如此也？”安掩鼻曰：“恐不免耳。”及弟万废黜，安始有仕进之志，时已年四十馀。征西大将军桓温请为司马，安乃赴召，温大喜，深礼重之。

解读

谢安初与权臣周旋时，从不卑躬屈膝，不违背自己的准则却能拒权臣而扶社稷；等他当政的时候，又处处以大局为重，不结党营私，不仅调和了东晋内部矛盾，还于淝水之战击败前秦并北伐夺回了大片领土；而到他北伐胜利功成名就之时，还能急流勇退，不恋权位，因此被后世之人视为良相的代表、“高洁”的典范。

烈宗孝武皇帝上之中太元七年——苻坚拒谏

【原典】

冬，十月，秦王坚会群臣于太极殿，议曰：“自吾承业，垂三十载，四方略定，唯东南一隅，未沾王化。今略计吾士卒，可得九十七万，吾欲自将以讨之，何如？”秘书监朱肜曰：“陛下返中国士民，使复其桑梓，然后回舆东巡，告成岱宗，此千载一时也！”坚喜曰：“是吾志也。”

尚书左仆射权翼曰：“昔纣为无道，三仁在朝，武王犹为之旋师。今晋虽微弱，未有大恶。谢安、桓冲皆江表伟人，君臣辑睦，内外同心。以臣观之，未可图也。”坚嘿然良久，曰：“诸君各言其志。”

太子左卫率石越曰：“今岁镇守斗，福德在吴。伐之，必有天殃。且彼据长江之险，民为之用，殆未可伐也！”坚曰：“昔武王伐纣，逆岁违卜。天道幽远，未易可知。夫差、孙皓皆保据江湖，不免于亡。今以吾之众，投鞭于江，足断其流，又何险之足恃乎！”对曰：“三国之君皆淫虐无道，故敌国取之，易于拾遗。今晋虽无德，未有大罪，愿陛下且案兵积谷，以待其衅。”于是群臣各言利害，久之不决。坚曰：“此所谓筑室道旁，无时可成。吾当内断于心耳！”

群臣皆出，独留阳平公融，谓之曰：“自古定大事者，不过一二臣而已。今众言纷纷，徒乱人意，吾当与汝决之。”对曰：“今伐晋有三难：天道不顺，一也；晋国无衅，二也；我数战兵疲，民有畏敌之心，三也。群臣言晋不可伐者，皆忠臣也，愿陛下听之。”坚作色曰：“汝亦如此，吾复何望！吾强兵百万，资仗如山；吾虽未为令主，亦非暗劣。乘累捷之势，击垂亡之国，何患不克，岂可复留此残寇，使长为国家之忧哉！”融泣曰：“晋未可灭，昭然甚明。今劳师大举，恐无万全之功。且臣之所忧，不止于此。陛下宠育鲜卑、羌、羯，布满畿甸，此属皆我之深仇。太子独与弱卒数万留守京师，臣惧有不虞之变生于腹心肘掖，不可悔也。臣之顽愚，诚不足采；王景略一时英杰，陛下常比之诸葛武侯，独不记其临没之言乎！”坚不听。于是朝臣进谏者众，坚曰：“以吾击晋，校其强弱之势，犹疾风之扫秋叶，而朝廷内外皆言不可，诚吾所不解也！”

太子宏曰：“今岁在吴分，又晋君无罪，若大举不捷，恐威名外挫，财力内竭，此群下所以疑也！”坚曰：“昔吾灭燕，亦犯岁而捷，天道固难知也。秦灭六国，六国之君岂皆暴虐乎！”

冠军、京兆尹慕容垂言于坚曰：“弱并于强，小并于大，此理势自然，非难知也。以陛下神武应期，威加海外，虎旅百万，韩、白满朝，而蕞尔江南，独违王命，岂可复留之以遗子孙哉！《诗》云：‘谋夫孔多，是用不集。’陛下断自圣心足矣，何必广询朝众！晋武平吴，所仗者张、杜二三臣而已，若从朝众之言，岂有混壹之功乎！”坚大悦，曰：“与吾共定天下者，独卿而已。”赐帛五百匹。

坚锐意欲取江东，寝不能旦。阳平公融谏曰：“‘知足不辱，知止不殆。’自古穷兵极武，未有不亡者。且国家本戎狄也，正朔会不归人。江东虽微弱仅存，然中华正统，天意必不绝之。”坚曰：“帝王历数，岂有常邪！惟德之所在耳！刘禅岂非汉之苗裔邪，终为魏所灭。汝所以不如吾者，正病此不达变通耳！”

坚素信重沙门道安，群臣使道安乘间进言。十一月，坚与道安同辇游于东苑，坚曰：“朕将与公南游吴、越，泛长江，临沧海，不亦乐乎！”安曰：“陛下应天御世，居中土而制四维，自足比隆尧、舜，何必栉风沐雨，经略遐方乎！且东南卑湿，沴（lì）气易构，虞舜游而不归，大禹往而不复。何足以上劳大驾也！”坚曰：“天生烝民，而树之君，使司牧之，朕岂敢惮劳，使彼一方独不被泽乎！必如公言，是古之帝王皆无征伐也！”道安曰：“必不得已，陛下宜驻跸洛阳，遣使者奉尺书于前，诸将总六师于后，彼必稽首入臣，不必亲涉江、淮也。”坚不听。

坚所幸张夫人谏曰：“妾闻天地之生万物，圣王之治天下，皆因其自然而顺之，故功无不成。是以黄帝服牛乘马，因其性也；禹浚九川，障九泽，因其势也；后稷播殖百谷，因其时也；汤、武帅天下而攻桀、纣，因其心也。皆有因则成，无因则败。今朝野之人皆言晋不可伐，陛下独决意行之，妾不知陛下何所因也。《书》曰：‘天聪明自我民聪明。’天犹因民，而况人乎！妾又闻王者出师，必上观天道，下顺人心。今人心既不然矣，请验之天道。谚云：‘鸡夜鸣者不利行师，犬群嗥者宫室将空，兵动马惊，军败不归。’自秋、冬以来，众鸡夜鸣，群犬哀嗥，厩马多惊，武库兵器自动有声，此皆非出师之祥也。”坚曰：“军旅之事，非妇人所当预也！”

坚幼子中山公诜（shēn）最有宠，亦谏曰：“臣闻国之兴亡，系贤人之用舍。今阳平公，国之谋主，而陛下违之；晋有谢安、桓冲，而陛下伐之，臣窃惑之。”坚曰：“天下大事，孺子安知！”

解 读

苻坚志在统一天下，经过二十多年的精心治理，他基本上统一了中国北方，国富兵强，只剩下地处东南一角的东晋尚未征服，苻坚耿耿于怀。建元十五年（379 年），前秦攻克了东晋的襄阳，俘虏了守将朱序。苻坚认为夺取东晋统一天下的条件已经成熟，于是决定伐晋。

苻坚一世英明，却在这个问题上犯了致命的错误。除秘书监朱肜表示赞成外，其余大臣都纷纷反对伐晋，但苻坚不听劝谏，仍然坚持己见。

这时，怀有二心的前燕宗室将军慕容垂和羌帅贵族姚苌都希望苻坚伐晋失败，以便趁机恢复故国的统治，所以竭力怂恿苻坚南伐，“圣心独断”。结果，苻坚在君臣认识不一的情况下，于建元十九年（383 年）五月下达了进攻东晋的命令，随后调集九十多万兵力陆续向东晋进发。

由于苻坚自以为是，一意孤行，再加上奸臣的调唆，最终遭致了淝水之战的灭顶之灾。

烈宗孝武皇帝上之下太元八年——淝水之战

【原典】

秦王坚下诏大举入寇，民每十丁遣一兵；其良家子年二十已下，有材勇者，皆拜羽林郎。又曰：“其以司马昌明为尚书左仆射，谢安为吏部尚书，桓冲为侍中；势还不远，可先为起第。”良家子至者三万馀骑，拜秦州主簿，金城赵盛之为少年都统。是时，朝臣皆不欲坚行，独慕容垂、姚苌及良家子劝之。阳平公融言于坚曰：“鲜卑、羌虏，我之仇雠，常思风尘之变以逞其志，所陈策画，何可从也！良家少年皆富饶子弟，不闲军旅，苟为谄谀之言以会陛下之意耳。今陛下信而用之，轻举大事，臣恐功既不成，仍有后患，悔无

及也！”坚不听。

八月，戊午，坚遣阳平公融督张蚝、慕容垂等步骑二十五万为前锋；以兖州刺史姚苌为龙骧将军，督益、梁州诸军事。坚谓苌曰：“昔朕以龙骧建业，未尝轻以授人，卿其勉之！”左将军窦冲曰：“王者无戏言，此不祥之征也！”坚默然。

慕容楷、慕容绍言于慕容垂曰：“主上骄矜已甚，叔父建中兴之业，在此行也！”垂曰：“然。非汝，谁与成之！”

甲子，坚发长安，戎卒六十馀万，骑二十七万，旗鼓相望，前后千里。九月，坚至项城，凉州之兵始达咸阳，蜀、汉之兵方顺流而下，幽、冀之兵至于彭城，东西万里，水陆齐进，运漕万艘。阳平公融等兵三十万，先至颍口。

诏以尚书仆射谢石为征虏将军、征讨大都督，以徐、兖二州刺史谢玄为前锋都督，与辅国将军谢琰、西中郎将桓伊等众共八万拒之；使龙骧将军胡彬以水军五千援寿阳。琰，安之子也。

是时秦兵既盛，都下震恐。谢玄入，问计于谢安，安夷然，答曰：“已别有旨。”既而寂然。玄不敢复言，乃令张玄重请。安遂命驾出游山墅，亲朋毕集，与围棋赌墅。安棋常劣于玄，是日，玄惧，便为敌手而又不胜。安遂游陟（zhì），至夜乃还。桓冲深以根本为忧，遣精锐三千入援京师。谢安固却之，曰：“朝廷处分已定，兵甲无阙，西籓宜留以为防。”冲对佐吏叹曰：“谢安石有庙堂之量，不闲将略。今大敌垂至，方游谈不暇，遣诸不经事少年拒之，众又寡弱，天下事已可知，吾其左衽矣！”

以琅邪王道子录尚书六条事。

冬，十月，秦阳平公融等攻寿阳；癸酉，克之，执平虏将军徐元喜等。融以其参军河南郭褒为淮南太守。慕容垂拔郧城。胡彬闻寿阳陷，退保硖石，融进攻之。秦卫将军梁成等帅众五万屯于洛涧，栅淮以遏东兵。谢石、谢玄等去洛涧二十五里而军，惮成不敢进。胡彬粮尽，潜遣使告石等曰：“今贼盛粮尽，恐不复见大军！”秦人获之，送于阳平公融。融驰使白秦王坚曰：“贼少易擒，但恐逃去，宜速赴之！”坚乃留大军于项城，引轻骑八千，兼道就融于寿阳。遣尚书朱序来说谢石等，以为：“强弱异势，不如速降。”序私谓石等曰："若秦百万之众尽至，诚难与为敌。今乘诸军未集，宜速击之；若败其前锋，则彼已夺气，可遂破也。"

石闻坚在寿阳，甚惧，欲不战以老秦师。谢琰劝石从序言。十一月，谢玄遣广陵相刘牢之帅精兵五千人趣洛涧，未至十里，梁成阻涧为陈以待之。牢之直前渡水，击成，大破之，斩成及弋阳太守王咏，又分兵断其归津，秦步骑崩溃，争赴淮水，士卒死者万五千人。执秦扬州刺史王显等，尽收其器械军实。于是谢石等诸军水陆继进。秦王坚与阳平公融登寿阳城望之。见晋兵部阵严整，又望见八公山上草木，皆以为晋兵，顾谓融曰："此亦劲敌，何谓弱也！"怃然始有惧色。

秦兵逼淝水而陈，晋兵不得渡。谢玄遣使谓阳平公融曰："君悬军深入，而置陈逼水，此乃持久之计，非欲速战者也。若移陈小却，使晋兵得渡，以决胜负，不亦善乎！"秦诸将皆曰："我众彼寡，不如遏之，使不得上，可以万全。"坚曰："但引兵少却，使之半渡，我以铁骑蹙而杀之，蔑不胜矣！"融亦以为然，遂麾兵使却。秦兵遂退，不可复止，谢玄、谢琰、桓伊等引兵渡水击之。融驰骑略陈，欲以帅退者，马倒，为晋兵所杀，秦兵遂溃。玄等乘胜追击，至于青冈。秦兵大败，自相蹈藉而死者，蔽野塞川。其走者闻风声鹤唳，皆以为晋兵且至，昼夜不敢息，草行露宿，重以饥冻，死者什七八。初，秦兵小却，朱序在陈后呼曰："秦兵败矣！"众遂大奔。序因与张天锡、徐元喜皆来奔。获秦王坚所乘云母车及仪服器械、军资珍宝畜产不可胜计，复取寿阳，执其淮南太守郭褒。

坚中流矢，单骑走至淮北，饥甚，民有进壶飧、豚髀（bì）者，坚食之，赐帛十匹、绵十斤。辞曰："陛下厌苦安乐，自取危困。臣为陛下子，陛下为臣父，安有子饲其父而求报乎？"弗顾而去。坚谓张夫人曰："吾今复何面目治天下乎！"潸然流涕。

是时，诸军皆溃，惟慕容垂所将三万人独全，坚以千余骑赴之。世子宝言于垂曰："家国倾覆，天命人心皆归至尊，但时运未至，故晦迹自藏耳。今秦主兵败，委身于我，是天借之便以复燕祚，此时不可失也，愿不以意气微恩忘社稷之重！"垂曰："汝言是也。然彼以赤心投命于我，若之何害之！天苟弃之，何患不亡？不若保护其危以报德，徐俟其衅而图之！既不负宿心，且可以义取天下。”奋威将军慕容德曰：“秦强而并燕，秦弱而图之，此为报仇雪耻，非负宿心也；兄奈何得而不取，释数万之众以授人乎？”垂曰：“吾昔为太傅所不容，置身无所，逃死于秦，秦主以国士遇我，恩礼备至。后复为王猛所卖，无以自明。秦主独能明之，此恩何可忘也！若氐运必穷，吾当怀集关东，以复先业耳，关西会非吾有也。”冠军行参军赵秋曰：“明公当绍复燕祚，著于图谶。今天时已至，尚复何待！若杀秦主，据鄴都，鼓行而西，三秦亦非苻氏之有也！”垂亲党多劝垂杀坚，垂皆不从，悉以兵授坚。平南将军慕容暐（wěi）屯郧城，闻坚败，弃其众遁去；至荥阳，慕容德复说暐起兵以复燕祚，暐不从。

谢安得驿书，知秦兵已败，时方与客围棋，摄书置床上，了无喜色，围棋如故。客问之，徐答曰：“小儿辈遂已破贼。”既罢，还内，过户限，不觉屐齿之折。

解读

公元383年，中国历史的大舞台上演了一场以少胜多的著名战争。在这场战争中，东晋八万士卒一举打败了前秦八十多万大军，使国家转危为安，留下了“八公山上，草木皆兵”的历史佳话。这就是淝水之战。

东晋孝武帝虽然昏庸，但其宰相谢安却是个很有才干的政治家，在他的努力下，面对前秦大军压境，内部矛盾得到缓和，出现了上下齐心、同仇敌忾的局面。他们趁前秦大军尚未完成集结之际，主动在淝水决战。交战前，苻坚急于求胜，在未经核实敌情，不明东晋意图的情况下，不听部将的劝阻，盲目同意退军决战。结果中了东晋的圈套，一退而不可收拾，导致淝水惨败，不仅前锋统帅苻融被杀，苻坚自己也被流矢射中，落荒而逃。

淝水之战的结果，使东晋王朝的统治得到了稳定，有效地遏制了北方少数民族南下侵扰，为江南地区社会经济的恢复和发展提供了必要的契机，这场战争对于前秦政权和苻坚本人来说，则是促使北方地区暂时统一局面的解体。慕容垂、姚苌等氐族贵族重新崛起，趁机肢解了前秦的统治，苻坚本人也很快遭到了身死国灭的悲惨下场。

从长远来看，淝水之战最重要的作用是使流落到南方的汉族中原文化得以延续和发展，并且直接影响了此后隋唐等统一王朝，可以说淝水之战保住了中华文化的核心部分并使之从所谓“五胡乱华”之后得到喘息和重新崛起的机会。

烈宗孝武皇帝下太元二十一年——司马曜醉酒被杀

【原典】

帝嗜酒，流连内殿，醒治既少，外人罕得进见。张贵人宠冠后宫，后宫皆畏之。庚申，帝与后宫宴，妓乐尽侍；时贵人年近三十，帝戏之曰：“汝以年亦当废矣，吾意更属少者。”贵人潜怒，向夕，帝醉，寝于清暑殿，贵人遍饮宦者酒，散遣之，使婢以被蒙帝面，弑之，重赂左右，云“因魇暴崩”。时太子暗弱，会稽王道子昏荒，遂不复推问。王国宝夜叩禁门，欲入为遗诏，侍中王爽拒之，曰：“大行晏驾，皇太子未至，敢入者斩!”国宝乃止。爽，恭之弟也。辛酉，太子即皇帝位，大赦。

癸亥，有司奏：“会稽王道子宜进位太傅、扬州牧，假黄钺。”诏内外众事动静咨之。

安帝幼而不慧，口不能言，至于寒暑饥饱亦不能辨，饮食寝兴皆非己出。母弟琅邪王德文，性恭谨，常侍左右，为之节适，始得其宜。

初，王国宝党附会稽王道子，骄纵不法，屡为御史中丞褚粲所纠。国宝起斋，侔清暑殿，孝武帝甚恶之；国宝惧，遂更求媚于帝而疏道子，帝复宠昵之。道子大怒，尝于内省面责国宝，以剑掷之，旧好尽矣。及帝崩，国宝复事道子，与王绪共为邪谄。道子更惑之，倚为心腹，遂参管朝权，威震内外，并为时之所疾。

王恭入赴山陵，每正色直言，道子深惮之。恭罢朝，叹曰：“榱（cuī）栋虽新，便有黍离之叹!”绪说国宝，因恭入朝，劝相王伏兵杀之，国宝不许。道子欲辑和内外，乃深布腹心于恭，冀除旧恶；而恭每言及时政，辄厉声色。道子知恭不可和协，遂有相图之志。

或劝恭因入朝以兵诛国宝，恭以豫州刺史庾楷士马甚盛，党于国宝，惮之，不敢发。王珣谓恭曰："国宝虽终为祸乱，要之罪逆未彰，今遽先事而安，必大失朝野之望。况拥强兵窃发于京辇，谁谓非逆！国宝若遂不改，恶布天下，然后顺众心以除之，亦无忧不济也。"恭乃止。既而谓珣曰："比来视君一似胡广"。珣曰："王陵廷争，陈平慎默，但问岁晏何如耳！"

冬，十月，甲申，葬孝武帝于隆平陵。王恭还镇，将行，谓道子曰："主上谅暗，冢宰之任，伊、周所难，愿大王亲万几，纳直言。放郑声，远佞人。"国宝等愈惧。

解读

司马曜虽然是个尽心国事、重用贤臣的君主，但却嗜酒如命。

其实司马曜只是在酒喝高的情况下，无心地说了一句玩笑话，没想到竟遭来杀身之祸。因为司马曜的一通酒话对张贵人来说，无异于晴天霹雳。

可怜这位无辜的司马皇帝，只因酒后开了个小小的玩笑，结果丢掉了性命，成为千古奇谈。

安皇帝庚义熙六年——刘裕大开杀戒

【原典】

丁亥，刘裕悉众攻城。或曰："今日往亡，不利行师。"裕曰："我往彼亡，何为不利！"四面急攻之。悦寿开门纳晋师，超与左右数十骑逾城突围出走，追获之。裕数以不降之罪，超神色自若，一无所言，惟以母托刘敬宣而已。

裕忿广固久不下，欲尽坑之，以妻女赏将士。韩范谏曰："晋室南迁，中原鼎沸，士民无援，强则附之，既为君臣，必须为之尽力。彼皆衣冠旧族，先帝遗民；今王师吊伐而尽坑之，使安所归乎！窃恐西北之人无复来苏之望矣。”裕改容谢之，然犹斩王公以下三千人，没入家口万馀，夷其城隍，送超诣建康，斩之。

臣光曰：晋自济江以来，威灵不竞，戎狄横骛，虎噬中原。刘裕始以王师翦平东夏，不于此际旌礼贤俊，慰抚疲民，宣恺悌之风，涤残秽之政，使群士向风，遗黎企踵，而更恣行屠戮以快忿心。迹其施设，曾苻、姚之不如，宜其不能荡壹四海，成美大之业，岂非虽有智勇而无仁义使之然哉！

解读

晋自从南渡长江以来，国势衰败，致使戎狄异族横行无忌，如猛虎般吞噬中原。因此，刘裕开始指挥王家军队平定华夏东部地区。但是，他在此情况下却不懂得礼贤下士，善待百姓，反而变本加厉地肆意妄为，大开杀戒，以此平息自己一时的愤怒。查阅他的所做所为，竟连苻氏、姚氏都不如，这也正是他不能平定四海，成就一番大业的真正原因。

宋纪

高祖武皇帝永初三年——宋武帝驾崩

【原典】

五月，帝疾甚，召太子诫之曰："檀道济虽有干略，而无远志，非如兄韶有难御之气也。徐羡之、傅亮，当无异图。谢晦数从征伐，颇识机变，若有同异，必此人也。"又为手诏曰："后世若有幼主，朝事一委宰相，母后不烦临朝。"司空徐羡之、中书令傅亮、领军将军谢晦、镇北将军檀道济同被顾命。癸亥，帝殂于西殿。帝清简寡欲，严整有法度，被服居处，俭于布素，游宴甚稀，嫔御至少。尝得后秦高祖从女，有盛宠，颇以废事；谢晦微谏，即时遣出。财帛皆在外府，内无私藏。岭南尝献入筒细布，一端八丈，帝恶其精丽劳人，即付有司弹太守，以布还之，并制岭南禁作此布。公主出适，遣送不过二十万，无锦绣之物。内外奉禁，莫敢为侈靡。

太子即皇帝位，年十七，大赦，尊皇太后曰太皇太后，立妃司马氏为皇后。后，晋恭帝女海盐公主也。

解 读

刘裕登基以后，在位3年，于公元422年在建康去世，终年60岁。庙号高祖，谥为宋武帝，葬在初宁陵（今江苏省南京紫金山）。

纵观刘裕的一生，还是可圈可点的。作为一国之君，他崇尚节俭，生活朴素。刘裕十分关心百姓生活，曾多次下令减免税役。在平定刘毅时，也曾下令减免税役。对于那些原来因战争需要被征发的奴隶也一律放还。

刘裕虽是行伍出身，识字不多，但非常重视教育。永初三年（422年）正月，下诏："古之建国，教学为先，弘风训世，莫尚于此；发蒙启滞，咸必由之。故爰自盛王，迄于近代，莫不敦崇学艺，修建庠序。"（《宋书·武帝本纪》）通过一系列措施，教育事业空前繁荣，此举不仅巩固了宋国的统治，同时也改善了社会风气。

太祖文皇帝上之上元嘉元年——刘义符贪玩丧命

【原典】

营阳王居丧无礼，好与左右狎昵，游戏无度。特进致仕范泰上封事曰："伏闻陛下时在后园，颇习武备，鼓鞞（pí）在宫，声闻于外。黩武掖庭之内，喧哗省闼之间，非徒不足以威四夷，只生远近之怪。陛下践祚，委政宰臣，实同高宗谅暗之美；而更亲狎小人，惧非社稷至计、经世之道也。"不听。泰，宁之子也。

南豫州刺史庐陵王义真，警悟爱文义，而性轻易，与太子左卫率谢灵运、员外常侍颜延之、慧琳道人情好款密。尝云："得志之日，以灵运、延之为宰相，慧琳为西豫州都督。"灵运，玄之孙也，性褊傲，不遵法度，朝廷但以文义处之，不以为有实用。灵运自谓才能宜参权要，常怀愤邑。延之，含之曾孙也，嗜酒放纵。

徐羡之等恶义真与灵运等游，义真故吏范晏从容戒之，义真曰："灵运空疏，延之隘薄，魏文帝所谓'古今文人类不护细行'者也；但性情所得，未能忘言于悟赏耳。"于是羡之等以为运、延之构扇异同，非毁执政，出灵运为永嘉太守，延之为始安太守。

义真至历阳，多所求索，执政每裁量不尽与。义真深怨之，数有不平之言，又表求还都。谘议参军庐江何尚之屡谏，不听。时羡之等已密谋废帝，而次立者应在义真；乃因义真与帝有隙，先奏列其罪恶，废为庶人，徙新安郡。前吉阳令堂邑张约之上疏曰："庐陵王少蒙先皇优慈之遇，长受陛下睦受之恩，故在心必言，所怀必亮，容犯臣子之道，致招骄恣之愆（qiān）。至于天恣夙成，实有卓然之美，宜在容养，录善掩瑕，训尽义方，进退以渐。今猥加剥辱，幽徙远郡，上伤陛下常棣之笃，下令远近恇然失图。臣伏思大宋开基造次，根条未繁，宜广树籓戚，敦睦以道。人谁无过，贵能自新；以武皇之爱子，陛下之懿弟，岂可以其一眚（shěng），长致沦弃哉!”书奏，以约之为梁州府参军，寻杀之。

夏，四月，甲辰，魏主东巡大宁。

秦王炽磐遣镇南将军吉毗等帅步骑一万南伐白苟、车孚、崔提、旁为四国，皆降之。

徐羡之等以南兖州刺史檀道济先朝旧将，威服殿省，且有兵众，乃召道济及江州刺史王弘入朝；五月，皆至建康，以废立之谋告之。

甲申，谢晦以领军府屋败，悉令家人出外，聚将士于府内；又使中书舍人邢安泰、潘盛为内应。夜，邀檀道济同宿，晦悚动不得眠，道济就寝便熟，晦以此服之。

时帝于华林园为列肆，亲自沽卖，以与左右引船为乐，夕，游天渊池，即龙舟而寝。乙酉诘旦，道济引兵居前，羡之等继其后，入自云龙门；安泰等先诫宿卫，莫有御者。帝未兴，军士进杀二侍者，伤帝指，扶出东阁，收玺绶，群臣拜辞，卫送故太子宫。

侍中程道惠劝羡之等立皇弟南豫州刺史义恭。羡之等以宜都王义隆素有令望，又多符瑞，乃称皇太后令，数帝过恶，废为营阳王，以宜都王纂承大统，赦死罪以下。又称皇太后令，奉还玺绂（fú）；并废皇后为营阳王妃，迁营阳王于吴。使檀道济入守朝堂。王至吴，止金昌亭；六月，癸丑，羡之等使邢安泰就弑之。王多力，突走出昌门，追者以门关踣而弑之。

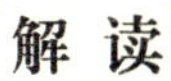

解读

刘义符在位时居丧无礼，又好为游狎之事。青春少年，童心未泯，只知玩耍嬉戏，什么父丧，什么军国大事，更不放在心上。群臣谏言，一概不听。魏兵犯境，作战失利，将军自劾，国人惊惶，他也不管，真个是无忧无虑，得快乐时且快乐，不做杞人去忧天。

公元424年6月，文武将官徐羡之、檀道济等人带兵杀入，将酣睡中的刘义符带到岸上，收取了他的印玺，以太后的名义废其为营阳王。不久被杀，时年仅十七岁。徐羡之又派人杀刘义真于新安，后立刘裕三子刘义隆为帝。

太祖文皇帝上之上元嘉四年——统万之战

【原典】

魏奚斤与夏平原公定相持于长安。魏主欲乘虚伐统万，简兵练士，部分诸将，命司徒长孙翰等将三万骑为前驱，常山王素等将步兵三万为后继，南阳王伏真等将步兵三万部送攻具，将军贺多罗将精骑三千为前候。素，遵之子也。五月，魏主发平城，命龙骧将军代人陆俟督诸军镇大碛以备柔然。辛巳，济君子津。

壬午，中护军王华卒。

魏主至拔邻山，筑城，舍辎重，以轻骑三万倍道先行。群臣咸谏曰："统万城坚，非朝夕可拔。今轻车讨之，进不可克，退无所资，不若与步兵、攻具一时俱往。"帝曰："用兵之术，攻城最下。必不得已，然后用之。今以步兵、攻具皆进，彼必惧而坚守。若攻不时拔，食尽兵疲，外无所掠，进退无地。不如以轻骑直抵其城，彼见步兵未至，意必宽弛；吾羸形以诱之，彼或出战，则成擒矣。所以然者，吾之军士去家二千馀里，又隔大河，所谓'置之死地而后生'者也。故以之攻城则不足，决战则有馀矣。"遂行。

六月，癸卯朔，日有食之。

魏主至统万，分军伏于深谷，以少众至城下。夏将狄子玉降魏，言：“夏主闻有魏师，遣使召平原公定，定曰：‘统万坚峻，未易攻拔。待我擒奚斤，然后徐往。内外击之，蔑不济矣。’故夏主坚守以待之。”魏主患之。乃退军以示弱，遣娥清及永昌王健帅骑五千西掠居民。

魏军士有得罪亡奔夏者，言魏军粮尽，士卒食菜，辎重在后，步兵未至，宜急击之。夏主从之。甲辰，将步骑三万出城。长孙翰等皆言：“夏兵步陈难陷，宜避其锋。”魏主曰：“吾远来求贼，惟恐不出。今既出矣。乃避而不击，彼奋我弱，非计也。”遂收众伪遁，引而疲之。

夏兵为两翼，鼓噪追之，行五六里，会有风雨从东南来，扬沙晦冥。宦者赵倪，颇晓方术，言于魏主曰：“今风雨从贼上来，我向之，彼背之，天不助人；且将士饥渴，愿陛下摄骑避之，更待后日。”崔浩叱之曰：“是何言也！吾千里制胜，一日之中，岂得变易！贼贪进不止，后军已绝，宜隐军分出，掩击不意。风道在人，岂有常也！”魏主曰：“善！”乃分骑为左右队以掎之。魏主马蹶而坠，几为夏兵所获；拓跋齐以身捍蔽，决死力战，夏兵乃退。魏主腾马得上，刺夏尚书斛黎文，杀之，又杀骑兵十馀人，身中流矢，奋击不辍，夏众大溃。齐，翳槐子玄孙也。

魏人乘胜逐夏主至城北，杀夏主之弟河南公满及兄子蒙逊，死者万馀人。夏主不及入城，遂奔上邽。魏主微服逐奔者，入其城；拓跋齐固谏，不听。夏人觉之，诸门悉闭；魏主因与齐等入其宫中，得妇人裙，系之槊（shuò）上，魏主乘之而上，仅乃得免。会日暮，夏尚书仆射问至奉夏主之母出走，长孙翰将八千骑追夏主至高平，不及而还。

乙巳，魏主入城，获夏王、公、卿、将、校及诸母、后妃、姊妹、宫人以万数，马三十馀万匹，牛羊数千万头，府库珍宝、车旗、器物不可胜计，颁赐将士有差。

解读

统万之战发生于北魏始光三年（426年）九月，北魏太武帝拓跋焘听闻夏主赫连勃勃诸子互相残杀，局势动荡，遂遣司空奚斤率兵4.5万袭夏蒲坂（今山西永济西南），宋兵将军率万人袭陕城（今河南陕县）。

魏军入统万城，获夏王、公、卿、将、校及后妃、宫人等以万数，府库珍宝、器物不计其数，马三十余万匹，牛羊数千万头。与魏军相持于长安的赫连定闻统万已破，亦奔上邽。魏帝率军东还，以拓跋素为征南大将军，与执金吾桓贷、莫云留镇统万。

此战，魏帝抓住夏军主力在长安与魏守军相持之机，乘虚袭击统万，以示弱诱夏军出战，使夏军脱离坚固城防工事，在野战中伏击歼敌，在作战中变逆风为顺风攻击，终于大败夏军，攻破统万。

太祖文皇帝中之上元嘉十三年——刘义隆惨杀功臣

【原典】

司空、江州刺史、永修公檀道济，立功前朝，威名甚重，左右腹心并经百战，诸子又有才气，朝廷疑畏之。帝久疾不愈，刘湛说司徒义康，以为："宫车一日晏驾，道济不复可制。"会帝疾笃，义康言于帝，召道济入朝。其妻向氏谓道济曰："高世之勋，自古所忌。今无事相召，祸其至矣。"既至，留之累月。帝稍间，将遣还，已下渚，未发；会帝疾动，义康矫诏召道济入祖道，因执之。三月，己未，下诏称："道济潜散金货，招诱剽猾，因朕寝疾，规肆祸心。"收付廷尉，并其子给事黄门侍郎植等十一人诛之，唯宥其孙孺。又杀司空参军薛彤、高进之。二人皆道济腹心，有勇力，时人比之关、张。

道济见收，愤怒，目光如炬，脱帻投地曰："乃坏汝万里长城！"魏人闻之，喜曰："道济死，吴子辈不足复惮！"

解读

宋文帝刘义隆在位二十八年（424—452年），继续实行刘裕的治国方略，在东晋义熙土断的基础上清理户籍，下令免除百姓欠政府的"通租宿债"，又实行劝学、兴农、招贤等一系列措施，使百姓得以休养生息，社会生产有所发展，经济文化日趋繁荣。总地来说，刘义隆也算是个有作为的皇帝。但是，他好猜忌，视兄弟如豺狼，视大臣如仇敌。宋文帝刘义隆做了皇帝之后，对拥护他的大臣徐羡之、傅亮、谢晦等毫无情义，皆杀之。最后把檀道济也杀了，亲手毁掉了自己的"万里长城"，这就等于给虎视眈眈的北魏发出了邀请函。

太祖文皇帝中之下元嘉二十七年——国史之狱

【原典】

魏司徒崔浩，自恃才略及魏主所宠任，专制朝权，尝荐冀、定、相、幽、并五州之士数十人，皆起家为郡守。太守晃曰："先征之人，亦州郡之选也；在职已久，勤劳未答，宜先补郡县，以新征者代为郎吏。且守令治民，宜得更事者。"浩固争而遣之。中书侍郎、领著作郎高允闻之，谓东宫博士管恬曰："崔公其不免乎！苟遂其非而校胜于上，将何以堪之！"

魏主以浩监秘书事，使与高允等共撰《国记》，曰："务从实录。"著作令史闵湛、郗标，性巧佞，为浩所宠信。浩尝注《易》及《论语》《诗》《书》，湛、标上疏言："马、郑、王、贾不如浩之精微，乞收境内诸书，班浩所注，令天下习业。并求敕浩注《礼传》，令后生得观正义。"浩亦荐湛、标有著述才。湛、标又劝浩刊所撰《国史》于石，以彰直笔。高允闻之，谓著作郎宗钦曰："湛、标所营，分寸之间，恐为崔门万世之祸，吾徒亦无噍（jiào）类矣！"浩竟用湛、标议，刊石立于郊坛东，方百步，用功三百万。浩书魏之先世，事皆详实，列于衢路，往来见者咸以为言。北人无不忿恚，相与谮浩于帝，以为暴扬国恶。帝大怒，使有司按浩及秘书郎吏等罪状。

初，辽东公翟黑子有宠于帝，奉使并州，受布千匹。事觉，黑子谋于高允曰："主上问我，当以实告，为当讳之？"允曰："公帷幄宠臣，有罪首实，庶或见原，不可重为欺罔也。"中书侍郎崔览、公孙质曰："若首实，罪不可测，不如讳之。"黑子怨允曰："君奈何诱人就死地！"入见帝，不以实对，帝怒，杀之。帝使允授太子经。

及崔浩被收，太子召允至东宫，因留宿。明旦，与俱入朝，至宫门，谓允曰："入见至尊，吾自导卿；脱至尊有问，但依吾语。"允曰："为何等事也？"太子曰："人自知之。"太子见帝言："高允小心慎密，且微贱；制由崔浩，请赦其死。"帝召允，问曰："《国书》皆浩所为乎？"对曰："《太祖记》，前著作郎邓渊所为；《先帝记》及《今记》，臣与浩共为之。然浩所领事多，总裁而已；至于著述，臣多于浩。"帝怒曰："允罪甚于浩，何以得生！"太子惧，曰："天威严重，允小臣，迷乱失次耳。臣向问，皆云浩所为。"帝问允："信如东宫所言乎？"对曰："臣罪当灭族，不敢虚妄。殿下以臣侍讲日久，哀臣，欲丐（gài）其生耳，实不问臣，臣亦无此言，不敢迷乱。"帝顾谓太子曰："直哉！此人情所难，而允能为之！临死不易辞，信也；为臣不欺君，贞也。宜特除其罪以旌之。"遂赦之。

于是召浩前，临诘之。浩惶惑不能对。允事事申明，皆有条理。帝命允为诏，诛浩及僚属宗钦、段承根等，下至僮吏，凡百二十八人，皆夷五族；允持疑不为。帝频使催切，允乞更一见，然后为诏。帝引使前，允曰："浩之所坐，若更有馀衅，非臣敢知；若直以触犯，罪不至死。"帝怒，命武士执允。太子为之拜请，帝意解，乃曰："无斯人，当更有数千口死矣。"

六月，己亥，诏诛清河崔氏与浩同宗者无远近，及浩姻家范阳卢氏、太原郭氏、河东柳氏，并夷其族，馀皆止诛其身。执浩置槛内，送城南，卫士数十人溲其上，呼声嗷嗷，闻于行路。宗钦临刑叹曰："高允其殆圣乎！"

他日，太子让允曰："人亦当知机。吾欲为卿脱死，既开端绪，而卿终不从，激怒帝如此。每念之，使人心悸。"允曰："夫史者，所以记人主善恶，为将来劝戒，故人主有所畏忌，慎其举措。崔浩孤负圣恩，以私欲没其廉洁，爱憎蔽其公直，此浩之责也。至于书朝廷起居，言国家得失，此为史之大体，未为多违。臣与浩实同其事，死生荣辱，义无独殊。诚荷殿下再造之慈，违心苟免，非臣所愿也。"太子动容称叹。允退，谓人曰："我不奉东宫指导者，恐负翟黑子故也。"

初，冀州刺史崔赜（zé），武城男崔模，与浩同宗而别族；浩常轻侮之，由是不睦。及浩诛，二家独得免。赜，逞之子也。

辛丑，魏主北巡阴山。魏主既诛崔浩而悔之，会北部尚书宣城公李孝伯病笃，或传已卒，魏主悼之曰："李宣城可惜！"既而曰："朕失言；崔司徒可惜，李宣城可哀！"孝伯，顺之从父弟也，自浩之诛，军国谋议皆出孝伯，宠眷亚于浩。

解读

崔浩，字伯渊，小名桃简，官至司徒，参与军国大计，对促进北魏统一北方起了积极作用。后人称颂其为"南北朝第一流军事谋略家"。

给崔浩带来杀身之祸的直接原因，是《国书》事件。

在太延五年（439年）十二月时，太武帝命崔浩以司徒监秘书事、中书侍郎高允、散骑侍郎张伟参著作事，续修国史。太武帝叮嘱他们，写国史一定要根据实录。崔浩他们按照这个要求，采集了魏国上代的资料，编写了一本魏国的国史。当时，皇帝要编国史的目的，本来只是留给皇室后代看的。但是《国记》修毕，参与其事的著作令史闵湛、郗标建议把《国记》刊刻在石上，以彰直笔，同时刊刻崔浩所注的《五经》。闵湛、郗标巧言令色，平时以谄事崔浩而获得崔浩的欢心。他们的建议被崔浩采纳，太子也表示赞赏。

于是，在天坛东三里处营造了一个《国书》和《五经注》的碑林，方圆一百三十步，用工三百万才告完成。由于《国记》秉笔直书，尽述拓跋氏的历史，详备而无所避讳，其中直书了拓跋氏一些不愿为人所知的早期历史。而石碑树立在通衢大路旁，引起往来行人议论。鲜卑贵族看到后，无不愤怒，先后到太武帝前告状，指控崔浩有意暴扬国恶。太武帝命令收捕崔浩及秘书郎吏，审查罪状。崔浩被捕后，承认自己曾经接受过贿赂。其实他对自己所犯何罪，也不太明白。太武帝亲自审讯他时，他惶惑不能应对。太平真君十一年六月己亥（450年7月5日），太武帝诛杀崔浩。同时，秘书郎吏以下也都被杀，而清河崔氏同族无论远近，姻亲范阳卢氏、太原郭氏、河东柳氏都被连坐灭族，史称“国史之狱”。

北方士族在“国史之狱”中遭到了沉重打击。宋人刘攽（bān）等说：“拓跋氏乘后燕之衰，蚕食并、冀，暴师喋血三十余年，而中国略定。其始也，公卿方镇皆故部落酋大，虽参用赵魏旧族，往往以猜忌夷灭。”他们指出鲜卑贵族与赵魏大族的矛盾，是颇有见地的，而崔浩正是这种矛盾的牺牲品，“国史之狱”只不过是一个借口罢了。

不久，太武帝北巡阴山，后悔诛杀崔浩。时北部尚书宣城公李孝伯病逝，太武帝说：“李宣城可惜！”既而又说：“朕失言，崔司徒可惜，李宣城可哀！”但事已至此，再说什么也无法挽回了。

顺皇帝升明元年——后废帝刘昱

【原典】

戊子，帝乘露车，与左右于台冈赌跳。仍往青园尼寺，晚，至新安寺偷狗，就昙度道人煮之。饮酒醉，还仁寿殿寝。杨玉夫常得帝意，至是忽憎之，见辄切齿曰：“明日当杀小子，取肝肺！”是夜，令玉夫伺织女度河，曰：“见当报我；不见，将杀汝！”时帝出入无常，省内诸阁，夜皆不闭，厢下畏相逢值，无敢出者；宿卫并逃避，内外莫相禁摄。是夕，王敬则出外。玉夫伺帝熟寝，与杨万年取帝防身刀刎之。敕厢下奏伎陈奉伯袖其首，依常行法，称敕开承明门出，以首与敬则。敬则驰诣领军府，叩门大呼，萧道成虑苍梧王诳之，不敢开门。敬则于墙上投其首，道成洗视，乃戎服乘马而出，敬则、桓康等皆从。入宫，至承明门，诈为行还。敬则恐内人觇见，以刀环塞窐（wā）孔，呼门甚急，门开而入。他夕，苍梧王每开门，门者震慑，不敢仰视，至是弗之疑。道成入殿，殿中惊怖。既而闻苍梧王死，咸称万岁。

解读

宋后废帝刘昱，字德融，小字慧震，南朝宋明帝长子，史称其“穷凶极暴，自取灰灭，虽曰罪招，能无伤悼。弃同品庶，顾所不忍。可特追封苍梧郡王”，是个丧国亡家之主。

柏杨先生曾说：南朝宋的建立者刘裕可能是血液不干净。他自己还是不错的，可是继任的后代一个比一个暴虐和肮脏。怎样不干净呢？如果说他的后代身上混了畜生的血也不妥，因为侮辱了畜生。这样的评价虽显极端，但细细看来，这个刘昱的所做所为的确没有多少人性可言。这种人死于非命，也算是罪有应得了。

齐纪

太祖高皇帝建元元年——萧道成即位

【原典】

辛卯，宋顺帝下诏禅位于齐。壬辰，帝当临轩，不肯出，逃于佛盖之下，王敬则勒兵殿庭，以板舆入迎帝。太后惧，自帅阉人索得之，敬则启譬令出，引令升车。帝收泪谓敬则曰："欲见杀乎？"敬则曰："出居别宫耳。官先取司马家亦如此。"帝泣而弹指曰："愿后身世世勿复生天王家！"宫中皆哭。帝拍敬则手曰："必无过虑，当饷辅国十万钱。"是日，百僚陪位。侍中谢朏（fěi）在直，当解玺绶，阳为不知，曰："有何公事？"传诏云："解玺绶授齐王。"朏曰："齐自应有侍中。"乃引枕卧。传诏惧，使朏称疾，欲取兼人，朏曰："我无疾，何所道！"遂朝服步出东掖门，仍登车还宅。乃以王俭为侍中，解玺绶。礼毕，帝乘画轮车，出东掖门就东邸，问："今日何不奏鼓吹？"左右莫有应者。右光禄大夫王琨，华之从父弟也，在晋世已为郎中，至是，攀车獭尾恸哭曰："人以寿为欢，老臣以寿为戚。既不能先驱蝼蚁，乃复频见此事！"呜咽不自胜，百官雨泣。

司空兼太保褚渊等奉玺绶，帅百官诣齐宫劝进；王辞让未受。渊从弟前安成太守炤（zhào）谓渊子贲曰："司空今日何在？"贲曰："奉玺绶在齐大司马门。"炤曰："不知汝家司空将一家物与一家，亦复何谓！"甲午，王即皇帝位于南郊。还宫，大赦，改元。奉宋顺帝为汝阴王，优崇之礼，皆仿宋初。筑宫丹杨，置兵守卫之。宋神主迁汝阴庙，诸王皆降为公；自非宣力齐室，馀皆除国，独置南康、华容、萍乡三国，以奉刘穆之、王弘、何无忌之后，除国者凡百二十人。二台官僚，依任摄职，名号不同、员限盈长者，别更详议。

解 读

齐高帝萧道成，字绍伯，小名斗将，汉族，南朝齐建立者，在位四年。

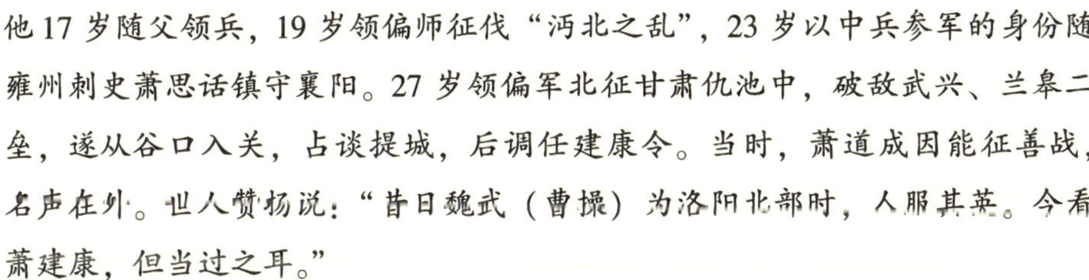

他17岁随父领兵，19岁领偏师征伐“沔北之乱”，23岁以中兵参军的身份随雍州刺史萧思话镇守襄阳。27岁领偏军北征甘肃仇池中，破敌武兴、兰皋二垒，遂从谷口入关，占谈提城，后调任建康令。当时，萧道成因能征善战，名声在外。世人赞扬说：“昔日魏武（曹操）为洛阳北部时，人服其英。今看萧建康，但当过之耳。”

宋明帝时，萧道成为右将军，之后，以军功累官至南兖州刺史。明帝卒，他与尚书令袁粲等共掌朝政，并领石头戍军事。元徽二年（474年）平江州刺史桂阳王休范的反叛，进爵为公，迁中领军将军，掌握了禁卫军，督五州军事。

因为南宋皇室成员内部不和，自相残杀，朝廷的实权渐渐被萧道成掌握。升明元年（477年）七月，萧道成杀后废帝刘昱，立刘准（宋顺帝）。萧道成封齐王，兼总军国。升明三年四月，受宋禅即皇帝位，国号齐，改元为建元，史称南齐。萧道成在位期间，吸取南宋亡国的教训，凡事务从俭约，减免百姓逋租宿债，宽简刑罚，给整个南齐王朝打下了良好的根基。

萧道成之所以能顺利地登上王位，一方面与他的赫赫战功分不开；另一方面，南宋王朝皇帝的无能昏庸也给萧道成提供了不少便利。当一群胡作非为的皇帝遇到一个能征善战又有野心的辅国栋梁时，改朝换代就是一件很自然的事了。

世祖武皇帝上之下永明二年——无神论者范缜

【原典】

范缜盛称无佛。子良曰：“君不信因果，何得有富贵、贫贱？”缜曰：“人生如树花同发，随风而散：或拂帘幌坠茵席之上，或关篱墙落粪溷（hùn）之中。坠茵席者，殿下是也；落粪溷者，下官是也。贵贱虽复殊途，因果竟在何处！”子良无以难。缜又著《神灭论》，以为：“形者神之质，神者形之用也。神之于形，犹利之于刀；未闻刀没而利存，岂容形亡而神在哉！”此论出，朝野喧哗，难之，终不能屈。太原王琰著论讥缜曰：“呜呼范子！曾不知其先祖神灵所在！”欲以杜缜后对。缜对曰：“呜呼王子！知其先祖神灵所在，而不能杀身以从之！”子良使王融谓之曰：“以卿才美，何患不至中书郎；而故乖剌为此论，甚可惜也！宜急毁弃之。”缜大笑曰：“使范缜卖论取官，已至令、仆矣，何但中书郎邪！”

解 读

范缜是南北朝时期著名的唯物主义思想家、杰出的无神论者。后来他写出了著名的《神灭论》（今天所见的设宾主形式的《神灭论》并非初稿，是范缜在梁时的修订稿）。在书中，他以犀利的笔锋、形象的比喻，简明扼要地概括了无神论与有神论争论的核心问题，即形与神之间的关系，将有神论批驳得体无完肤。

世祖武皇帝下永明十一年——郁林王机关算尽

【原典】

郁林王性辩慧，美容止，善应对，哀乐过人；世祖由是爱之。而矫情饰诈，阴怀鄙慝，与左右群小共衣食，同卧起。

始为南郡王，从竟陵王子良在西州，文惠太子每禁其起居，节其用度。王密就富人求钱，无敢不与。别作钥钩，夜开西州后阁，与左右至诸营署中淫宴。师史仁祖、侍书胡天翼相谓曰：“若言之二宫，则其事未易；若于营署为异人所殴及犬物所伤，岂直罪止一身，亦当尽室及祸。年各七十，馀生岂足吝邪！”数日间，二人相继自杀，二宫不知也。所爱左右，皆逆加官爵，疏于黄纸，使囊盛带之，许南面之日，依此施行。

侍太子疾及居丧，忧容号毁，见者呜咽；裁还私室，即欢笑酣饮。常令女巫杨氏祷祀，速求天位。及太子卒，谓由杨氏之力，倍加敬信。既为太孙，世祖有疾，又令杨氏祷祀。时何妃犹在西州，世祖疾稍危，太孙与何妃书，纸中央作一大喜字，而作三十六小喜字绕之。

侍世祖疾，言发泪下。世祖以为必能负荷大业，谓曰："五年中一委宰相，汝勿措意；五年外勿复委人。若自作无成，无所多恨。"临终，执其手曰："若忆翁，当好作！"遂殂。大敛始毕，悉呼世祖诸伎，备奏众乐。

解读

郁林王萧昭业美容止，工于隶书，获得祖父与父亲的喜爱。他聪明敏捷，接待宾客恳切周到，行止谈吐为时人所称赞。但是萧昭业本人多矫饰，即位之后本性显露，与文帝幸姬霍氏私通，亲近小人，滥发赏赐，奢侈无度，毫无一国之君的姿态，朝政都由萧鸾处理。疑心萧鸾有异志，曾与中书令何胤密谋诛杀萧鸾，不果。最后萧鸾派兵进宫弑杀萧昭业，并且废萧昭业为郁林王，卒年二十一岁。

用现代的话说，萧昭业是个很不错的演员，为了博得祖父和父亲的喜爱，他尽情地表演，一旦达到目的，就本性毕露。靠欺骗手段得来的王位，最终还是被他人夺去，甚至连自家性命也搭了进去。真是"机关算尽太聪明，反误了卿卿性命"。

世祖武皇帝下永明十一年——北魏孝文帝拓跋宏

【原典】

壬寅，魏主至肆州，见道路民有跛、眇者，停驾慰劳，给衣食终身。

大司马安定王休执军士为盗者三人，以徇于军，将斩之。魏主行军遇之，命赦之，休不可，曰："陛下亲御六师，将远清江表，今始行至此，而小人已为攘盗，不斩之，何以禁奸！"帝曰："诚如卿言。然王者之体，时有非常之泽。三人罪虽应死，而因缘遇朕，虽违军法，可特赦之。”既而谓司徒冯诞曰：“大司马执法严，诸君不可不慎。”于是军中肃然。

臣光曰：人主之于其国，譬犹一身，视远如视迩，在境如在庭。举贤才以任百官，修政事以利百姓，则封域之内无不得其所矣。是以先王黈纩（tǒu kuàng）塞耳，前旒（liú）蔽明，欲其废耳目之近用，推聪明于四远也。彼废疾者宜养，当命有司均之于境内，今独施于道路之所遇，则所遗者多矣。其为仁也，不亦微乎！况赦罪人以桡有司之法，尤非人君之体也。惜也！孝文，魏之贤君，而犹有是乎！

解读

北魏孝文帝拓跋宏是一位卓越的少数民族的政治家、军事家和改革家。他崇尚汉族文化，实行汉化，禁胡服、胡语，改变度量衡，推广教育，改变姓氏并禁止归葬，提高了鲜卑人的文化水准，是西北方各民族陆续进入中原后民族融合的一次总结，对中国的发展起了重要的作用。

这一篇中，司马光针对拓跋宏的不足之处做了论述：那些残疾有病的人，自然应该抚养，但更应该命令有关部门把这种恩泽普及到全国境内所有残疾有病的人员身上去。如今，只是对在路上遇见的几个人施舍一下，那么，被遗漏的就太多了。所施的这种仁爱不也是太轻微了吗？更何况，赦免犯罪的人，却破坏了有关部门颁布的法令，这更不是君王应该做的事。可惜，孝文帝作为北魏的贤明君主，却还有这些不足！

东昏侯上永元元年——昏庸荒淫的东昏侯

【原典】

陈显达发寻阳，败胡松于采石，建康震恐。甲申，军于新林，左兴盛帅诸军拒之。显达多置屯火于岸侧，潜军夜渡，袭宫城。乙酉，显达以数千人登落星冈，新亭诸军闻之，奔还，宫城大骇，闭门设守。显达执马槊，从步兵数百，于西州前与台军战，再合，显达大胜，手杀数人，槊折；台军继至，显达不能抗，退走，至西州后，骑官赵潭注刺显达，坠马，斩之，诸子皆伏诛。长史庾弘远，炳之之子也，斩于朱雀航。将刑，索帽著之，曰："子路结缨，吾不可以不冠而死。"谓观者曰："吾非贼，乃是义兵，为诸军请命耳。陈公太轻事；若用吾言，天下将免涂炭。"弘远子子曜，抱父乞代命，并杀之。

帝既诛显达，益自骄恣，渐出游走，又不欲人见之；每出，先驱斥所过人家，唯置空宅。尉司击鼓蹋围，鼓声所闻，便应奔走，不暇衣履，犯禁者应手格杀。一月凡二十馀出，出辄不言定所，东西南北，无处不驱。常以三四更中，鼓声四出，火光照天，幡戟横路。士民喧走相随，老小震惊，啼号塞道，处处禁断，不知所过。四民废业，樵苏路断，吉凶失时，乳母寄产，或舆病弃尸，不得殡葬。巷陌悬幔为高鄣，置仗人防守，谓之"屏除"，亦谓之"长围"。尝至沈公城，有一妇人临产，不去，因剖腹视其男女。又尝至定林寺，有沙门老病不能去，藏草间；命左右射之，百箭俱发。帝有膂力，牵弓至三斛五斗。又好担幢，白虎幢高七丈五尺，于齿上担之，折齿不倦。自制担幢校具，伎衣饰以金玉，侍卫满侧，逞诸变态，曾无愧色。学乘马于东冶营兵俞灵韵，常著织成袴褶，金薄帽，执七宝槊，急装缚袴，凌冒雨雪，不避坑阱。驰骋渴乏，辄下马，解取腰边蠡器，酌水饮之，复上马驰去。又选无赖小人善走者为逐马左右五百人，常以自随。或于市侧过亲幸家，环回宛转，周遍城邑。或出郊射雉，置射雉场二百九十六处，奔走往来，略不暇息。

解读

东昏侯萧宝卷是中国历史上著名的荒唐皇帝。齐宣德太后的懿旨中曾指斥他："凡所任仗，尽慝穷奸，皆营伍屠贩，容状险丑，身秉朝权，手断国命，诛戮无辜，纳其财产，睚眦之间。屠覆比屋……曾楚、越之竹，未足以言，校辛、癸之君，岂或能匹。"萧宝卷之父萧鸾以阴谋手段篡夺帝位后，滥杀高帝、武帝的子孙以巩固帝位，临死之时对萧宝卷说："作事不可在人后！"萧宝卷秉承父训，宰辅大臣稍不如意，便立即诛杀，逼得文官告退，武将造反，京城几度岌岌可危。

南朝皇帝多奢侈腐靡，萧宝卷尤甚。后宫失火被焚，就新造仙华、神仙、玉寿三座豪华宫殿，又剥取庄严寺的五九子铃装饰于殿外，凿金为莲花，贴放于地，令宠妃潘氏行走其上，所谓"步步生莲花"。他还特别喜欢做屠夫、商贩之类的事情。曾在宫苑之中设立市场，让太监杀猪宰羊，宫女沽酒卖肉。潘妃充当市令，自己担任潘妃的副手，遇有急执，即交付潘妃裁决。萧宝卷又极其吝啬钱财。梁王萧衍的军队已攻打到城外，太监茹法珍跪在地上请求他赏赐将士，他仍旧不肯，还说："反贼难道就只捉我一个人吗？为什么偏偏向我要赏赐？"

梁王萧衍联合齐将攻入建康城的那一夜，萧宝卷在含德殿笙歌作乐才罢。还没有睡熟，听到军队闯进来的声音，连忙从北门溜出，太监黄泰平举刀砍伤了他的膝盖，他便摔倒在地，另一名太监张齐不由分说一刀砍下了他的头。萧衍掌权后，授意宣德太后褫夺萧宝卷的帝吊，追封其为"东昏侯"，但陵墓仍按皇帝的级别修筑。

言及南朝，总是令人联想起王谢风流、清谈玄言、六朝金粉、南朝四百八十寺等的飘逸与轻松，殊不知那是个昏暴之君频出、人民生活在困苦中的黑暗时代。

明末大儒王夫之在评价这段历史时有中肯的见解。他认为，萧齐的悖逆远过曹操、司马氏和有功于国的刘裕，东昏侯萧宝卷的残虐也非郁林王（萧昭业）和苍梧王（刘昱）可以比拟。"故萧衍虽篡，而罪轻于道成。自刘宋以来，一帝殂，一嗣子立，则必有权臣不旋踵而思废之。伺其失德，则暴扬之，以为夺之之名。"王夫之又列举东昏侯的辅政六大臣以及前后的反叛诸将，指斥他们"不定策于顾命之日，不进谏于失德之始，翘首以待其颠覆，起而杀之"。其结论，则是"君臣道亡，恬不知恤，相习以成风尚，至此极矣"。

梁　纪

高祖武皇帝天监元年——梁武帝萧衍继位

【原典】

梁王将杀齐诸王，防守犹未急。鄱阳王宝寅家阉人颜文智与左右麻拱等密谋，穿墙夜出宝寅。具小船于江岸，著乌布襦，腰系千馀钱，潜赴江侧。蹑屩（juē）徒步，足无完肤。防守者至明追之，宝寅诈为钓者，随流上下十馀里，追者不疑。待散，乃渡西岸投民华文荣家，文荣与其族人天龙、惠连弃家将宝寅遁匿山涧，赁驴乘之，昼伏夜行，抵寿阳之东城。魏戍主杜元伦驰告扬州刺史任城王澄，以车马侍卫迎之。宝寅时年十六，徒步憔悴，见者以为掠卖生口。澄待以客礼，宝寅请丧君斩衰之服，澄遣人晓示情礼，以丧兄齐衰之服给之。澄帅官僚赴吊，宝寅居处有礼，一同极哀之节。寿阳多其义故，皆受慰唁（yàn）；唯不见夏侯一族，以夏侯详从梁王故也。澄深器重之。

齐和帝东归，以萧憺（dàn）为都督荆、湘等六州诸军事、荆州刺史。荆州军旅之后，公私空乏，憺厉精为治，广屯田，省力役，存问兵死之家，供其乏困。自以少年居重任，谓佐吏曰："政之不臧，士君子所宜共惜。吾今开怀，卿其无隐!"于是人人得尽意，民有讼者皆立前待符教，决于俄顷，曹无留事，荆人大悦。

齐和帝至姑孰，丙辰，下诏禅位于梁。

解读

梁武帝萧衍（464—549年），字叔达，小字练儿，南兰陵中都里人（今江苏常州市武进区西北），南梁政权的建立者，庙号高祖。萧衍是兰陵萧氏的世家子弟，出生在秣陵（今南京），为汉朝丞相萧何的二十五世孙。父亲萧顺之是齐高帝的族弟、丹阳尹知事，母张尚柔。他原来是南齐的官员，南齐中兴二年（502 年），齐和帝被迫“禅位”于萧衍，南梁建立。萧衍在位时间达四十八年，在南朝皇帝中列第一位。他在位颇有政绩，在位晚年爆发“侯景之乱”，都城陷落，被侯景囚禁，饿死于台城，享年八十六岁，葬于修陵，谥为武帝，庙号高祖。

纵观梁武帝一生的功过得失，司马光认为：梁武帝不得善终，是应该的。国君之所以在听取意见、接纳进谏方面出现过失，就是因为只注意了琐碎细小的事情而没有雄才大略。大臣进谏时所犯的毛病，也在于烦琐。因此贤明的君主要抓住最主要的问题以驾驭万事的根本，忠心的大臣要陈述大的方针政策来劝阻君主想得不对的地方，所以作为君主不需亲自动手操劳，就能取得大的功效，作为大臣说得简明扼要便能有很大的成效。纵观贺琛的进谏，可以说，还未达到直言极谏的地步，而梁武帝就已经勃然大怒，袒护自己的短处，夸耀自己的长处。质问贺琛贪婪暴虐官吏的名字，追问徭役过重、费用铺张的具体项目，用难以回答的问题来困扰他，用无法对答的言辞来责备他。梁武帝自认为每顿饭只吃蔬菜的节俭作风是极大的美德，忙到太阳偏西才吃饭这种勤勉的工作态度是最好的治国办法，为君之道他已具备，再没有什么需要增加的了，对于大臣的规劝，他认为全不值得听取。这样，其余比贺琛的进谏更恳切、直率、激烈的话，谁还敢去说呢！因此，奸佞小人在眼前也视而不见，重大决策颠倒错误也不知道，最终声名受辱，自身危亡，国家倾覆，祭祀断绝，千百年来，被人怜悯讥笑，难道不很悲哀吗？

高祖武皇帝四天监十七年——萧宏位列三公

【原典】

临川王宏妾弟吴法寿杀人而匿于宏府中，上敕宏出之，即日伏辜。南司奏免宏官，上注曰：“爱宏者兄弟私亲，免宏者王者正法。所奏可。”五月，戊寅，司徒、骠骑大将军、扬州刺史临川王宏免。

宏自洛口之败，常怀愧愤，都下每有窃发，辄以宏为名，屡为有司所奏，上每赦之。上幸光宅寺，有盗伏于骠骑航，待上夜出；上将行，心动，乃于朱雀航过。事发，称为宏所使，上泣谓宏曰："我人才胜汝百倍，当此犹恐不堪，汝何为者？我非不能为汉文帝，念汝愚耳！"宏顿首称无之。故因匿法寿免宏官。

宏奢僭过度，殖货无厌。库屋垂百间，在内堂之后，关籥（yuè）甚严，有疑是铠仗者，密以闻。上于友爱甚厚，殊不悦。他日，送盛馔与宏爱妾江氏曰："当来就汝欢宴。"独携故人射声校尉丘佗卿往，与宏及江大饮，半醉后，谓曰："我今欲履行汝后房。"即呼舆径往堂后。宏恐上见其货贿，颜色怖惧。上意益疑之，于是屋屋检视，每钱百万为一聚，黄榜标之，千万为一库，悬一紫标，如此三十馀间。上与佗卿屈指计，见钱三亿馀万，馀屋贮布绢丝绵漆蜜纻（zhù）蜡等杂货，但见满库，不知多少。上始知非仗，大悦，谓曰："阿六，汝生计大可！"乃更剧饮至夜，举烛而还。兄弟方更敦睦。

宏都下有数十邸，出悬钱立券，每以田宅邸店悬上文契，期讫，便驱券主，夺其宅。都下、东土百姓，失业非一。上后知之，制悬券不得复驱夺，自此始。

侍中、领军将军吴平侯昺，雅有风力，为上所重，军国大事皆与议决，以为安右将军，监扬州。昺自以越亲居扬州，涕泣恳让，上不许。在州尤称明断，符教严整。

辛巳，以宏为中军将军、中书监，六月，乙酉，又以本号行司徒。

解读

萧宏作为将领则覆没三军，作为臣子却没有尽到自己的职责，梁武帝饶恕他的死罪是可以的，但是几十天时间里，又重新让他位列王公，这从兄弟的恩情讲算是非常诚厚的了，可是国家的法度、帝王的做事准则又在哪里呢？

高祖武皇帝七大通元年——君子湛僧智

【原典】

谯州刺史湛僧智围魏东豫州刺史元庆和于广陵，魏将军元显伯救之，司州刺史夏侯夔（kuí）自武阳引兵助僧智。冬，十月，夔至城下，庆和举城降。夔以让僧智，僧智曰："庆和欲降公，不欲降僧智，今往，必乖其意。且僧智所将应募乌合之人，不可御以法；公持军素严，必无侵暴，受降纳附，深得其宜。"夔乃登城，拔魏帜，建梁帜；庆和束兵而出，吏民安堵，获男女四万馀口。

解读

能忘掉自己长期攻战的劳苦，把受降之事让给梁朝新到的将领，知道自己的短处，不掩没他人的长处，做到功成而不取以成就国家大事，忠而无私，湛僧智可算是一个君子。

高祖武皇帝十中大通二年——魏孝庄帝诛杀尔朱荣

【原典】

辛卯，帝召中书舍人温子升，告以杀荣状，并问以杀董卓事，子升具道本末。帝曰："王允若即赦凉州人，必不应至此。"良久，语子升曰："朕之情理，卿所具知。死犹须为，况不必死！吾宁为高贵乡公死，不为常道乡公生！"帝谓杀荣、天穆，即赦其党，皆应不动。应诏王道习曰："尔朱世隆、司马子如、朱元龙特为荣所委任，具知天下虚实，谓不宜留。”徽及杨侃皆曰：“若世隆不全，仲远、天光岂有来理！”帝亦以为然。徽曰：“荣腰间常有刀，或能狼戾伤人，临事愿陛下起避之。”乃伏侃等十馀人于明光殿东。其日，荣与天穆并入，坐食未讫，起出，侃等从东阶上殿，见荣、天穆已至中庭，事不果。

壬辰，帝忌日；癸巳，荣忌日。甲午，荣暂入，即诣陈留王家饮酒，极醉，遂言病动，频日不入。帝谋颇泄，世隆又以告荣，且劝其速发。荣轻帝，以为无能为，曰：“何匆匆！”

预帝谋者皆惧，帝患之。城阳王徽曰：“以生太子为辞，荣必入朝，因此毙之。”帝曰：“后怀孕始九月，可乎？”徽曰：“妇人不及期而产者多矣，彼必不疑。”帝从之。戊戌，帝伏兵于明光殿东序，声言皇子生，遣徽驰骑至荣第告之。荣方与上党王天穆博，徽脱荣帽，欢舞盘旋，兼殿内文武传声趣之，荣遂信之，与天穆俱入朝。帝闻荣来，不觉失色，中书舍人温子升曰：“陛下色变。”帝连索酒饮之。帝令子升作赦文，既成，执以出，遇荣自外入，问：“是何文书？”子升颜色不变，曰：“敕。”荣不取视而入。帝在东序下西向坐，荣、天穆在御榻西北南向坐。徽入，始一拜，荣见光禄少卿鲁安、典御李侃晞等抽刀从东户入，即起趋御座。帝先横刀膝下，遂手刃之。安等乱斫，荣与天穆同时俱死。荣子菩提及车骑将军尔朱阳睹等三十人从荣入宫，亦为伏兵所杀。帝得荣手版，上有数牒启，皆左右去留人名，非其腹心者悉在出限。帝曰："竖子若过今日，遂不可制。"于是内外喜噪，声满洛阳城，百僚入贺。帝登阊阖（chāng hé）门，下诏大赦，遣武卫将军奚毅、前燕州刺史崔渊将兵镇北中。是夜，尔朱世隆奉北乡长公主帅荣部曲，焚西阳门，出屯河阴。

解读

尔朱荣，北魏末年将领、权臣。早年，他袭父爵做契胡部第一领民酋长，是很有地位的部落贵族。后招兵买马，力量发展壮大，北魏统治者笼络他镇压农民起义。尔朱荣于乱世中南征北战，逐渐弄清魏朝的虚弱，加之自己势力不断强大，最终得以挟帝自重、权倾天下。最终由于骄横跋扈，为魏庄帝所杀，年仅三十八岁。尔朱荣身后骂名滚滚，被归入奸雄的行列，但他作为杰出的军事家，具有非凡的军事才能是毋庸置疑的，但在其他方面就差强人意了。在治国方针上，他拒绝采取"调政养民"的政策，穷兵黩武。在官吏的任用上，尔朱荣任人唯亲，"广布亲戚，列为左右"。求官者，凡经尔朱荣启请的，没有不成功的；对于补官者，虽因"阶悬不奉"补不上，尔朱荣即令补者"往夺其任"就此上任。北魏吏治，由于"河阴之变"，使得"京邑士子不一存，率皆逃窜，无敢出者。直卫空虚，官守废旷"。经尔朱荣的谢罪和对死者的封爵进官，使"朝士逃亡者亦稍来归阙"。不过，"自兹已后，赠终叨滥，庸人贱品，动至大官，为识者所不贵"，北魏的官场更加混乱。尔朱荣是北魏王朝的掘墓者，其所做所为更加速了北魏的灭亡。

高祖武皇帝十一中大通三年——昭明太子被冤

【原典】

初，昭明太子葬其母丁贵嫔，遣人求墓地之吉者。或赂宦者俞三副求卖地，云若得钱三百万，以百万与之。三副密启上，言“太子所得地，不如今地于上为吉”。上年老多忌，即命市之。葬毕，有道士云：“此地不利长子，若厌之，或可申延。”乃为蜡鹅及诸物埋于墓侧长子位。宫监鲍邈之、魏雅初皆有宠于太子，邈之晚见疏于雅，乃密启上云：“雅为太子厌祷。”上遣检掘，果得鹅物，大惊，将穷其事。徐勉固谏而止，但诛道士。由是太子终身惭愤，不能自明。及卒，上征其长子南徐州刺史华容公欢至建康，欲立以为嗣，衔其前事，犹豫久之，卒不立，庚寅，遣还镇。

解读

君子之于正道，是不能稍微有所偏离，也不能有半步过失啊。以昭明太子这样的仁孝之子，以梁武帝这样的慈爱之君，一旦产生了一点嫌疑，不但太子因忧而致死，而且祸害延及后代子孙。昭明太子本为求吉反而得凶，以致无法洗刷自己的冤屈，人们能不深深引以为戒么！所以对于那些诡诈怪诞之徒、奇异邪佞之术，君子要远远地离开。

高祖武皇帝十七太清二年——侯景之乱

【原典】

侯景自至寿阳，征求无已，朝廷未尝拒绝。景请娶于王、谢，上曰："王、谢门高非偶，可于朱、张以下访之。"景恚曰："会将吴儿女配奴！"又启求锦万匹为军人作袍，中领军朱异议以青布给之。又以台所给仗多不能精，启请东冶锻工，欲更营造，敕并给之。景以安北将军夏侯夔之子谱为长史，徐思玉为司马，谱遂去"夏"称"侯"，托为族子。

上既不用景言，与东魏和亲，是后景表疏稍稍悖慢；又闻徐陵等使魏，反谋益甚。元贞知景有异志，累启还朝。景谓曰："河北事虽不果，江南何虑失之，何不小忍！"贞惧，逃归建康，具以事闻；上以贞为始兴内史，亦不问景。

临贺王正德，所至贪暴不法，屡得罪于上，由是愤恨，阴养死士，储米积货，幸国家有变；景知之。正德在北与徐思玉相知，景遣思玉致笺于正德曰："今天子年尊，奸臣乱国。以景观之，计日祸败。大王属当储贰，中被废黜，四海业业，归心大王。景虽不敏，实思自效。愿王允副苍生，鉴斯诚款！"正德大喜曰："侯公之意，暗与吾同，天授我也！"报之曰："朝廷之事，如公所言。仆之有心，为日久矣。今仆为其内，公为其外，何有不济！机事在速，今其时矣。"

鄱阳王范密启景谋反。时上以边事专委朱异，动静皆关之，异以为必无此理。上报范曰："景孤危寄命，譬如婴儿仰人乳哺，以此事势，安能反乎！"范重陈之曰："不早翦扑，祸及生民。"上曰："朝廷自有处分，不须汝深忧也。"范复请自以合肥之众讨之，上不许。朱异谓范使曰："鄱阳王遂不许朝廷有一客！"自是范启，异不复为通。

景邀羊鸦仁同反，鸦仁执其使以闻。异曰："景数百叛虏，何能为！"敕以使者付建康狱，俄解遣之。景益无所惮，启上曰："若臣事是实，应罹国宪；如蒙照察，请戮鸦仁！"景又上言："高澄狡猾，宁可全信！陛下纳其诡语，求与连和，臣亦窃所笑也。臣宁堪粉骨，投命仇门，乞江西一境，受臣控督。如其不许，即帅甲骑，临江上，向闽、越。非唯朝廷自耻，亦是三公旰食。"上使朱异宣语答景使曰："譬如贫家，畜十客、五客，尚能得意；朕唯有一客，致有忿言，亦朕之失也。"益加赏赐锦彩钱布，信使相望。

戊戌，景反于寿阳，以诛中领军朱异、少府卿徐驎（lin）、太子右卫率陆验、制局监周石珍为名。异等皆以奸佞骄贪，蔽主弄权，为时人所疾，故景托以兴兵。驎、验，吴郡人；石珍，丹杨人。驎、验迭为少府丞，以苛刻为务，百贾怨之，异尤与之昵，世人谓之"三蠹"。

解读

"侯景之乱"是中国历史上南朝期间由诸侯王发起的祸国殃民的事件。南朝的梁王朝君主梁武帝萧衍信奉佛教，广建寺庙佛塔，还在同泰寺出家，要群臣用巨款为他赎身。迷恋于宗教的萧衍不事朝政，皇室招降纳叛成风。"侯景之乱"可以说是腐败政治的产物。

侯景在起兵反叛的过程中，大肆烧杀抢掠，激起南方人民的反对，不得人心，封帝的第二年便被梁朝原兵将所杀。"侯景之乱"给社会造成了混乱，给人民带来了灾难。

陈　纪

高祖武皇帝永定二年——昏庸残暴的齐显祖

【原典】

齐三台成，更命铜爵曰金凤，金虎曰圣应，冰井曰崇光。十一月，甲午，齐主至邺，大赦。齐主游三台，戏以槊刺都督尉子辉，应手而毙。

常山王演以帝沈湎，忧愤形于颜色。帝觉之，谓曰："但令汝在，我何为不纵乐！"演唯啼泣拜伏，竟无所言。帝亦大悲，抵杯于地曰："汝似嫌我如是，自今敢进酒者斩之！"因取所御杯尽坏弃。未几，沉湎益甚，或于诸贵戚家角力批拉，不限贵贱。唯演至，则内外肃然。演又密撰事条，将谏，其友王晞以为不可。演不从，因间极言，遂逢大怒。演性颇严，尚书郎中剖断有失，辄加捶楚，令史奸慝即考竟。帝乃立演于前，以刀镮（huán）拟胁，召被演罚者，临以白刃，求演之短；或无所陈，乃释之。晞，昕之弟也。帝疑演假辞于晞以谏，欲杀之。王私谓晞曰："王博士，明日当作一条事，为欲相活，亦图自全，宜深体勿怪。"乃于众中杖晞二十。帝寻发怒，闻晞得杖，以故不杀，髡（kūn）鞭配甲坊。居三年，演又因谏争，大被欧挞，闭口不食。太后日夜涕泣，帝不知所为，曰："倘小儿死，奈我老母何！"于是数往问演疾，谓曰："努力强食，当以王晞还汝。"乃释晞，令诣演。演抱晞曰："吾气息惙然，恐不复相见！"晞流涕曰："天道神明，岂令殿下遂毙此舍！至尊亲为人兄，尊为人主，安可与计！殿下不食，太后亦不食。殿下纵不自惜，独不念太后乎！"言未卒，演强坐而饭。晞由是得免徙，还为王友。及演录尚书事，除官者皆诣演谢，去必辞。晞言于演曰："受爵天朝，拜恩私第，自古以为不可，宜一切约绝。"演从之。久之，演从容谓晞曰："主上起居不恒，卿宜耳目所具，吾岂可以前逢一怒，遂尔结舌。卿宜为撰谏草，吾当伺便极谏。"晞遂条十馀事以呈，因谓演曰："今朝廷所恃者惟殿下，乃欲学匹夫耿介，轻一朝之命！狂药令人不自觉，刀箭岂复识亲疏。一旦祸出理外，将奈殿下家业何！奈皇太后何！"演欷歔不自胜，曰："乃至是乎！"明日，见晞曰："吾长夜久思，今遂息意。"即命火，对晞焚之。后复承间苦谏，帝使力

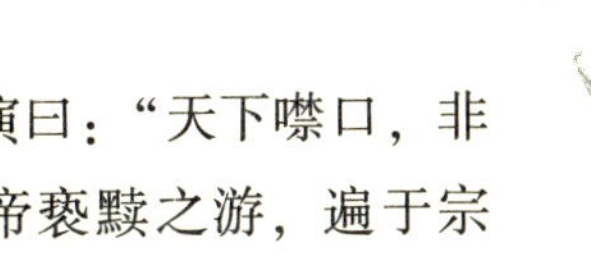

士反接，拔白刃注颈，骂曰："小子何知，是谁教汝？"演曰："天下噤口，非臣谁敢有言！"帝趣杖，乱捶之数十；会醉卧，得解。帝亵黩之游，遍于宗戚，所往留连；唯至常山第，多无适而去。尚书左仆射崔暹屡谏，演谓暹曰："今太后不敢言，吾兄弟杜口，仆射独能犯颜，内外深相感愧。"

太子殷，自幼温裕开朗，礼士好学，关览时政，甚有美名。帝尝嫌太子"得汉家性质，不似我"，欲废之。帝登金凤台，召太子，使手刃囚，太子恻然有难色，再三，不断其首。帝大怒，亲以马鞭撞之，太子由是气悸语吃，精神昏扰。帝因酣宴，屡云："太子性懦，社稷事重，终当传位常山。"太子少傅魏收谓杨愔曰："太子，国之根本，不可动摇。至尊三爵之后，每言传位常山，令臣下疑贰。若其实也，当决行之。此言非所以为戏，恐徒使国家不安。"愔以收言白帝，帝乃止。

帝既残忍，有司讯囚，莫不严酷，或烧犁耳，使立其上，或烧车釭，使以臂贯之，既不胜苦，皆至诬伏。唯三公郎中武强苏琼，历职中外，所至皆以宽平为治。时赵州及清河屡有人告谋反者，前后皆付琼推检，事多申雪。尚书崔昂谓琼曰："若欲立功名，当更思馀理；数雪反逆，身命何轻！"琼正色曰："所雪者冤枉耳，不纵反逆也。"昂大惭。

帝怒临漳令稽晔、舍人李文思，以赐臣下为奴。中书侍郎彭城郑颐私诱祠部尚书王昕曰："自古无朝士为奴者。"昕曰："箕子为之奴。"颐以白帝曰："王元景比陛下于纣。"帝衔之。顷之，帝与朝臣酣饮，昕称疾不至，帝遣骑执之，见方摇膝吟咏，遂斩于殿前，投尸漳水。

齐主北筑长城，南助萧庄，士马死者以数十万。重以修筑台殿，赐与无节，府藏之积，不足以供，乃减百官之禄，撤军人常廪，并省州郡县镇戍之职，以节费用焉。

解读

文宣帝高洋，是北魏大丞相高欢次子，北齐开国皇帝。

高洋是历史上有名的暴君，他对臣下十分严厉，而且记忆力特别好，只要谁被他抓住一点过失，就难免一死，甚至经常无缘无故地杀人，而且杀人的手段十分残忍。因此朝中百僚无不战栗，不敢为非，文武近臣朝不保夕。

高洋尽管"昏邪残暴，近世未有"，却非常佞佛。为了表示自己对佛教的虔诚，他在天保七年（556 年）曾禁断食肉，只取虾、蟹、蚬、蛤为食。后来连虾、蟹、蚬、蛤亦禁捕食，只准捕鱼，并禁止公私养鹰鹞。视人命如草芥，却施慈悲于禽兽，可见，高洋其人十足为一个伪善人。

高洋以一个鲜卑人立国，其在位期间的所做所为，如果抛开他的过分疲劳民力和昏淫凶残不论，其功绩还是可圈可点的。正因为高洋的执政，才有了一个幅员辽阔、国力强盛的北齐，为北方各少数民族的汉化，为中原经济的发展，为后来北周及隋朝统一中国奠定了基础。

高宗宣皇帝中之上太建八年——北齐后主因女色误国

【原典】

齐主方与冯淑妃猎于天池，晋州告急者，自旦至午，驿马三至。右丞相高阿那肱曰：“大家正为乐，边鄙小小交兵，乃是常事，何急奏闻！”至暮，使更至，云“平阳已陷”，乃奏之。齐主将还，淑妃请更杀一围，齐主从之。

周齐王宪攻拔洪洞、永安二城，更图进取。齐人焚桥守险，军不得进，乃屯永安。使永昌公椿屯鸡栖原，伐柏为庵以立营。椿，广之弟也。

癸酉，齐主分军万人向千里径，又分军出汾水关，自帅大军上鸡栖原。宇文盛遣人告急，齐王宪自救之。齐师退，盛追击，破之。俄而椿告齐师稍逼，宪复还救之。与齐对陈，至夜不战。会周主召宪还，宪引兵夜去。齐人见柏庵在，不之觉。明日，始知之。齐主使高阿那肱将前军先进，仍节度诸军。

甲戌，周以上开府仪同大将军安定梁士彦为晋州刺史，留精兵一万镇之。

十一月，己卯，齐主至平阳。周主以齐兵新集，声势甚盛，且欲西还以避其锋。开府仪同大将军宇文忻谏曰：“比陛下之圣武，乘敌人之荒纵，何患不克！若使齐得令主，君臣协力，虽汤、武之势，未易平也。今主暗臣愚，士无斗志，虽有百万之众，实为陛下奉耳。”军正京兆王纮（hóng）曰：“齐失纪纲，于兹累世。天奖周室，一战而扼其喉。取乱侮亡，正在今日。释之而去，臣所未谕。”周主虽善其言，竟引军还。忻，贵之子也。

周主留齐王宪为后拒，齐师追之，宪与宇文忻各将百骑与战，斩其骁将贺兰豹子等，齐师乃退。宪引军渡汾，追及周主于玉壁。

齐师遂围平阳，昼夜攻之。城中危急，楼堞皆尽，所存之城，寻仞而已。或短兵相接，或交马出入。外援不至，众皆震惧。梁士彦忼慨自若，谓将士曰："死在今日，吾为尔先。"于是勇烈齐奋，呼声动地，无不一当百。齐师少却，乃令妻妾、军民、妇女，昼夜修城，三日而就。周主使齐王宪将兵六万屯涑川，遥为平阳声援。齐人作地道攻平阳，城陷十余步，将士乘势欲入。齐主敕且止，召冯淑妃观之。淑妃妆点，不时至。周人以木拒塞之，城遂不下。旧俗相传，晋州城西石上有圣人迹，淑妃欲往观之。齐主恐弩矢及桥，乃抽攻城木造远桥。齐主与淑妃度桥，桥坏，至夜乃还。

癸巳，周主还长安。甲午，复下诏，以齐人围晋州，更帅诸军击之。丙申，纵齐降人使还。丁酉，周主发长安；壬寅，济河，与诸军合。十二月，丁未，周主至高显，遣齐王宪帅所部先向平阳。戊申，周主至平阳，庚戌，诸军总集，凡八万人，稍进，逼城置陈，东西二十余里。

先是齐人恐周师猝至，于城南穿堑，自乔山属于汾水；齐主大出兵，陈于堑北，周主命齐王宪驰往观之。宪复命曰："易与耳，请破之而后食。"周主悦，曰："如汝言，吾无忧矣！"周主乘常御马，从数人巡陈，所至辄呼主帅姓名慰勉之。将士喜于见知，咸思自奋。将战，有司请换马。周主曰："朕独乘良马，欲何之！"周主欲薄齐师，碍堑而止。自旦至申，相持不决。

齐主谓高阿那肱曰："战是邪？不战是邪？"阿那肱曰："吾兵虽多，堪战者不过十万，病伤及绕城樵爨（cuàn）者复三分居一。昔攻玉壁，援军来即退。今日将士，岂胜神武时邪！不如勿战，却守高梁桥。"安吐根曰："一撮许贼，马上刺取，掷著汾水中耳！"齐主意未决。诸内参曰："彼亦天子，我亦天子。彼尚能远来，我何为守堑示弱！"齐主曰："此言是也。"于是填堑南引。周主大喜，勒诸军击之。

兵才合，齐主与冯淑妃并骑观战。东偏少却，淑妃怖曰："军败矣！"录尚书事城阳王穆提婆曰："大家去！大家去！"齐主即以淑妃奔高梁桥。开府仪同三司奚长谏曰："半进半退，战之常体。今兵众全整，未有亏伤，陛下舍此安之！马足一动，人情骇乱，不可复振。愿速还安慰之！"武卫张常山自后至，亦曰："军寻收讫，甚完整。围城兵亦不动。至尊宜回。不信臣言，乞将内参往视。”齐主将从之。穆提婆引齐主肘曰：“此言难信。”齐主遂以淑妃北走。齐师大溃，死者万馀人，军资器械，数百里间，委弃山积。安德王延宗独全军而还。

齐主至洪洞，淑妃方以粉镜自玩，后声乱，唱贼至，于是复走。先是齐主以淑妃为有功勋，将立为左皇后，遣内参诣晋阳取皇后服御袆翟等。至是，遇于中涂，齐主为按辔，命淑妃著之，然后去。

解读

北齐后主，南北朝时期北齐第五位皇帝，公元565—577年在位。高纬即位时，腐朽的北齐政权已经摇摇欲坠。北齐皇室骨肉相残的事时有发生，他自己仍然荒淫无道，政治越来越腐败。这位齐后主是个不学无术、不务正业的昏庸皇帝，每天和后妃、宫女在一起厮混，只顾吃喝玩乐，十天半个月不上一次朝。在他的心里，从来就没有“国家”和“百姓”。哪个大臣劝他勤于政事，轻则被罢官、重则被杀头。那些阿谀奉承的人，有的四处为他物色美女，有的为他修建富丽堂皇的宫殿，供他游乐。这样的人都得到了他的提拔和重用。高纬在位不到十年，豪华宫殿就建了十几处，邺城里的寺院比他父亲高湛在位时多了将近一倍。而此时，社会底层已是民不聊生，整个国家已经败落到了随时被吞并的地步。

高宗宣皇帝中之上太建八年——北周高祖赏罚不明

【原典】

郧伊娄谦聘于齐，其参军高遵以情输于齐，齐人拘之于晋阳。周主既克晋阳，召谦，劳之。执遵付谦，任其报复。谦顿首，请赦之，周主曰：“卿可聚众唾面，使其知愧。”谦曰：“以遵之罪，又非唾面可责。”帝善其言而止。谦待遵如初。

解 读

赏有功，诛有罪，这是君主的责任。高遵奉命出使异国，泄露重大机密，这就是叛国；北周高祖不是下令将其处死，而是把他送给伊娄谦，使他报复怨恨，有失刑赏的教化！而伊娄谦本应当推掉不接受，把高遵送交官府，明正典刑，但他却请求君主赦免高遵以取得个人的好名声。名声倒是有了，但并不符合公义。

高宗宣皇帝中之下太建九年——周武帝胜而不奢

【原典】

夏，四月，乙巳，周主至长安，置高纬于前，列其王公于后，车舆、旗帜、器物，以次陈之。备大驾，布六军，奏凯乐，献俘于太庙。观者皆称万岁。戊申，封高纬为温公，齐之诸王三十余人，皆受封爵。周主与齐君臣饮酒，令温公起舞。高延宗悲不自持，屡欲仰药，其傅婢禁止之。

周主以李德林为内史上士，自是诏诰格式用山东人物，并以委之。帝从容谓群臣曰："我常日唯闻李德林名，复见其为齐朝作诏书移檄，正谓是天上人；岂言今日得其驱使。"神武公纥豆陵毅对曰："臣闻麒麟凤皇，为王者瑞，可以德感，不可力致。麒麟凤皇，得之无用。岂如德林，为瑞且有用哉！"帝大笑曰："诚如公言。"

己巳，周主享太庙。

五月，丁丑，周以谯王俭为大冢宰。庚辰，以杞公亮为大司徒，郑公达奚震为大宗伯，梁公侯莫陈芮为大司马，应公独孤永业为大司寇，郑公韦孝宽为大司空。

己丑，周主祭方丘。诏以："路寝会义、崇信、含仁、云和、思齐诸殿，皆晋公护专政时所为，事穷壮丽，有逾清庙，悉可毁撤。雕斫之物，并赐贫民。缮造之宜，务从卑朴。"戊戌，又诏："并、邺诸堂殿壮丽者准此。"

解读

周武帝可以称得上是善于对待胜利的皇帝了！别人得到胜利后就更加奢侈，周武帝胜利后却更加节俭。

高宗宣皇帝下之下太建十三年——独孤皇后与隋文帝

【原典】

独孤皇后，家世贵盛而能谦恭，雅好读书，言事多与隋主意合，帝甚宠惮之，宫中称他们为“二圣”。帝每临朝，后辄与帝方辇而进，至阁乃止。使宦官伺帝，政有所失，随则匡谏。候帝退朝，同反燕寝。有司奏称：“《周礼》：百官之妻，命于王后，请依古制。”后曰：“妇人与政，或从此为渐，不可开其源也。”大都督崔长仁，后之中外兄弟也，犯法当斩，帝以后故，欲免其罪。后曰：“国家之事，焉可顾私！”长仁竟坐死。后性俭约，帝尝合止利药，须胡粉一两。宫内不用，求之，竟不得。又欲赐柱国刘嵩妻织成衣领，宫内亦无之。

解读

独孤皇后是北周大司马独孤信之七女。独孤信见杨坚相貌奇伟，器宇轩昂，故将伽罗女许配为婚，时年十四。隋文帝即位之后，封为皇后。

独孤皇后柔顺恭孝、谦卑自守，很受隋文帝宠爱。文帝上朝时，她与帝同辇而进，至阁乃止。候其退朝之后又一起回宫，同吃同乐同寝，相顾欢欣。独孤皇后平日生活俭朴，不好华丽，专喜读书，识达古今。文帝治政稍有不妥之处，她就忠心苦劝，做了很多有益之事。

独孤皇后很有政治才能，每当与隋文帝议论国家大事时，看法往往与隋文帝不谋而合，故而宫中称他们为“二圣”。仁寿二年八月，独孤皇后病逝于永安宫中，终年59岁，葬于太陵。

“每个成功男人的背后都有一个伟大的女人”。隋文帝之所以能完成统一大业，很大程度上就得益于独孤皇后的贤惠、才能。

长城公下至德二年——陈后主陈叔宝

【原典】

上自居临春阁，张贵妃居结绮阁，龚、孔二贵嫔居望仙阁，并复道交相往来。又有王、李二美人，张、薛二淑媛，袁昭仪、何婕妤、江脩容，并有宠，迭游其上。以宫人有文学者袁大舍等为女学士。仆射江总虽为宰辅，不亲政务，日与都官尚书孔范、散骑常侍王瑳等文士十馀人，侍上游宴后庭，无复尊卑之序，谓之“狎客”。上每饮酒，使诸妃、嫔及女学士与狎客共赋诗，互相赠答，采其尤艳丽者，被以新声，选宫女千馀人习而歌之，分部迭进。其曲有《玉树后庭花》《临春乐》等，大略皆美诸妃嫔之容色。君臣酣歌，自夕达旦，以此为常。

张贵妃名丽华，本贫家女，为龚贵嫔侍儿，上见而悦之，得幸，生太子深。贵妃发长七尺，其光可鉴，性敏慧，有神彩，进止详华，每瞻视眄（miǎn）睐，光采溢目，照映左右。善候人主颜色，引荐诸宫女；后宫咸德之，竞言其善。又有厌魅之术，常置淫祀于宫中，聚女巫鼓舞。上怠于政事，百司启奏，并因宦者蔡脱儿、李善度进请；上倚隐囊，置张贵妃于膝上，共决之。李、蔡所不能记者，贵妃并为条疏，无所遗脱。因参访外事，人间有一言一事，贵妃必先知白之；由是益加宠异，冠绝后庭。宦官近习，内外连结，援引宗戚，纵横不法，卖官鬻狱，货赂公行；赏罚之命，不出于外。大臣有不从者，因而谮之。于是孔、张之权熏灼四方，大臣执政皆从风谄附。

孔范与孔贵嫔结为兄妹；上恶闻过失，每有恶事，孔范必曲为文饰，称扬赞美，由是宠遇优渥，言听计从。群臣有谏者，辄以罪斥之。中书舍人施文庆，颇涉书史，尝事上于东宫，聪敏强记，明闲吏职，心算口占，应时条理，由是大被亲幸。又荐所善吴兴沈客卿、阳惠朗、徐哲、暨慧景等，云有吏能，上皆擢用之；以客卿为中书舍人。客卿有口辩，颇知朝廷典故，兼掌金帛局。旧制：军人、士人并无关市之税。上盛修宫室，穷极耳目，府库空虚，有所兴造，恒苦不给。客卿奏请，不问士庶并责关市之征，而又增重其旧。于是以阳惠朗为太市令，暨慧景为尚书金、仓都令史，二人家本小吏，考校簿领，纤毫不差；然皆不达大体，督责苛碎，聚敛无厌，士民嗟怨。客卿总督之，每岁所入，过于常格数十倍。上大悦，益以施文庆为知人，尤见亲重，小大众事，无不委任。转相汲引，珥貂蝉者五十人。

孔范自谓文武才能，举朝莫及，从容白上曰："外间诸将，起自行伍，匹夫敌耳。深见远虑，岂其所知！"上以问施文庆，文庆畏范，亦以为然；司马申复赞之。自是将帅微有过失，即夺其兵，分配文吏；夺任忠部曲以配范及蔡征。由是文武解体，以至覆灭。

解读

陈后主名陈叔宝，字元秀，南北朝时期南朝陈国皇帝，公元582—589年在位。在位时大建宫室，生活奢侈，不理朝政，日夜与妃嫔、文臣游宴，制作艳词。隋军南下时，自恃有长江天险，不以为然。

陈朝自武帝开国，纲纪粗备，天下渐安，江南之地号称富庶。后主陈叔宝"生于深宫之中，长于妇人之手"，即位之后耽于诗酒，专喜声色。后宫有一个美人，名叫张丽华，本为贫家之女，父兄以织席为业。后主为太子时，被选入宫，拔为东宫侍婢。当时后主的龚、孔二妃，花容月貌，皆称绝色，并承宠爱，而孔妃更盛一筹。后主曾对孔妃说："古称王昭君、西施长得美丽，以我来看，爱妃你比她们美。"

陈叔宝热衷于诗文，因此在他周围聚集了一批文人骚客。每次宴会，文人、狎客、嫔妃杂坐联吟，互相赠答，飞觞醉月，大多是靡靡的曼词艳语。文思迟缓者则被罚酒，最后选那些写得特别艳丽的诗，谱上新曲子，令聪慧的宫女们学习新声，按歌度曲。

其中一曲《玉树后庭花》被称为"亡国之音"。后来就有了杜牧的《泊秦淮》，"烟笼寒水月笼沙，夜泊秦淮近酒家。商女不知亡国恨，隔江犹唱《后庭花》。"其实历史自有其向前的步伐，无论陈后主写不写"亡国之音"，隋文帝杨坚的一统大业还是要实现，而陈后主只顾享乐、不问政事的理国之举，不过是加速了历史车轮的进程而已。

隋　纪

高祖文皇帝上之上开皇九年——隋文帝灭陈

【原典】

于是陈国皆平，得州三十，郡一百，县四百，诏建康城邑宫室，并平荡耕垦，更于石头置蒋州。

晋王广班师，留王韶镇石头城，委以后事。三月，己巳，陈叔宝与其王公百司发建康，诣长安，大小在路，五百里累累不绝。帝命权分长安士民宅以俟之，内外修整，遣使迎劳；陈人至者如归。夏，四月，辛亥，帝幸骊山，亲劳旋师。乙巳，诸军凯入，献俘于太庙，陈叔宝及诸王侯将相并乘舆服御、天文图籍等以次行列，仍以铁骑围之，从晋王广、秦王俊入，列于殿廷。拜广为太尉，赐辂车、乘马、衮（gǔn）冕之服、玄圭、白璧。丙午，帝坐广阳门观，引陈叔宝于前，及太子、诸王二十八人，司空司马消难以下至尚书郎凡二百馀人，帝使纳言宣诏劳之；次使内史令宣诏，责以君臣不能相辅，乃至灭亡。叔宝及其群臣并愧惧伏地，屏息不能对，既而宥之。

初，武元帝迎司马消难，与消难结为兄弟，情好甚笃，帝每以叔父礼事之。及平陈，消难至，特免死，配为乐户，二旬而免，犹以旧恩引见；寻卒于家。

庚戌，帝御广阳门宴将士，自门外夹道列布帛之积，达于南郭。班赐各有差，凡用三百馀万段、故陈之境内，给复十年，馀州免其年租赋。

乐安公元谐进曰："陛下威德远被，臣前请以突厥可汗为候正，陈叔宝为令史，今可用臣言矣。"帝曰："朕平陈国，本以除逆，非欲夸诞。公之所奏，殊非朕心。突厥不知山川，何能警候；叔宝昏醉，宁堪驱使！"谐默然而退。

辛酉，进杨素爵为越公，以其子玄感为仪同三司，玄奖为清河郡公；赐物万段、粟万石。命贺若弼登御坐，赐物八千段，加位上柱国，进爵宋公。仍各加赐金宝及陈叔宝妹为妾。

贺若弼、韩擒虎争功于帝前。弼曰："臣在蒋山死战，破其锐卒，擒其骁将，震扬威武，遂平陈国；韩擒虎略不交陈，岂臣之比！"擒虎曰："本奉明

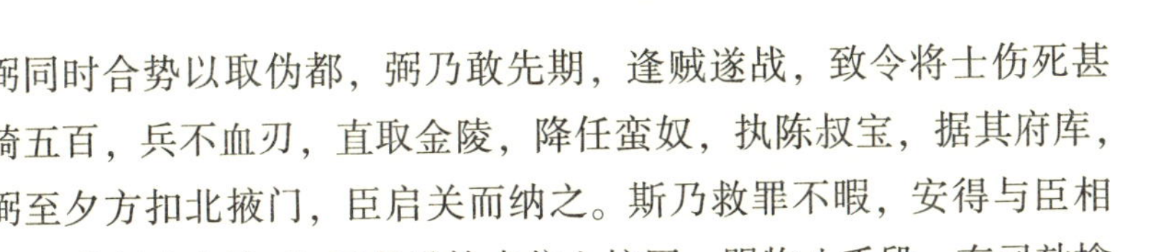

旨，令臣与弼同时合势以取伪都，弼乃敢先期，逢贼遂战，致令将士伤死甚多。臣以轻骑五百，兵不血刃，直取金陵，降任蛮奴，执陈叔宝，据其府库，倾其巢穴。弼至夕方扣北掖门，臣启关而纳之。斯乃救罪不暇，安得与臣相比！”帝曰：“二将俱为上勋。”于是进擒虎位上柱国，赐物八千段。有司劾擒虎放纵士卒，淫污陈宫；坐此不加爵邑。

加高颎上柱国，进爵齐公，赐物九千段。帝劳之曰：“公伐陈后，人言公反，朕已斩之。君臣道合，非青蝇所能间也。”帝从容命颎（jiǒng）与贺若弼论平陈事，颎曰：“贺若弼先献十策，后于蒋山苦战破贼。臣文吏耳，焉敢与大将论功！”帝大笑，嘉其有让。

帝之伐陈也，使高颎问方略于上仪同三司李德林，以授晋王广；至是，帝赏其功，授柱国，封郡公，赏物三千段。已宣敕讫，或说高颎曰：“今归功于李德林，诸将必当愤惋，且后世观公有若虚行。”颎入言之，乃止。

以秦王俊为扬州总管四十四州诸军事，镇广陵。晋王广还并州。

晋王广之戮陈五佞也，未知都官尚书孔范、散骑常侍王瑳（cuō）、王仪、御史中丞沈瓘之罪，故得免；及至长安，事并露，乙未，帝暴其过恶，投之边裔，以谢吴、越之人。瑳刻薄贪鄙，忌害才能；仪颂巧侧媚，献二女以求亲昵；瓘险惨苛酷，发言邪谄，故同罪焉。

帝给赐陈叔宝甚厚，数得引见，班同三品；每预宴，恐致伤心，为不奏吴音。后监守者奏言：“叔宝云，‘既无秩位，每预朝集，愿得一官号。’”帝曰：“叔宝全无心肝！”监者又言：“叔宝常醉，罕有醒时。”帝问：“饮酒几何？”对曰：“与其子弟日饮一石。”帝大惊，使节其酒，既而曰：“任其性；不尔，何以过日！”帝以陈氏子弟既多，恐其在京城为非，乃分置边州，给田业使为生，岁时赐衣服以安全之。

解读

杨坚，隋朝开国皇帝。汉族，弘农郡华阴（今陕西省华阴县）人。汉太尉杨震第十四世孙。其父杨忠是西魏和北周的军事贵族，北周武帝时官至柱国大将军，封为隋国公，杨坚承袭父爵。初唐的李延寿在《北史》中赞美杨坚：“皇考美须髯，身长七尺八寸，状貌瑰伟，武艺绝伦；识量深重，有将率之略。”

杨坚登基后，于开皇七年（587 年）灭后梁，一年后下诏伐陈。开皇九年（589 年），隋文帝派遣大军挥戈南下，消灭了割据南方的陈朝，统一了中国，结束了西晋末年以来三百年的分裂局面。同年琉球群岛归降隋朝。突厥可汗尊杨坚为“圣人可汗”，表示愿为藩属永世归顺，千万世为圣朝典牛马。隋文帝结束了中国长期混乱的局面，征服了各族蛮夷部落，使中国又回到了和平年代。

大隋王朝建立以后，隋文帝经过精心治理，隋朝迅速强大繁荣起来。他不仅完成了统一中国的大业，还使隋朝成为政权稳固、社会安定、户口锐长、垦田速增、积蓄充盈、文化发展、甲兵精锐、威动殊俗的强盛国家，史称“开皇之治”。在政治、经济等制度方面进行了一系列的改革。在中央实行三省六部制，将地方的州、郡、县三级制改为州、县两级制，地方官吏概由中央任免，由此巩固了中央集权。由于隋文帝励精图治，发展生产，一度成为西方人眼中最伟大的中国皇帝，被尊为“圣人可汗”。

高祖文皇帝上之下开皇十七年——赵绰的诚直之心

【原典】

帝尝乘怒，欲以六月杖杀人，大理少卿河东赵绰固争曰：“季夏之月，天地成长庶类，不可以此时诛杀。”帝报曰：“六月虽曰生长，此时必有雷霆；我则天而行，有何不可！”遂杀之。

大理掌固来旷上言大理官司太宽，帝以旷为忠直，遣每旦于五品行中参见。旷又告少卿赵绰滥免徒囚，帝使信臣推验，初无阿曲，帝怒，命斩之。绰固争，以为旷不合死，帝拂衣入阁。绰矫言，“臣更不理旷，自有他事，未及奏闻。”帝命引入阁，绰再拜请曰：“臣有死罪三，臣为大理少卿，不能制驭掌固，使旷触挂天刑，一也；囚不合死，而臣不能死争，二也；臣本无他事，而妄言求入，三也。”帝解颜。会独孤后在坐，命赐绰二金杯酒，并杯赐之。旷因免死，徙广州。

萧摩诃子世略在江南作乱，摩诃当从坐，上曰：“世略年未二十，亦何能

为？以其名将之子，为人所逼耳。”因赦摩诃。绰固谏不可，上不能夺，欲绰去而赦之，因命绰退食。绰曰：“臣奏狱未决，不敢退。”上曰：“大理其为朕特舍摩诃也。”因命左右释之。

刑部侍郎辛亶尝衣绯裈，俗云利官；上以为厌蛊，将斩之。绰曰：“法不当死，臣不敢奉诏。”上怒甚，曰：“卿惜辛亶而不自惜也！”命引绰斩之。绰曰：“陛下宁杀臣，不可杀辛亶。”至朝堂，解衣当斩，上使人谓绰曰：“竟何如？”对曰：“执法一心，不敢惜死！”上拂衣而入，良久，乃释之。明日谢绰，劳勉之，赐物三百段。

时上禁行恶钱，有二人在市，以恶钱易好者，武候执以闻，上令悉斩之，绰进谏曰：“此人所坐当杖，杀之非法。”上曰：“不关卿事。”绰曰：“陛下不以臣愚暗，置在法司，欲妄杀人，岂得不关臣事！”上曰：“撼大木，不动者当退。”对曰：“臣望感天心，何论动木。”上复曰：“啜羹者热则置之，天子之威，欲相挫邪！”绰拜而益前，诃之，不肯退，上遂入。治书侍御史柳彧复上奏切谏，上乃止。

上以绰有诚直之心，每引入阁中，或遇上与皇后同榻，即呼绰坐，评论得失，前后赏赐万计。与大理卿薛胄同时，俱名平恕；然胄断狱以情而绰守法，俱为称职。胄，端之子也。

解读

赵绰在隋文帝时代以“执法不阿”而名世。赵绰秉性正直刚毅，生前以明干见知，职任内史中士。杨坚辅政后，以赵绰清正刚直，北周引荐为录事参军。隋文帝杨坚代周，闻赵绰清正刚直，就任命其为大理丞，不久，又以“处法平允，考绩连最”，升为大理正。大理寺是隋代司法机关，大理正就是大理寺的长官。

隋文帝晚年猜忌心极重，用刑不依科律，动辄严刑酷法以临下。遇到这种情况，赵绰每每敢于以死护法，纠正隋文帝的错误行为。在封建时代，法官要守法不阿，没有别的可以凭借，只有拿自己的命作抵，这固然是可悲的。不过，开明一点的皇帝一般都能认识到这是“忠”的表现。隋文帝正是这样看待赵绰的，所以，赵绰并没有因守法而掉了脑袋。即使如此，赵绰的胆识也是非常令人敬佩的。

炀皇帝上之上大业元年——穷奢极欲的隋炀帝

【原典】

五月，筑西苑，周二百里；其内为海，周十馀里；为方丈、蓬莱、瀛洲诸山，高出水百馀尺，台观宫殿，罗络山上，向背如神。北有龙鳞渠，萦纡注海内。缘渠作十六院，门皆临渠，每院以四品夫人主之，堂殿楼观，穷极华丽。宫树秋冬凋落，则翦彩为华叶，缀于枝条，色渝则易以新者，常如阳春。沼内亦翦彩为荷芰菱芡，乘舆游幸，则去冰而布之。十六院竞以淆羞精丽相高，求市恩宠。上好以月夜从宫女数千骑游西苑，作《清夜游曲》，于马上奏之。

帝待诸王恩薄，多所猜忌。滕王纶、卫王集内自忧惧，呼术者问吉凶及章醮（jiào）求福。或告其怨望咒诅，有司奏请诛之；秋，七月，丙午，诏除名为民，徙边郡。纶，瓒之子；集，爽之子也。

八月，壬寅，上行幸江都，发显仁宫，王弘遣龙舟奉迎。乙巳，上御小朱航，自漕渠出洛口，御龙舟。龙舟四重，高四十五尺，长二百丈。上重有正殿、内殿、东西朝堂，中二重有百二十房，皆饰以金玉，下重内侍处之。皇后乘翔螭舟，制度差小，而装饰无异。别有浮景九艘，三重，皆水殿也。又有漾彩、朱鸟、苍螭、白虎、玄武、飞羽、青凫、陵波、五楼、道场、玄坛、板翕、黄篾等数千艘，后宫、诸王、公主、百官、僧、尼、道士、蕃客乘之，及载内外百司供奉之物，共用挽船士八万馀人，其挽漾彩以上者九千馀人，谓之殿脚，皆以锦彩为袍。又有平乘、青龙、艨艟（méng chōng）、艚艜（áo）、八棹、艇舸等数千艘，并十二卫兵乘之，并载兵器帐幕，兵士自引，不给夫。舳舻相接二百馀里，照耀川陆，骑兵翊两岸而行，旌旗蔽野。所过州县，五百里内皆令献食，多者一州至百轝（yú），极水陆珍奇；后宫厌饫（yù），将发之际，多弃埋之。

解读

隋炀帝杨广是隋文帝杨坚的第二个儿子，又名杨英，小名是阿么。父亲杨坚建立隋朝后，杨广被封为晋王，当时只有十三岁。

隋炀帝杨广是中国历史上名声最差的皇帝之一，他的失败是因为其穷奢极欲、急功近利。大业初年，他兴修运河，营建东都洛阳，大造宫殿西苑，迫使人民从事无偿劳役，严重破坏生产，给人民带来了沉重的负担；此外还有一系列开疆拓土的战争，也同样消耗了大量的人力、物力。隋炀帝因过分自信与轻敌，导致第一次征讨高丽的失败，并陷入战争泥潭，致使不满的士兵发动兵变，人民也为逃避沉重的负担纷纷起义造反，为大隋王朝的覆灭埋下了伏笔。

炀皇帝下大业十二年——瓦岗农民起义

【原典】

韦城翟让为东都法曹，坐事当斩。狱吏黄君汉奇其骁勇，夜中潜谓让曰："翟法司，天时人事，抑亦可知，岂能守死狱中乎！"让惊喜叩头曰："让，圈牢之豕，死生唯黄曹主所命！"君汉即破械出之。让再拜曰："让蒙再生之恩则幸矣，奈黄曹主何！"因泣下。君汉怒曰："本以公为大丈夫，可救生民之命，故不顾其死以奉脱，奈何反效儿女子涕泣相谢乎！君但努力自免，勿忧吾也！"让遂亡命于瓦岗为群盗，同郡单雄信，骁健，善用马槊，聚少年往从之。离狐徐世勣（jì）家于卫南，年十七，有勇略，说让曰："东郡于公与勣皆为乡里，人多相识，不宜侵掠。荥阳、梁郡，汴水所经，剽行舟、掠商旅，足以自资。"让然之，引众入二郡界，掠公私船，资用丰给，附者益众，聚徒至万馀人。

时又有外黄王当仁、济阳王伯当、韦城周文举、雍丘李公逸等皆拥众为盗。李密自雍州亡命，往来诸帅间，说以取天下之策，始皆不信。久之，稍以为然，相谓曰："斯人公卿子弟，志气若是。今人人皆云杨氏将灭，李氏将兴。吾闻王者不死。斯人再三获济，岂非其人乎！"由是渐敬密。

密察诸帅唯翟让最强，乃因王伯当以见让，为让画策，往说诸小盗，皆下之。让悦，稍亲近密，与之计事，密因说让曰："刘、项皆起布衣为帝王。今主昏于上，民怨于下，锐兵尽于辽东，和亲绝于突厥，方乃巡游扬、越，委弃东都，此亦刘、项奋起之会也。以足下雄才大略，士马精锐，席卷二京，诛灭暴虐，隋氏不足亡也！"让谢曰："吾侪群盗，旦夕偷生草间，君之言者，非吾所及也。"

会有李玄英者，自东都逃来，经历诸贼，求访李密，云"斯人当代隋家”。人问其故，玄英言：“比来民间谣歌有《桃李章》曰：‘桃李子，皇后绕扬州，宛转花园里。勿浪语，谁道许！’‘桃李子’，谓逃亡者李氏之子也；皇与后，皆君也；‘宛转花园里’，谓天子在扬州无还日，将转于沟壑也；‘莫浪语，谁道许’者，密也。”既与密遇，遂委身事之。前宋城尉齐郡房玄藻，自负其才，恨不为时用，预于杨玄感之谋。变姓名亡命，遇密于梁、宋之间，遂与之俱游汉、沔，遍入诸贼，说其豪杰；还日，从者数百人，仍为游客，处于让营。让见密为豪杰所归，欲从其计，犹豫未决。

有贾雄者，晓阴阳占候，为让军师，言无不用。密深结于雄，使之托术数以说让；雄许诺，怀之未发。会让召雄，告以密所言，问其可否，对曰：“吉不可言。”又曰：“公自立恐未必成，若立斯人，事无不济。”让曰：“如卿言，蒲山公当自立，何来从我？”对曰：“事有相因。所以来者，将军姓翟，翟者，泽也，蒲非泽不生，故须将军也。”让然之，与密情好日笃。

密因说让曰：“今四海糜沸，不得耕耘，公士众虽多，食无仓禀，唯资野掠，常苦不给。若旷日持久，加以大敌临之，必涣然离散。未若先取荥阳，休兵馆谷，待士马肥充，然后与人争利。”让从之，于是破金堤关，攻荥阳诸县，多下之。

解读

瓦岗农民起义是从隋大业六年（610年）到武德元年（618年）李密率部投唐的前后9年，由翟让、单雄信等率众在瓦岗寨（今河南滑县南）举起反隋义旗，后在荥阳地区领导瓦岗军反抗隋炀帝暴政的大规模农民起义。

就在瓦岗军势将灭隋的关键时刻，内部发生了分裂。平时李密结党拉派，培植私人势力，早为部下所觉察，私下里多有怨言，劝翟让自立，翟让从大局出发，以团结为重，说服众属。李密稍有所闻，嫉妒在心，于617年11月11日，借庆贺石子河战役胜利的名义，设宴招翟让入席，暗使党徒蔡建德将翟让杀死。王儒信、翟弘、摩侯同时遇害，徐世勣被砍伤，王伯当、单雄信叩头求饶，方得幸免。翟让被害以后，部将非常寒心，认识到李密原是个气度狭窄、忘恩负义之徒，所以离心日重，战斗力日衰，从此瓦岗军走向了下坡路。

瓦岗军是隋末农民起义中三大义军之一。经过八年的浴血奋战，瓦岗军始举灭隋大旗，杀赃官、诛恶吏，开仓放粮，赈济贫民，深得广大人民拥戴。他们转战中原，浴血奋战，兵至百万，坚持了八年，所向披靡，为推翻隋朝统治立下了不朽功勋。

唐　纪

高祖神尧大圣光孝皇帝中之中武德四年——房谋杜断

【原典】

上以秦王世民功大，前代官皆不足以称之，特置天策上将，位在王公上。冬，十月，以世民为天策上将，领司徒、陕东道大行台尚书令，增邑二万户，仍开天策府，置官属，以齐王元吉为司空。世民以海内浸平，乃开馆于宫西，延四方文学之士，出教以王府属杜如晦、记室房玄龄、虞世南、文学褚亮、姚思廉、主簿李玄道、参军蔡允恭、薛元敬、颜相时、咨议典签苏勖、天策府从事中郎于志宁、军咨祭酒苏世长、记室薛收、仓曹李守素、国子助教陆德明、孔颖达、信都盖文达、宋州总管府户曹许敬宗，并以本官兼文学馆学士，分为三番，更日直宿，供给珍膳，恩礼优厚。世民朝谒公事之暇，辄至馆中，引诸学士讨论文籍，或夜分乃寝。又使库直阎立本图像，褚亮为赞，号十八学士。士大夫得预其选者，时人谓之“登瀛洲”。允恭，大宝之弟子；元敬，收之从子；相时，师古之弟；立本，毗之子也。

初，杜如晦为秦王府兵曹参军，俄迁陕州长史。时府僚多补外官，世民患之。房玄龄曰：“馀人不足惜，至于杜如晦，王佐之才，大王欲经营四方，非如晦不可。”世民惊曰：“微公言，几失之。”即奏为府属。与玄龄常从世民征伐，参谋帷幄，军中多事，如晦剖决如流。世民每破军克城，诸将佐争取宝货，玄龄独收采人物，致之幕府。又将佐有勇略者，玄龄必与之深相结，使为世民尽死力。世民每令玄龄入奏事，上叹曰：“玄龄为吾儿陈事，虽隔千里，皆如面谈。”

解读

唐朝初年，唐太宗善于任用能人为之服务，经常听从大臣的意见。一次他与文昭商量事情，房玄龄感慨地说："非如晦莫能筹之。"等到杜如晦来到时，杜如晦立即分析房玄龄的计谋并做出决断。两人合作得十分融洽，人称"房谋杜断"。

房玄龄是唐代初年名相，他博览经史，工书善文，18 岁时本州举进士，先后授羽骑尉、隰城尉。隋末大乱，李渊率兵入关，玄龄于渭北投李世民，屡从秦王出征，出谋划策，典管书记，任秦王府记室。每平定一地，别人争着求取珍玩，他却首先为秦王幕府收罗人才。他和杜如晦是秦王最得力的谋士。唐武德九年（626 年）他参与"玄武门之变"的策划，与杜如晦、长孙无忌、尉迟敬德、侯君集五人并功第一。

杜如晦是凌烟阁二十四功臣之一，唐武德元年（618 年）杜如晦被李世民引为秦王府属官。杜如晦常从征伐，参与机要、军国之事，剖断如流。又迁陕东道大行台司勋郎中，并以本官入文学馆，为十八学士之首。四年，李世民建天策府，以杜如晦为从事郎中。当时李世民弟兄间皇位继承的争夺十分激烈，太子李建成企图剪除世民羽翼，在唐高祖李渊前谮毁世民的幕僚，因此杜如晦和房玄龄同被斥逐。九年，潜入秦王府谋划"玄武门之变"，以功擢拜太子左庶子。太宗即位，杜如晦迁兵部尚书，进封蔡国公。他与房玄龄共掌朝政，典章制度皆两人所定。时称如晦长于断、玄龄善于谋，两人配合默契，同心辅佐太宗，后世论唐代良相，首推房、杜。

高祖神尧大圣光孝皇帝下之上武德九年——玄武门之变

【原典】

秦王世民既与太子建成、齐王元吉有隙，以洛阳形胜之地，恐一朝有变，欲出保之，乃以行台工部尚书温大雅镇洛阳，遣秦府车骑将军荥阳张亮将左右王保等千馀人之洛阳，阴结纳山东豪杰以俟变，多出金帛，恣其所用。元吉告亮谋不轨，下吏考验；亮终无言，乃释之，使还洛阳。

建成夜召世民，饮酒而鸩之，世民暴心痛，吐血数升，淮安王神通扶之还西宫。上幸西宫，问世民疾，敕建成曰："秦王素不能饮，自今无得复夜饮！"因谓世民曰："首建大谋，削平海内，皆汝之功。吾欲立汝为嗣，汝固辞；且建成年长，为嗣日久，吾不忍夺也。观汝兄弟似不相容，同处京邑，必有纷竞，当遣汝还行台，居洛阳，自陕以东皆王之。仍命汝建天子旌旗，如汉梁孝王故事。"世民涕泣，辞以不欲远离膝下。上曰："天下一家，东、西两都，道路甚迩。吾思汝即往，毋烦悲也。"将行，建成、元吉相与谋曰："秦王若至洛阳，有土地甲兵，不可复制；不如留之长安，则一匹夫耳，取之易矣。"乃密令数人上封事，言"秦王左右闻往洛阳，无不喜跃，观其志趣，恐不复来"。又遣近幸之臣以利害说上。上意遂移，事复中止。

建成、元吉与后宫日夜谮诉世民于上，上信之，将罪世民。陈叔达谏曰："秦王有大功于天下，不可黜也。且性刚烈，若加挫抑，恐不胜忧愤，或有不测之疾，陛下悔之何及！"上乃止。元吉密请杀秦王，上曰："彼有定天下之功，罪状未著，何以为辞！"元吉曰："秦王初平东都，顾望不还，散钱帛以树私恩，又违敕命，非反而何！但应速杀，何患无辞！"上不应。

秦府僚属皆忧惧不知所出。行台考功郎中房玄龄谓比部郎中长孙无忌曰："今嫌隙已成，一旦祸机窃发，岂惟府朝涂地，乃实社稷之忧；莫若劝王行周公之事以安家国。存亡之机，间不容发，正在今日！"无忌曰："吾怀此久矣，不敢发口；今吾子所言，正合吾心，谨当白之。"乃入言世民。世民召玄龄谋之，玄龄曰："大王功盖天地，当承大业；今日忧危，乃天赞也，愿大王勿疑！"乃与府属杜如晦共劝世民诛建成、元吉。

建成、元吉以秦府多骁将，欲诱之使为己用，密以金银器一车赠左二副护军尉迟敬德，并以书招之曰："愿迂长者之眷，以敦布衣之交。"敬德辞曰："敬德，蓬户瓮牖（wèng yǒu）之人，遭隋末乱离，久沦逆地，罪不容诛。秦王赐以更生之恩，今又策名藩邸，唯当杀身以为报；于殿下无功，不敢谬当重赐。若私交殿下，乃是贰心，徇利忘忠，殿下亦何所用！"建成怒，遂与之绝。敬德以告世民，世民曰："公心如山岳，虽积金至斗，知公不移。相遗但受，何所嫌也！且得以知其阴计，岂非良策！不然，祸将及公。"既而元吉使壮士夜刺敬德，敬德知之，洞开重门，安卧不动，刺客屡至其庭，终不敢入。元吉乃谮敬德于上，下诏狱讯治，将杀之。世民固请，得免。又谮左一马军总管程知节，出为康州刺史。知节谓世民曰："大王股肱羽翼尽矣，身何能久！知节以死不去，愿早决计。"又以金帛诱右二护军段志玄，志玄不从。建成谓元吉曰："秦府智略之士，可惮者独房玄龄、杜如晦耳。"皆谮之于上而逐之。

世民腹心唯长孙无忌尚在府中，与其舅雍州治中高士廉、左候车骑将军三水侯君集及尉迟敬德等，日夜劝世民诛建成、元吉。世民犹豫未决，问于灵州大都督李靖，靖辞；问于行军总管李世勣，世勣辞；世民由是重二人。

会突厥郁射设将数万骑屯河南，入塞，围乌城，建成荐元吉代世民督诸军北征；上从之，命元吉督右武卫大将军李艺、天纪将军张瑾等救乌城。元吉请尉迟敬德、程知节、段志玄及秦府右三统军秦叔宝等与之偕行，简阅秦王帐下精锐之士以益元吉军。率更丞王晊（zhì）密告世民曰："太子语齐王：'今汝得秦王骁将精兵，拥数万之众，吾与秦王饯汝于昆明池，使壮士拉杀之于幕下，奏云暴卒，主上宜无不信。吾当使人进说，令授吾国事。敬德等既入汝手，宜悉坑之，孰敢不服！'"世民以晊言告长孙无忌等，无忌等劝世民先事图之。世民叹曰："骨肉相残，古今大恶。吾诚知祸在朝夕，欲俟其发，然后以义讨之，不亦可乎！"敬德曰："人情谁不爱其死！今众人以死奉王，乃天授也。祸机垂发，而王犹晏然不以为忧，大王纵自轻，如宗庙社稷何！大王不用敬德之言，敬德将窜身草泽，不能留居大王左右，交手受戮也！"无忌曰："不从敬德之言，事今败矣。敬德等必不为王有，无忌亦当相随而去，不能复事大王矣！"世民曰："吾所言亦未可全弃，公更图之。"敬德曰："王今处事有疑，非智也；临难不决，非勇也。且大王素所畜养勇士八百馀人，在外者今已入宫，擐（huàn）甲执兵，事势已成，大王安得已乎！"

世民访之府僚，皆曰："齐王凶戾，终不肯事其兄。比闻护军薛实尝谓齐王曰：'大王之名，合之成'唐'字，大王终主唐祀。'齐王喜曰：'但除秦王，取东宫如反掌耳。'彼与太子谋乱未成，已有取太子之心。乱心无厌，何所不为！若使二人得志，恐天下非复唐有。以大王之贤，取二人如拾地芥耳，奈何徇匹夫之节，忘社稷之计乎！"世民犹未决，众曰："大王以舜为何如人?”曰：“圣人也。”众曰：“使舜浚井不出，则为井中之泥；涂廪不下，则为廪上之灰，安能泽被天下，法施后世乎！是以小杖则受、大杖则走，盖所存者大故也。”世民命卜之，幕僚张公谨自外来，取龟投地，曰：“卜以决疑；今事在不疑，尚何卜乎！卜而不吉，庸得已乎！”于是定计。

世民令无忌密召房玄龄等，曰：“敕旨不听复事王；今若私谒，必坐死，不敢奉教。”世民怒，谓敬德曰：“玄龄、如晦岂叛我邪！”取所佩刀授敬德曰：“公往观之，若无来心，可断其首以来。”敬德往，与无忌共谕之曰：“王已决计，公宜速入共谋之。吾属四人，不可群行道中。”乃令玄龄、如晦著道士服，与无忌俱入，敬德自他道亦至。

己未，太白复经天。傅奕密奏：“太白见秦分，秦王当有天下。”上以其状授世民。于是世民密奏建成、元吉淫乱后宫，且曰：“臣于兄弟无丝毫负，今欲杀臣，似为世充、建德报仇。臣今枉死，永违君亲，魂归地下，实耻见诸贼！”上省之，愕然，报曰：“明当鞫（jū）问，汝宜早参。”

庚申，世民帅长孙无忌等人，伏兵于玄武门。张婕妤窃知世民表意，驰语建成。建成召元吉谋之，元吉曰：“宜勒宫府兵，托疾不朝，以观形势。”建成曰：“兵备已严，当与弟入参，自问消息。”乃俱入，趣玄武门。上时已召裴寂、萧瑀、陈叔达等，欲按其事。

建成、元吉至临湖殿，觉变，即跋马东归宫府。世民从而呼之，元吉张弓射世民，再三不彀，世民射建成，杀之。尉迟敬德将七十骑继至，左右射元吉坠马。世民马逸入林下，为木枝所挂，坠不能起。元吉遽至，夺弓将扼之，敬德跃马叱之。元吉步欲趣武德殿，敬德追射，杀之。翊卫车骑将军冯翊冯立闻建成死，叹曰：“岂有生受其恩，而死逃其难乎！”乃与副护军薛万彻、屈直府左车骑万年谢叔方帅东宫、齐府精兵二千驰趣玄武门。张公谨多力，独闭关以拒之，不得入。云麾将军敬君弘掌宿卫后，屯玄武门，挺身出战，所亲止之曰：“事未可知，且徐观变，俟兵集，成列而战，未晚也。”君弘不从，与中郎将吕世衡大呼而进，皆死之。君弘，显俊之曾孙也。守门兵与万彻等力战良久，万彻鼓噪欲攻秦府，将士大惧；尉迟敬德持建成、元吉首示之，宫府兵遂溃，万彻与数十骑亡入终南山。冯立既杀敬君弘，谓其徒曰：“亦足以少报太子矣！”遂解兵，逃于野。

上方泛舟海池，世民使尉迟敬德入宿卫，敬德擐甲持矛，直至上所。上大惊，问曰："今日乱者谁邪？卿来此何为？"对曰："秦王以太子、齐王作乱，举兵诛之，恐惊动陛下，遣臣宿卫。"上谓裴寂等曰："不图今日乃见此事，当如之何？"萧瑀、陈叔达曰："建成、元吉本不预义谋，又无功于天下，疾秦王功高望重，共为奸谋。今秦王已讨而诛之，秦王功盖宇宙，率土归心，陛下若处以元良，委之国务，无复事矣。"上曰："善！此吾之夙心也。"时宿卫及秦府兵与二宫左右战犹未已，敬德请降手敕，令诸军并受秦王处分，上从之。天策府司马宇文士及自东上阁门出宣敕，众然后定。上又使黄门侍郎裴矩至东宫晓谕诸将卒，皆罢散。上乃召世民，抚之曰："近日以来，几有投杼之惑。"世民跪而吮上乳，号恸久之。

建成子安陆王承道、河东王承德、武安王承训、汝南王承明、钜鹿王承义，元吉子梁郡王承业、渔阳王承鸾、普安王承奖、江夏王承裕、义阳王承度，皆坐诛，仍绝属籍。

初，建成许元吉以正位之后，立为太弟，故元吉为之尽死。诸将欲尽诛建成、元吉左右百馀人，籍没其家，尉迟敬德固争曰："罪在二凶，既伏其诛；若及支党，非所以求安也。"乃止。是日，下诏赦天下。凶逆之罪，止于建成、元吉，自馀党与，一无所问。其僧、尼、道士、女冠并宜仍旧。国家庶事，皆取秦王处分。

辛酉，冯立、谢叔方皆自出；薛万彻亡匿，世民屡使谕之，乃出。世民曰："此皆忠于所事，义士也。"释之。

癸亥，立世民为皇太子。又诏："自今军国庶事，无大小悉委太子处决，然后闻奏。"

解读

"玄武门之变"是唐高祖武德九年六月初四庚申日（626 年 7 月 2 日）由当时的秦王、唐高祖李渊的次子李世民在唐帝国的首都长安城（今陕西省西安市）大内皇宫的北宫门——玄武门附近发动的一次流血政变，结果是李世民杀死了自己的长兄（当时的皇太子李建成）和四弟（当时的齐王李元吉），得以立为新任皇太子，并继承皇位。

将嫡长子立为太子，是礼制的正常法则。然而，高祖之所以拥有天下，完全是由于李世民的功劳。隐太子李建成平庸低劣，却位居李世民之上，所处的地位易生嫌猜，所拥有的权力相互威胁，兄弟二人必然不能相容。假如高祖有周文王的明智，隐太子李建成有泰伯的贤达，太宗有子臧的节操，变乱又会从哪里产生出来呢！既然不能如此，李世民这才打算等待李建成首先发难，然后采取相应的行动。这样说来，李世民也是出于不得已，尚且算是做得较好的了。接着，李世民被各位下属施加压力，导致宫廷门前发生了流血事件，对自己的同胞兄弟白刃相加，为后世所讥刺，真是太可惜了！一般来说，创立基业传给后世的君主，是子孙后代学习的典范，后来中宗、玄宗、肃宗、代宗的帝位传承，难道不是从对太宗的指顾与效法中找到的借口吗？

高祖神尧大圣光孝皇帝下之下武德九年——唐太宗善于纳谏

【原典】

上励精求治，数引魏征入卧内，访以得失；征知无不言，上皆欣然嘉纳。上遣使点兵，封德彝奏：“中男虽未十八，其躯干壮大者，亦可并点。”上从之。敕出，魏征固执以为不可，不肯署敕，至于数四。上怒，召而让之曰：“中男壮大者，乃奸民诈妄以避征役，取之何害，而卿固执至此！”对曰：“夫兵在御之得其道，不在众多。陛下取其壮健，以道御之，足以无敌于天下，何必多取细弱以增虚数乎！且陛下每云：‘吾以诚信御天下，欲使臣民皆无欺诈。’今即位未几，失信者数矣！”上愕然曰：“朕何为失信？”对曰：“陛下初即位，下诏云：‘逋负官物，悉令蠲免。’有司以为负秦府国司者，非官物，征督如故。陛下以秦王升为天子，国司之物，非官物而何！又曰：‘关中免二年租调，关外给复一年。’既而继有敕云：‘已役已输者，以来年为始。’散还

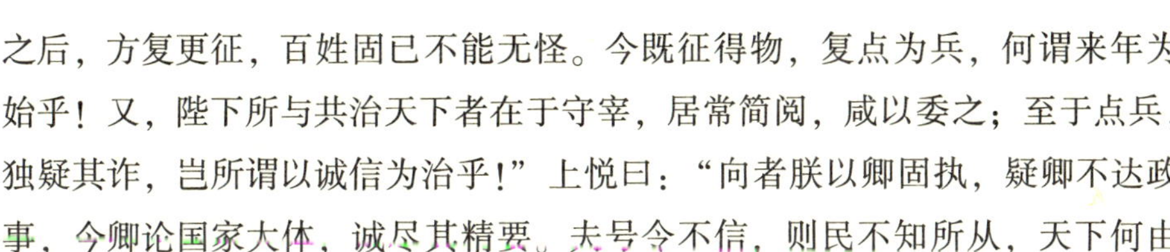

之后，方复更征，百姓固已不能无怪。今既征得物，复点为兵，何谓来年为始乎！又，陛下所与共治天下者在于守宰，居常简阅，咸以委之；至于点兵，独疑其诈，岂所谓以诚信为治乎！”上悦曰：“向者朕以卿固执，疑卿不达政事，今卿论国家大体，诚尽其精要。夫号令不信，则民不知所从，天下何由而治乎？朕过深矣！”乃不点中男，赐征金甕一。

上闻景州录事参军张玄素名，召见，问以政道，对曰：“隋主好自专庶务，不任群臣；群臣恐惧，唯知禀受奉行而已，莫之敢违。以一人之智决天下之务，借使得失相半，乖谬已多，下谀上蔽，不亡何待！陛下诚能谨择群臣而分任以事，高拱穆清而考其成败以施刑赏，何忧不治！又，臣观隋末乱离，其欲争天下者不过十馀人而已，其馀皆保乡党、全妻子，以待有道而归之耳。乃知百姓好乱者亦鲜，但人主不能安之耳。”上善其言，擢为侍御史。

前幽州记室直中书省张蕴古上《大宝箴》，其略曰：“圣人受命，拯溺亨屯，故以一人治天下，不以天下奉一人。”又曰：“壮九重于内，所居不过容膝；彼昏不知，瑶其台而琼其室。罗八珍于前，所食不过适口；惟狂罔念，丘其糟而池其酒。”又曰：“勿没没而暗，勿察察而明，虽冕旒蔽目而视于未形，虽黈纩塞耳而听于无声。”上嘉之，赐以束帛，除大理丞。

上召傅奕，赐之食，谓曰：“汝前所奏，几为吾祸。然凡有天变，卿宜尽言皆如此，勿以前事为惩也。”上尝谓奕曰：“佛之为教，玄妙可师，卿何独不悟其理？”对曰：“佛乃胡中桀黠，诳耀彼土。中国邪僻之人，取庄、老玄谈，饰以妖幻之语，用欺愚俗。无益于民，有害于国，臣非不悟，鄙不学也。”上颇然之。

上患吏多受赇（qiú），密使左右试赂之。有司门令史受绢一匹，上欲杀之，民部尚书裴矩谏曰：“为吏受赂，罪诚当死；但陛下使人遗之而受，乃陷人于法也，恐非所谓‘道之以德，齐之以礼。’”上悦，召文武五品已上告之曰：“裴矩能当官力争，不为面从，倘每事皆然，何忧不治！”

解读

古人说：君主贤明则臣下敢于直言。裴矩在隋朝是位佞臣，而在唐则是位忠臣，这不是他的品性有变化。事实上，君主讨厌听人揭短，则大臣的忠诚便转化为谄谀；君主乐意听到直言劝谏，则谄谀又会转化成忠诚。由此可见，君主如同测影的表，大臣便似影子，表一动则影子随之而动。

太宗文武大圣大广孝皇帝上之下贞观十年——史上最著名的贤后

【原典】

长孙皇后性仁孝俭素，好读书，常与上从容商略古事，因而献替，裨益弘多。上或以非罪谴怒宫人，后亦阳怒，请自推鞫，因命囚系，俟上怒息，徐为申理，由是宫壶之中，刑无枉滥。豫章公主早丧其母，后收养之，慈爱逾于所生。妃嫔以下有疾，后亲抚视，辍己之药膳以资之，宫中无不爱戴。训诸子，常以谦俭为先，太子乳母遂安夫人尝白后，以东宫器用少，请奏益之。后不许，曰：“为太子，患在德不立，名不扬，何患无器用邪！”

上得疾，累年不愈，后侍奉，昼夜不离侧。常系毒药于衣带，曰：“若有不讳，义不独生！”后素有气疾，前年从上幸九成宫，柴绍等中夕告变，上擐

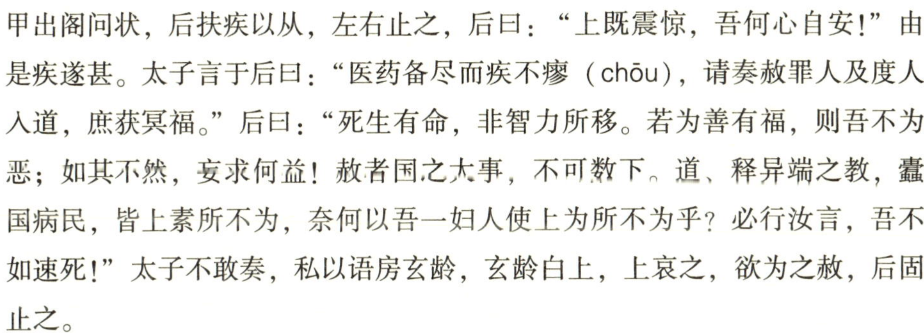

甲出阁问状，后扶疾以从，左右止之，后曰：“上既震惊，吾何心自安!”由是疾遂甚。太子言于后曰：“医药备尽而疾不瘳（chōu），请奏赦罪人及度人入道，庶获冥福。”后曰：“死生有命，非智力所移。若为善有福，则吾不为恶；如其不然，妄求何益！赦者国之大事，不可数下。道、释异端之教，蠹国病民，皆上素所不为，奈何以吾一妇人使上为所不为乎？必行汝言，吾不如速死!”太子不敢奏，私以语房玄龄，玄龄白上，上哀之，欲为之赦，后固止之。

及疾笃，与上诀。时房玄龄以谴归第，后言于上曰：“玄龄事陛下久，小心慎密，奇谋秘计，未尝宣泄，苟无大故，愿勿弃之。妾之本宗，因缘葭莩，以致禄位，既非德举，易致颠危，欲使其子孙保全，慎勿处之权要，但以外戚奉朝请足矣。妾生无益于人，不可以死害人，愿勿以丘垄劳费天下，但因山为坟，器用瓦木而已。仍愿陛下亲君子，远小人，纳忠谏，屏谗慝，省作役，止游畋，妾虽没于九泉，诚无所恨！儿女辈不必令来，见其悲哀，徒乱人意。”因取衣中毒药以示上曰：“妾于陛下不豫之日，誓以死从乘舆，不能当吕后之地耳。”己卯，崩于立政殿。

后尝采自古妇人得失事，为《女则》三十卷，又尝著论驳汉明德马后以不能抑退外亲，使当朝贵盛，徒戒其车如流水马如龙，是开其祸败之源而防其末流也。及崩，宫司并《女则》奏之，上览之悲恸，以示近臣曰：“皇后此书，足以垂范百世！朕非不知天命而为无益之悲，但入宫不复闻规谏之言，失一良佐，故不能忘怀耳!”乃召房玄龄，使复其位。

秋，八月，丙子，上谓群臣曰：“朕开直言之路，以利国也，而比来上封事者多讦人细事，自今复有为是者，朕当以谗人罪之。”

冬，十一月，庚午，葬文德皇后于昭陵。将军段志玄、宇文士及分统士众出肃章门。帝夜使宫官至二人所，士及开营内之；志玄闭门不纳，曰：“军门不可夜开。”使者曰：“此有手敕。”志玄曰：“夜中不辩真伪。”竟留使者至明。帝闻而叹曰：“真将军也!”

帝复为文刻之石，称“皇后节俭，遗言薄葬，以为‘盗贼之心，止求珍货，既无珍货，复何所求’。朕之本志，亦复如此。王者以天下为家，何必物在陵中，乃为己有。今因九嵕山为陵，凿石之工才百馀人，数十日而毕。不藏金玉，人马、器皿，皆用土木，形具而已，庶几奸盗息心，存没无累。当使百世子孙奉以为法”。

上念后不已，于苑中作层观以望昭陵，尝引魏征同登，使视之。征熟视之曰：“臣昏眊（mào），不能见。”上指示之，征曰：“臣以为陛下望献陵若昭陵，则臣固见之矣。”上泣，为之毁观。

解读

长孙皇后，小字观音婢，生父长孙晟是隋右骁卫将军、著名外交家，平突厥之功臣，生母高氏为北齐皇族后裔，名臣高士廉之妹。长孙皇后是中国历史上最为著名的贤后。

长孙皇后生性节俭，她所使用的一切物品都以够用为限，从不铺张。因而也带动了后宫之中的朴实风尚，恰好为唐太宗励精图治的治国政策施行作出了榜样。因为长孙皇后的所做所为端直有道，唐太宗也就对她十分器重，回到后宫，常与她谈起一些军国大事及赏罚细节；长孙皇后虽然是一个很有见地的女人，但她不愿以自己的特殊身份干预国家大事，她有自己的一套处世原则，认为男女有别，应各司其职。她提出的是原则，而不愿用细枝末节的建议来束缚皇夫，她十分相信李世民手下那批谋臣贤士的能力。贞观八年，长孙皇后随唐太宗巡幸九成宫，回来的路上受了风寒，又引动了旧日痼疾，病情日渐加重。长孙皇后的病拖了两年，终于在贞观十年的盛暑中崩逝于立政殿，享年仅三十六岁。弥留之际尚殷殷嘱咐唐太宗要善待贤臣，不要让外戚位居显要；并请求死后薄葬，一切从简。

长孙皇后以她贤淑的品性和无私的行为，不仅赢得了唐太宗及宫内外知情人士的敬仰，而且为后世树立了贤妻良后的典范，到了高宗时，尊她为“文心顺圣皇后”。

唐太宗能成为千古一帝，开创李唐江山，取得“贞观之治”的成功，和长孙皇后的帮助是分不开的。

太宗文武大圣大广孝皇帝中之中贞观十五年——文成公主进藏

【原典】

春，正月，甲戌，以吐蕃禄东赞为右卫大将军。上嘉禄东赞善应对，以琅邪公主外孙段氏妻之。辞曰："臣国中自有妇，父母所聘，不可弃也。且赞普未得谒公主，陪臣何敢先娶！"上益贤之，然欲抚以厚恩，竟不从其志。

丁丑，命礼部尚书江夏王道宗持节送文成公主于吐蕃。赞普大喜，见道宗，尽子婿礼，慕中国衣服、仪卫之美，为公主别筑城郭宫室而处之，自服纨绮以见公主。其国人皆以赭涂面，公主恶之，赞普下令禁之；亦渐革其猜暴之性，遣子弟入国学，受《诗》《书》。

解读

文成公主聪慧美丽，自幼受家庭熏陶，学习文化，知书达理，并信仰佛教。松赞干布是藏族历史上的英雄，崛起于藏河（今雅鲁藏布江）中游的雅隆河谷地区。他统一藏区，成为藏族的赞普（"君长"之意），建立了吐蕃王朝。唐贞观十四年（640年），松赞干布遣大相禄东赞至长安，献金五千两、珍玩数百，向唐朝请婚。太宗许嫁宗女文成公主。

中国历史上，有不少以公主或宗室女下嫁番邦国王和亲的事例，唐太宗时期，文成公主远嫁吐蕃，便是和亲的典范。在她的影响下，汉、藏两族的友谊有了很大的发展，所以把文成公主誉为"最成功的女外交家"实不为过。

从唐太宗贞观十五年初春，文成公主下嫁松赞干布开始，到唐高宗咸亨元年薛仁贵率兵征讨吐蕃为止，整整三十年的岁月，由于文成公主的博学多能，对吐蕃国的开化影响很大，不但巩固了唐朝的西陲边防，更把汉民族的文化传播到西域。大唐王朝与吐蕃的关系，在文成公主联络的基础上，至此已到了水乳交融的境界。

文成公主死后，吐蕃人到处为她立庙设祠，以志纪念。一些随她前来的文士工匠也一直受到丰厚的礼遇，他们死后，也纷纷陪葬在文成公主墓的两侧。至今，文成公主和这些友好使者仍被当地人视为神明！

太宗文武大圣大广孝皇帝中之中贞观十七年——谏臣魏征

【原典】

郑文贞公魏征寝疾，上遣使者问讯，赐以药饵，相望于道。又遣中郎将李安俨宿其第，动静以闻。上复与太子同至其第，指衡山公主，欲以妻其子叔玉。戊辰，征薨，命百官九品以上皆赴丧，给羽葆鼓吹，陪葬昭陵。其妻裴氏曰："征平生俭素，今葬以一品羽仪，非亡者之志。"悉辞不受，以布车载柩而葬。上登苑西楼，望哭尽哀。上自制碑文，并为书石。上思征不已，谓侍臣曰："人以铜为镜，可以正衣冠，以古为镜，可以见兴替，以人为镜，可以知得失；魏征没，朕亡一镜矣！"

解读

魏征，唐朝政治家。曾任谏议大夫、左光禄大夫，封郑国公，以"直谏敢言"著称，是中国史上最负盛名的谏臣。

由于魏征能够犯颜直谏，即使太宗在大怒之际，他也敢面折廷争，从不退让，所以，唐太宗有时对他也会产生敬畏之心。魏征在贞观年间先后上疏二百余条，强调"兼听则明，偏听则暗"，这对唐太宗开创的千古称颂的"贞观之治"起了重大的作用。

太宗文武大圣大广孝皇帝中之下贞观十七年——李世民废嫡立庶

【原典】

太子承乾既获罪，魏王泰日入侍奉，上面许立为太子，岑文本、刘洎(jì)亦劝之；长孙无忌固请立晋王治。上谓侍臣曰："昨青雀投我怀云：'臣今日始得为陛下子，乃更生之日也。臣有一子，臣死之日，当为陛下杀之，传位晋王。'人谁不爱其子，朕见其如此，甚怜之。"谏议大夫褚遂良曰："陛下言大失。愿审思，勿误也！安有陛下万岁后，魏王据天下，肯杀其爱子，传位晋王者乎！陛下日者既立承乾为太子，复宠魏王，礼秩过于承乾，以成今日之祸。前事不远，足以为鉴。陛下今立魏王，愿先措置晋王，始得安全耳。"上流涕曰："我不能尔！"因起，入宫。魏王泰恐上立晋王治，谓之曰："汝与元昌善，元昌今败，得无忧乎？"治由是忧形于色，上怪，屡问其故，治乃以状告；上怃然，始悔立泰之言矣。上面责承乾，承乾曰："臣为太子，复何所求！但为泰所图，时与朝臣谋自安之术，不逞之人遂教臣为不轨耳。今若泰为太子，所谓落其度内。"

承乾既废，上御两仪殿，群臣俱出，独留长孙无忌、房玄龄、李世勣、褚遂良，谓曰："我三子一弟，所为如是，我心诚无聊赖！"因自投于床，无忌等争前扶抱；上又抽佩刀欲自刺，遂良夺刀以授晋王治。无忌等请上所欲，上曰："我欲立晋王。"无忌曰："谨奉诏；有异议者，臣请斩之！"上谓治曰："汝舅许汝矣，宜拜谢。"治因拜之。上谓无忌等曰："公等已同我意，未知外议何如？"对曰："晋王仁孝，天下属心久矣，乞陛下试召问百官，有不同者，臣负陛下万死。"上乃御太极殿，召文武六品以上，谓曰："承乾悖逆，泰亦凶险，皆不可立。朕欲选诸子为嗣，谁可者？卿辈明言之。"众皆欢呼曰："晋王仁孝，当为嗣。"上悦，是日，泰从百馀骑至永安门；敕门司尽辟其骑，引泰入肃章门，幽于北苑。

丙戌，诏立晋王治为皇太子，御承天门楼，赦天下，酺（pú）三日。上谓侍臣曰："我若立泰，则是太子之位可经营而得。自今太子失道，藩王窥伺者，皆两弃之，传诸子孙，永为后法。且泰立，则承乾与治皆不全；治立，则承乾与泰皆无恙矣。"

解读

唐太宗并不将天下重任私予所偏爱的人，以此来杜绝祸乱的根源，可称得上是深谋远虑。

太宗文武大圣大广孝皇帝下之下贞观二十三年——李世民驾崩

【原典】

上苦利增剧，太子昼夜不离侧，或累日不食，发有变白者。上泣曰："汝能孝爱如此，吾死何恨！"丁卯，疾笃，召长孙无忌入含风殿。上卧，引手扪无忌颐，无忌哭，悲不自胜；上竟不得有所言，因令无忌出。己巳，复召无忌及褚遂良入卧内，谓之曰："朕今悉以后事付公辈。太子仁孝，公辈所知，善辅导之！"谓太子曰："无忌、遂良在，汝勿忧天下！"又谓遂良曰："无忌尽忠于我，我有天下，多其力也。我死，勿令谗人间之。"仍令遂良草遗诏。有顷，上崩。

太子拥无忌颈，号恸将绝。无忌揽涕，请处分众事以安内外。太子哀号不已，无忌曰："主上以宗庙社稷付殿下，岂得效匹夫唯哭泣乎！"乃秘不发丧。庚午，无忌等请太子先还，飞骑、劲兵及旧将皆从。辛未，太子入京城；大行御马舆，侍卫如平日，继太子而至，顿于两仪殿。以太子左庶子于志宁

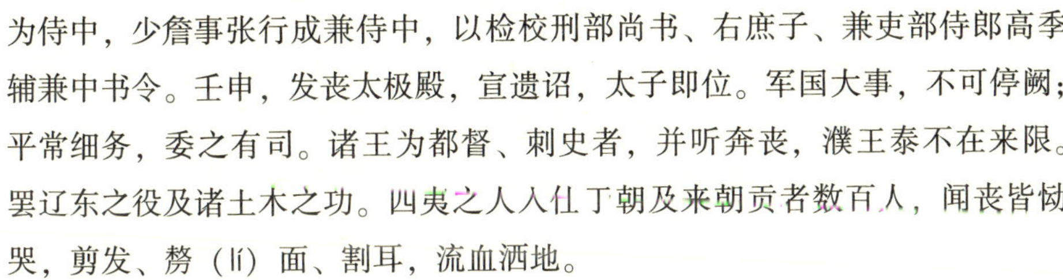
为侍中，少詹事张行成兼侍中，以检校刑部尚书、右庶子、兼吏部侍郎高季辅兼中书令。壬申，发丧太极殿，宣遗诏，太子即位。军国大事，不可停阙；平常细务，委之有司。诸王为都督、刺史者，并听奔丧，濮王泰不在来限。罢辽东之役及诸土木之功。四夷之人入仕于朝及来朝贡者数百人，闻丧皆恸哭，剪发、剺（lí）面、割耳，流血洒地。

六月，甲戌朔，高宗即位，赦天下。

解 读

唐太宗李世民，陇西成纪人，是唐朝第二位皇帝，也是中国历史上最出名的政治家与明君之一。他名字的意思是“济世安民”。唐朝建立以后，为统一全国，先后进行了六次大的战役。这六次战役李世民指挥了四次，全部取得了胜利，为唐朝立下了赫赫战功。即位为帝后，唐太宗积极听取群臣的意见，努力学习文治天下，有个成语叫“兼听则明，偏信则暗”，就是说他的。唐太宗开创了历史上的“贞观之治”，以民为本，广开言路；重用人才，唯才是任；铁面无私，依法办事；构成了“贞观之治”的基本特色，使唐朝在当时与西方国家相比，无论在政治、经济还是文化上，都走在世界的最前列，为后来全盛的“开元盛世”奠定了重要的基础，将中国传统农业社会推向鼎盛时期。

高宗天皇大圣大弘孝皇帝中之上麟德元年——武则天垂帘听政

【原典】

初，武后能屈身忍辱，奉顺上意，故上排群议而立之；及得志，专作威福，上欲有所为，动为后所制，上不胜其忿。有道士郭行真，出入禁中，尝为厌胜之术，宦者王伏胜发之。上大怒，密召西召侍郎、同东西台三品上官仪议之。仪因言："皇后专恣，海内所不与，请废之。"上意亦以为然，即命仪草诏。

左右奔告于后，后遽诣上自诉。诏草犹在上所，上羞缩不忍，复待之如初；犹恐后怨怒，因绐（dài）之曰："我初无此心，皆上官仪教我。"仪先为陈王谘议，与王伏胜俱事故太子忠，后于是使许敬宗诬奏仪、伏胜与忠谋大逆。十二月，丙戌，仪下狱，与其子庭芝、王伏胜皆死，籍没其家。戊子，赐忠死于流所。右相刘祥道坐与仪善，罢政事，为司礼太常伯，左肃机郑钦泰等朝士流贬者甚众，皆坐与仪交通故也。

自是上每视事，则后垂帘于后，政无大小，皆与闻之。天下大权，悉归中宫，黜陟、生杀，决于其口，天子拱手而已，中外谓之二圣。

解读

武则天工于心计，心狠手辣，兼涉文史，富有才气。后经过一系列的密谋策划，武则天坐上了皇后的宝座。随后又残忍地虐杀了王皇后和萧淑妃；让自己的儿子李弘做了太子；为高宗出谋划策，采用"先易后难"的策略，先后罢黜了褚遂良、韩瑗、来济，最后除掉了长孙无忌，至此高宗基本实现了君主集权。"废王立武"事件沉重打击了关陇贵族集团，自魏晋南北朝以来"皇权不振"的情况被改变，对中国历史产生了深远影响。

显庆五年（660 年），高宗初患风疾，开始让武后处理部分政务。从此，武后参与朝政，处事都符合高宗旨意。在此期间，出于天时、地利、人和等因素，朝政十分顺利，特别是在隋末唐初屡屡受挫的高丽战场，自显庆五年后频频告捷，唐朝疆域也得到扩大。

随着唐高宗病情的加重，武则天独自处理朝政的机会越来越多，在朝廷上就慢慢有了公开的势力，引起了唐高宗的不满。麟德元年（664 年），唐高宗和宰相上官仪商议对策，决定废掉武则天，这次阴谋最后因为武则天反应敏捷、处理得法而流产了。为了加强对朝政的控制，自当年起，武则天开始垂帘听政，为以后称帝登基铺平了道路。

则天顺圣皇后下久视元年——唐室砥柱狄仁杰

【原典】

太后信重内史梁文惠公狄仁杰，群臣莫及，常谓之国老而不名。仁杰好面引廷争，太后每屈意从之。尝从太后游幸，遇风吹仁杰巾坠，而马惊不能止，太后命太子追执其鞚（kòng）而系之。仁杰屡以老疾乞骸骨，太后不许。入见，常止其拜，曰："每见公拜，朕亦身痛。"仍免其宿直，戒其同僚曰："自非军国大事，勿以烦公。"辛丑，薨，太后泣曰："朝堂空矣！"自是朝廷有大事，众或不能决，太后辄叹曰："天夺吾国老何太早邪！"

太后尝问仁杰："朕欲得一佳士用之，谁可者？"仁杰曰："未审陛下欲何所用之？"太后曰："欲用为将相。"仁杰对曰："文学缊藉，则苏味道、李峤固其选矣。必欲取卓荦奇才，则有荆州长史张柬之，其人虽老，宰相才也。"太后擢柬之为洛州司马。数日，又问仁杰，对曰："前荐柬之，尚未用也。"太后曰："已迁矣。"对曰："臣所荐者可为宰相，非司马也。"乃迁秋官侍郎；久之，卒用为相。仁杰又尝荐夏官侍郎姚元崇、监察御史曲阿桓彦范、太州刺史敬晖等数十人，率为名臣。或谓仁杰曰："天下桃李，悉在公门矣。"仁杰曰："荐贤为国，非为私也。"

初，仁杰为魏州刺史，有惠政，百姓为之立生祠。后其子景晖为魏州司功参军，贪暴为人患，人遂毁其像焉。

解读

狄仁杰，生于唐贞观五年（630年），卒于武则天久视元年九月辛丑（二十六）日（700年11月11日），字怀英，唐代并州太原（今山西太原）人，唐代初期杰出的政治家。在狄仁杰为相的几年中，武则天对他的信重是群臣所莫及的，她常称狄仁杰为"国老而不名"。狄仁杰喜欢面引廷争，武则天

"每屈意从之"。狄仁杰曾多次以年老告退，武则天不许，入见，常阻止其拜。武则天曾告诫朝中官吏："自非军国大事，勿以烦公。"

狄仁杰为官，如老子所言的"圣人无常心，以百姓心为心"，为了拯救无辜，敢于拂逆君主之意，始终保持体恤百姓、不畏权势的本色，始终是居庙堂之上，以民为忧，后人称之为"唐室砥柱"；他在武则天统治时期曾担任国家最高司法职务，判决积案、疑案，纠正冤案、错案、假案；他任掌管刑法的大理丞，到任一年，判决了大量的积压案件，涉及1.7万人，其中没有一人再上诉申冤，其处事公正可见一斑，是我国历史上以廉洁勤政著称的清官。

狄仁杰的一生，可以说是宦海浮沉，作为一个封建统治阶级中杰出的政治家，狄仁杰每任一职，都心系民生，政绩卓著。在他身居宰相之位后，辅国安邦，对武则天弊政多所匡正，可谓是推动唐朝走向繁荣的重要功臣之一。

玄宗至道大圣大明孝皇帝上之中开元二年——唐明皇节俭治国

【原典】

上以风俗奢靡，秋，七月，乙未，制："乘舆服御、金银器玩，宜令有司销毁，以供军国之用；其珠玉、锦绣，焚于殿前；后妃以下，皆毋得服珠玉锦绣。"戊戌，敕："百官所服带及酒器、马衔、镫，三品以上，听饰以玉，四品以金，五品以银，自馀皆禁之；妇人服饰从其夫、子。其旧成锦绣，听染为皂。自今天下更毋得采珠玉、织锦绣等物，违者杖一听百，工人减一等。"罢两京织锦坊。

解 读

唐明皇即位之初，励精图治，能这样严格要求自己，这样节俭，可到晚

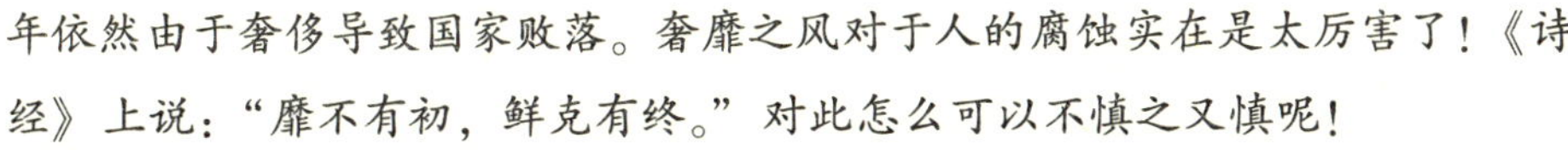
年依然由于奢侈导致国家败落。奢靡之风对于人的腐蚀实在是太厉害了！《诗经》上说：“靡不有初，鲜克有终。”对此怎么可以不慎之又慎呢！

玄宗至道大圣大明孝皇帝下之下天宝十四年——安禄山起兵谋反

【原典】

安禄山专制三道，阴蓄异志，殆将十年，以上待之厚，欲俟上晏驾然后作乱。会杨国忠与禄山不相悦，屡言禄山且反，上不听；国忠数以事激之，欲其速反以取信于上。禄山由是决意遽反，独与孔目官、太仆丞严庄、掌书记、屯田员外郎高尚、将军阿史那承庆密谋，自馀将佐皆莫之知，但怪其自八月以来，屡飨士卒，秣马厉兵而已。会有奏事官自京师还，禄山诈为敕书，悉召诸将示之曰：“有密旨，令禄山将兵入朝讨杨国忠，诸君宜即从军。”众愕然相顾，莫敢异言。十一月，甲子，禄山发所部兵及同罗、奚、契丹、室韦凡十五万众，号二十万，反于范阳。命范阳节度副使贾循守范阳，平卢节度副使吕知诲守平卢，别将高秀岩守大同；诸将皆引兵夜发。

诘朝，禄山出蓟城南，大阅誓众，以讨杨国忠为名，榜军中曰：“有异议扇动军人者，斩及三族！”于是引兵而南。禄山乘铁舆，步骑精锐，烟尘千里，鼓噪震地。时海内久承平，百姓累世不识兵革，猝闻范阳兵起，远近震骇。河北皆禄山统内，所过州县，望风瓦解。守令或开门出迎，或弃城窜匿，或为所擒戮，无敢拒之者。禄山先遣将军何千年、高邈将奚骑二十，声言献射生手，乘驿诣太原。乙丑，北京副留守杨光翙（huì）出迎，因劫之以去。太原具言其状。东受降城亦奏禄山反。上犹以为恶禄山者诈为之，未之信也。

庚午，上闻禄山定反，乃召宰相谋之。杨国忠扬扬有得色，曰：“今反者独禄山耳，将士皆不欲也。不过旬日，必传首诣行在。”上以为然，大臣相顾失色。上遣特进毕思琛诣东京，金吾将军程千里诣河东，各简募数万人，随便团结以拒之。辛未，安西节度使封常清入朝，上问以讨贼方略，常清大言曰："今太平积久，故人望风惮贼。然事有逆顺，势有奇变，臣请走马诣东京，开府库，募骁勇，挑马棰渡河，计日取逆胡之首献阙下！"上悦。壬申，以常清为范阳、平卢节度使。常清即日乘驿诣东京募兵，旬日，得六万人；乃断河阳桥，为守御之备。

解读

安禄山在30岁之前一直混迹于边疆地区，是一个不很安分的商人。30岁那年步入军旅，不到4年的时间就做到平卢将军。天宝元年（741年）正月初一，他刚刚40岁时，一跃成为驻守边疆的藩镇安禄山家乡朝阳古城一级的最高军事统帅——平卢军节度使。在此后的十几年中，他飞黄腾达，在唐朝严格按照任职年限资格任官的体制下，创造了和平年代边疆军帅仕途腾达的神话。天宝十年二月，也就是他49岁的时候，已是身兼三镇节度使，同时兼领平卢、河北转运使、管内度支、营田、采访处置使。从40岁到49岁，安禄山从一方节度使到身兼三镇节度使，荣耀君宠达到顶峰。天宝十四年狡黠奸诈、骁勇善战的他拥有重兵，以"清君侧"为由发动了叛乱。

安禄山之所以能够快速起家，既与他本人性情狡阴险诈、善于逢场作戏，但外表却给人一种憨直、诚朴的印象有关，又与宰相李林甫的自私、狭隘、嫉贤妒能分不开，更与唐玄宗的好大喜功、偏听偏信直接相关。在当时的局势下，安禄山的出现正逢其时。但谁又能料得到呢，唐朝廷一手捧上来的宠儿，竟然会造成大唐帝国由盛而衰、由兴而亡的势态。

德宗神武圣文皇帝二建中二年——中唐名将郭子仪

【原典】

辛丑，汾阳忠武王郭子仪薨。子仪为上将，拥强兵，程元振、鱼朝恩谗谤百端；诏书一纸征之，无不即日就道，由是谗谤不行。尝遣使至田承嗣所，承嗣西望拜之曰："此膝不屈于人若干年矣！"李灵曜据汴州作乱，公私物过汴者皆留之，惟子仪物不敢近，遣兵卫送出境。校中书令考凡二十四，月入俸钱二万缗，私产不在焉；府库珍货山积。家人三千人，八子、七婿皆为朝廷显官；诸孙数十人，每问安，不能尽辩，颔之而已。仆固怀恩、李怀光、浑瑊（jiān）辈皆出麾下，虽贵为王公，常颐指役使，趋走于前，家人亦以仆隶视之。天下以其身为安危者殆三十年，功盖天下而主不疑，位极人臣而众不疾，穷奢极欲而人不非之，年八十五而终。其将佐至大官、为名臣者甚众。

解读

郭子仪是中唐名将，以武举高第入仕从军，累迁至九原太守、朔方节度右兵马使。天宝十四年（755年），"安史之乱"爆发后，任朔方节度使，率军收复洛阳、长安两京，功居平乱之首，晋为中书令，封汾阳郡王。代宗时，又平定仆固怀恩叛乱，并说服回纥酋长，共破吐蕃，朝廷赖以为安。郭子仪戎马一生，屡建奇功，大唐因有他而获得安宁达二十多年，史称"权倾天下而朝不忌，功盖一代而主不疑"，举国上下，享有崇高的威望和声誉。

德宗神武圣文皇帝八贞元三年——唐德宗体察民情

【原典】

自兴元以来，至是岁最为丰稔，米斗直钱百五十、粟八十，诏所在和籴。庚辰，上畋（tián）于新店，入民赵光奇家，问："百姓乐乎？"对曰："不乐。"上曰："今岁颇稔，何为不乐？"对曰："诏令不信。前云两税之外悉无它徭，今非税而诛求者殆过于税。后又云和籴，而实强取之，曾不识一钱。始云所籴粟麦纳于道次，今则遣致京西行营，动数百里，车摧牛毙，破产不能支。愁苦如此，何乐之有！每有诏书优恤，徒空文耳！恐圣主深居九重，皆未知之也！"上命复其家。

解读

唐德宗真是太难以醒悟了！自古以来，人们所担忧的，是君主的恩泽壅塞着，不能传达到下面去；小民的情绪郁结着，不能通报到上边来。所以，君主在上面忧心怜恤，但百姓并不归向；百姓在下面忧愁怨苦，但君主并不晓得，终于导致百姓流离反叛，国家倾危败亡，大约道理就在于此。德宗因打猎得以来到百姓家中，正赶上赵光奇敢进直言，又了解民间的疾苦，这真是千载难逢的际遇啊。唐德宗本来应当查处有关部门搁置诏书，残酷地侵害百姓，横暴地增加赋税，盗窃和隐没公家资财的情况，以及自己周围那些天天称道民间丰收喜乐的阿谀奉承之徒，将他们诛而杀之；然后洗除杂念，改变计虑，刷新朝政，摒弃浮华的装饰，废除空洞的具文，谨饬号令，勉励诚信，审察真伪，辨别忠奸，哀怜困穷，昭雪冤屈，天下太平的业绩便可以实现了。然而，唐德宗丢开这些不肯去做，却只免除了赵光奇一家的赋役。然而，四海广大，百姓众多，又怎能人人都亲自向天子讲明情况，户户都得以免除徭役与赋税呢！

武宗至道昭肃孝皇帝下会昌六年——“小太宗”李怡

【原典】

初，宪宗纳李锜妾郑氏，生光王怡。怡幼时，宫中皆以为不慧，太和以后，益自韬匿，群居游处，未尝发言。文宗幸十六宅宴集，好诱其言以为戏笑，号曰光叔。上性豪迈，尤所不礼。及上疾笃，日不能言。诸宦官密于禁中定策，辛酉，下诏称：“皇子冲幼，须选贤德，光王怡可立为皇太叔，更名忱，应军国政事令权句当。”太叔见百官，哀戚满容；裁决庶务，咸当于理，人始知有隐德焉。

解读

唐宣宗李忱，初名李怡，初封光王。武宗死后，以皇太叔为宦官马元贽等所立。在位13年。综观宣宗50年的人生，曾经为祖宗基业做过不懈的努力，这无疑延缓了唐帝国走向衰败的大势，但是他又无法彻底扭转这一趋势。

唐宣宗聪明细致，沉着果断，用法不徇私情，能虚心纳谏，从谏如流，不轻易将官位赏人，谦恭谨慎，生活节俭，爱护百姓的财物，所以大中年间的政治较清明，一直到唐朝灭亡，都有人思念歌咏，唐宣宗被称为“小太宗”。

昭宗圣穆景文孝皇帝中之下天复三年——唐末宦官乱政

【原典】

庚午，全忠、崔胤同对。胤奏：“国初承平之时，宦官不典兵预政。天宝以来，宦官浸盛。贞元之末，分羽林卫为左、右神策军以便卫从，始令宦官主之，以二千人为定制。自是参掌机密，夺百司权，上下弥缝，共为不法，大则构扇藩镇，倾危国家；小则卖官鬻狱，蠹害朝政。王室衰乱，职此之由，不翦其根，祸终不已。请悉罢内诸司使，其事务尽归之省寺，诸道监军俱召还阙下。”上从之。是日，全忠以兵驱宦官第五可范等数百人于内侍省，尽杀之，冤号之声，彻于内外。出使外方者，诏所在收捕诛之，止留黄衣幼弱者三十人以备洒扫。又诏成德节度使王镕选进五十人充敕使，取其土风深厚、人性谨朴也。上愍可范等或无罪，为文祭之。自是宣传诏命，皆令宫人出入。其两军内外八镇兵悉属六军，以崔胤兼判六军十二卫事。

解读

宦官当权，成为国家祸患，由来已久。大概因为宦官经常出入皇宫，君主从小到大，都与他们亲近狎昵，不像三公六卿，进见有一定的时间，有威严畏惧。宦官中间有的又性情乖巧，言语敏捷，察言观色，能迎合君主的志向兴趣，这样，接受命令就没有违逆抵触的顾虑，使唤差遣就有称心满意的效果。如果不是圣明的君主，不能洞察事物的情理，考虑祸患的深远，除了侍奉以外，还委任宦官掌管事务，那么，近在内宫的宦官就会一天天地亲近，远在外朝的百官就会一天天地疏远，君主就会时常应允甜言卑辞的请求，听从逐渐渗透的诉说。于是，降革升迁、刑罚奖赏的国家政令就无形中转由亲信宦官掌握而不能自知，如同饮美酒一样，喜好它的味道而忘记它能醉人了。所以降革升迁、刑罚奖赏的权力已经转移而国家不发生危险祸乱，是从来没有过的。

后梁纪

太祖神武元圣孝皇帝下乾化二年——后梁太祖荒淫丧命

【原典】

初，元贞张皇后严整多智，帝敬惮之。后殂，帝纵意声色，诸子虽在外，常征其妇入侍，帝往往乱之。友文妇王氏色美，帝尤宠之，虽未以友文为太子，帝意常属之。友珪心不平。友珪尝有过，帝挞之，友珪益不自安。帝疾甚，命王氏召友文于东都，欲与之诀，且付以后事。友珪妇张氏亦朝夕侍帝侧，知之，密告友珪曰："大家以传国宝付王氏，怀往东都，吾属死无日矣！"夫妇相泣。左右或说之曰："事急计生，何不改图？时不可失！"

六月，丁丑朔，帝使敬翔出友珪为莱州刺史，即令之官。已宣旨，未行敕。时左迁者多追赐死，友珪益恐。

戊寅，友珪易服微行入左龙虎军。见统军韩珪，以情告之。勍亦见功臣宿将多以小过被诛，惧不自保，遂相与合谋。勍以牙兵五百人从友珪杂控鹤士入，伏于禁中，中夜斩关入，至寝殿，侍疾者皆散走。帝惊起，问："反者为谁？"友珪曰："非他人也！"帝曰："我固疑此贼，恨不早杀之。汝悖逆如此，天地岂容汝乎！"友珪曰："老贼万段！"友珪仆夫冯廷谔刺帝腹，刃出于背。友珪自以败毡裹之，瘗（yì）于寝殿，秘不发丧。遣供奉官丁昭溥驰诣东都，命均王友贞杀友文。

己卯，矫诏称："博王友文谋逆，遣兵突入殿中，赖郢王友珪忠孝，将兵诛之，保全朕躬。然疾因震惊，弥致危殆，宜令友珪权主军国之务。"韩勍为友珪谋，多出府库金帛赐诸军及百官以取悦。

辛巳，丁昭溥还，闻友文已死，乃发丧，宣遗制，友珪即皇帝位。时朝廷新有内难，中外人情恟（xiōng）恟。许州军士更相告变，匡国节度使韩建皆不之省，亦不为备。丙申，马步都指挥使张厚作乱，杀建，友珪不敢诘。

甲辰，以厚为陈州刺史。

解读

后梁太祖朱温出生在安徽砀山，和刘邦的沛县、朱元璋的凤阳相距不算太远，而且都是真正的平民出身。朱温的荒淫，行同禽兽，即使在封建帝王中也罕有人能与其相匹敌。朱温为黄巢同州刺史时，娶砀山富室女张氏为妻。张氏“贤明有礼”，朱温“深加礼异”，“每军谋国计，必先延访。或已出师，中途有所不可，张氏一介请旋，如期而至，其信重如此”。天祐元年张氏病死后，朱温开始“纵意声色，诸子虽在外，常征其妇入侍，帝往往乱之”。

朱温为什么会被他的亲儿所杀？他当了皇帝，虽然有数不清的女人，但却喜欢让儿媳妇来陪他。他有个很喜爱的养子叫朱友文，其妻最为妖艳，朱温将她由朱友文驻地召来陪枕席。后来被另一个儿子朱友珪所嫉恨。于是朱友珪不但杀了朱友文及其艳妻，而且进宫把朱温也杀了，自己当了皇帝。

朱温在治理国家方面还是做了一些事情的，这应该肯定。但朱温的滥杀无辜、荒淫无耻也是历史上极为突出的，为历代人所不齿。

太祖神武元圣孝皇帝下乾化三年——朱友珪悲剧重演

【原典】

郢王友珪既得志，遽为荒淫，内外愤怒，友珪虽啖以金缯，终莫之附。驸马都尉赵岩，犨（chú）之子，太祖之婿也；左龙虎统军、侍卫亲军都指挥使袁象先，太祖之甥也。岩奉使至大梁，均王友贞密与之谋诛友珪，岩曰：“此事成败，在招讨杨令公耳，得其一言谕禁军，吾事立办。”均王乃遣腹心马慎交之魏州说杨师厚曰：“郢王篡弑，人望属在大梁，公若因而成之，此不世之功也。”且许事成之日赐犒军钱五十万缗。师厚与将佐谋之，曰：“方郢王弑逆，吾不能即讨；今君臣之分已定，无故改图，可乎？”或曰：“郢王亲弑君父，贼也，均王举兵复仇，义也。奉义讨贼，何君臣之有！彼若一朝破贼，公将何以自处乎？”师厚惊曰：“吾几误计。”乃遣其将王舜贤至洛阳，阴与袁象先谋，遣招讨马步都虞侯谯人种汉宾将兵屯滑州为外应。赵岩归洛阳，亦与象先密定计。

友珪治龙骧军溃乱者，搜捕其党，获者族之，经年不已。时龙骧军有戍大梁者，友珪征之，均王因使人激怒其众曰：“天子以怀州屯兵叛，追汝辈欲尽坑之。”其众皆惧，莫知所为。丙戌，均王奏龙骧军疑惧，未肯前发。戊子，龙骧将校见均王，泣请可生之路，王曰：“先帝与汝辈三十馀年征战，经营王业。今先帝尚为人所弑，汝辈安所逃死乎！”因出太祖画像示之而泣曰：“汝能自趣洛阳雪仇耻，则转祸为福矣。”众皆踊跃呼万岁，请兵仗，王给之。

庚寅旦，袁象先等帅禁兵数千人突入宫中。友珪闻变，与妻张氏及冯廷谔趋北垣楼下，将逾城，自度不免，令廷谔先杀妻，次杀己，廷谔亦自刭(jǐng)。诸军十馀万大掠都市，百司逃散，中书侍郎、同平章事杜晓、侍讲学士李珽皆为乱兵所杀，门下侍郎、同平章事于兢、宣政使李振被伤。至晡乃定。

象先、岩赍传国宝诣大梁迎均王，王曰：“大梁国家创业之地，何必洛阳！”乃即帝位于大梁，复称乾化三年，追废友珪为庶人，复博王友文官爵。

解读

朱友珪登帝位后，虽然大量赏赐将兵以图收买人心，然而很多老将还是颇为不平，而朱友珪本人又荒淫无度，因此人心沸腾。凤历元年（913 年），朱全忠之婿赵岩、朱全忠之甥袁象先、均王朱友贞、将领杨师厚等人密谋政变。袁象先首先发难，率禁军数千人杀入宫中，朱友珪眼看无法逃脱，遂命冯廷谔将他及张皇后杀死，死后被追废为庶人。

朱友珪用不仁义的手段获得皇位，当上皇帝以后就跟他父亲一样忘乎所以、荒淫无度，结果又让别人以同样的方式夺走了帝位，历史的闹剧又一次重演。

后唐纪

庄宗光圣神闵孝皇帝上同光元年——戏子皇帝

【原典】

帝幼善音律，故伶人多有宠，常侍左右；帝或时自傅粉墨，与优人共戏于庭，以悦刘夫人，优名谓之“李天下”。尝因为优，自呼曰：“李天下，李天下”，优人敬新磨遽前批其颊。帝失色，群优亦骇愕，新磨徐曰：“理天下者只有一人，尚谁呼邪！”帝悦，厚赐之。帝尝畋于中牟，践民稼，中牟令当马前谏曰：“陛下为民父母，奈何毁其所食，使转死沟壑乎！”帝怒，叱去，将杀之。敬新磨追擒至马前，责之曰：“汝为县令，独不知吾天子好猎邪？奈何纵民耕种，以妨吾天子之驰骋乎！汝罪当死！”因请行刑，帝笑而释之。诸伶出入宫掖，侮弄缙绅，群臣愤嫉，莫敢出气；亦反有相附托以希恩泽者，四方藩镇争以货赂结之。其尤蠹政害人者，景进为之首。进好采闾阎鄙细事闻于上，上亦欲知外间事，遂委进以耳目。进每奏事，常屏左右问之，由是进得施其谗慝，干预政事。自将相大臣皆惮之，孔岩常以兄事之。

解读

李存勖在战场上出生入死，不惜生命，是一员勇将；但是在政治上，却是一个昏庸无知的蠢人。称帝后，他认为父仇已报，中原已定，不再进取，便开始享乐。他自幼喜欢看戏、演戏，即位后，常常面涂粉墨，穿上戏装，登台表演，不理朝政，并自取艺名为“李天下”。

公元926年，李存勖听信宦官谗言，冤杀了大将郭崇韬。另一名战功卓著的大将李嗣源也险遭杀害。是年三月，李嗣源在将士们的拥戴下，率军攻入洛阳，李存勖被乱军杀死，李嗣源派人从灰烬中找到了李存勖的一些零星尸骨，葬于雍陵。李嗣源自己又当上了皇帝。

李存勖这个不务正业的戏子皇帝终其一生，不过是给后人留下了一个笑柄。

明宗圣德和武钦孝皇帝中之上天成四年——有道明君李嗣源

【原典】

九月，上与冯道从容语及年谷屡登，四方无事。道曰："臣常记昔在先皇幕府，奉使中山，历井陉之险，臣忧马蹶，执辔甚谨，幸而无失；逮至平路，放辔自逸，俄至颠陨。凡为天下者亦犹是也。"上深以为然。上又问道："今岁虽丰，百姓赡足否？"道曰："农家岁凶则死于流殍（piǎo），岁丰则伤于谷贱，丰凶皆病者，惟农家为然。臣记进士聂夷中诗云：'二月卖新丝，五月粜新谷；医得眼下疮，剜却心头肉。'语虽鄙俚，曲尽田家之情状。农于四人之中最为勤苦，人主不可不知也。"上悦，命左右录其诗，常讽诵之。

戊戌，帝殂。帝性不猜忌，与物无竞，登极之年已逾六十，每夕于宫中焚香祝天曰："某胡人，因乱为众所推；愿天早生圣人，为生民主。"在位年谷屡丰，兵革罕用，校于五代，粗为小康。

解读

后唐明宗李嗣源是李克用的养子。他以战功官至蕃汉内外马步军总管。同光元年（923年），庄宗李存勖领兵取汴梁，灭后梁。四年（926年），李存勖在兵变中被杀，李嗣源入洛阳监国，即位后改名亶，改元天成。他杀酷吏孔谦，褒廉吏，罢宫人、伶官，废内库，体恤民间疾苦。但因文盲君临朝，无驾驭能力。又兼用人不明，姑息藩镇，权臣安重诲跋扈，次子李从荣骄纵，以致变乱迭起。弥留之际，李从荣举兵反，饮恨而死。葬于徽陵，谥圣德和武皇帝，庙号明宗。

在五代十国诸多皇帝中，李嗣源确实算得上一个有道的明君。加之他在位时间稍长，因此能使国家稳定，政治清明，人民休养生息，对历史起到了一定的促进作用。李嗣源虽然政绩很高，但也很谦逊，他时常教导儿子李从荣："我少年时遇上乱世，在马上取得功名，没有时间读书。你要用心读书，不要像我这样目不识丁，成了个文盲。我已经老了，也没法再读书了，只是听别人讲明白些道理罢了。"李嗣源书本上的知识虽然知之不多，但安邦治国却做得很好。

潞王下清泰二年——高从诲和梁震

【原典】

荆南节度使高从诲，性明达，亲礼贤士，委任梁震，以兄事之。震常谓从诲为郎君。

楚王希范好奢靡，游谈者共夸其盛，从诲谓僚佐曰："如马王可谓大丈夫矣。"孙光宪对曰："天子诸侯，礼有等差。彼乳臭子骄侈僭忲（tài），取快一时，不为远虑，危亡无日，又足慕乎！"从诲久而悟，曰："公言是也。"他日，谓梁震曰："吾自念平生奉养，固已过矣。"乃捐去玩好，以经史自娱，省刑薄赋，境内以安。

梁震曰："先王待我如布衣交，以嗣王属我。今嗣王能自立，不坠其业，吾老矣，不复事人矣。"遂固请退居。从诲不能留，乃为之筑室于土洲。震披鹤氅，自称荆台隐士，每诣府，跨黄牛至听事。从诲时过其家，四时赐与甚厚。自是悉以政事属孙光宪。

解读

高从诲听到正确意见而能够改正，梁震功成之后能够引退，自古握有国家大权的人能做到这样，还有什么亡国、败家、丧身的事情出现呢？

后晋纪

高祖圣文章武明德孝皇帝上之下天福三年——“儿皇帝”石敬瑭

【原典】

八月，帝上尊号于契丹主及太后，戊寅，以冯道为太后册礼使，左仆射刘煦为契丹主册礼使，备卤薄、仪仗、车辂，诣契丹行礼；契丹主大悦。帝事契丹甚谨，奉表称臣，谓契丹主为“父皇帝”；每契丹使至，帝于别殿拜受诏敕。岁输金帛三十万之外，吉凶庆吊，岁时赠遗，玩好珍异，相继于道。乃至应天太后、元帅太子、伟王、南、北二王、韩延徽、赵延寿等诸大臣皆有赂遗。小不如意，辄来责让，帝常卑辞谢之。晋使者至契丹，契丹骄倨，多不逊语。使者还，以闻，朝野咸以为耻，而帝事之曾无倦意，以是终帝之世，与契丹无隙。然所输金帛不过数县租赋，往往托以民困，不能满数。其后契丹主屡止帝上表称臣，但令为书称“儿皇帝”，如家人礼。

解读

石敬瑭是五代时后晋王朝的建立者，即后晋高祖，936—942 年在位。石敬瑭年轻时朴实稳重，不苟言笑，喜兵书，重李牧、周亚夫之行事，隶属李克用义子李嗣源帐下。当时正值后梁朱温与李克用、李存勖父子争雄，石敬瑭冲锋陷阵，战功卓著。

纵观石敬瑭之一生，初以骁勇善战发迹，继因廉政而闻名。在战乱频繁之际，他借契丹援助得以问鼎，建立后晋王朝。由于割让燕云十六州以及岁输布帛三十万给契丹，并甘当百依百顺的“儿皇帝”以换取契丹对自己的支持，将北方百姓置于契丹的铁蹄之下，民心尽失。

高祖圣文章武明德孝皇帝上之下天福三年
——晋高祖为信用不顾法度

【原典】

庚午，杨光远表乞入朝；命刘处让权知天雄军府事。己巳，制以范延光为天平节度使，仍赐铁券，应广晋城中将吏军民今日以前罪皆释不问；其张从宾、符彦饶馀党及自官军逃叛入城者，亦释之。延光腹心将佐李式、孙汉威、薛霸皆除防御、团练使、刺史，牙兵皆升为侍卫亲军。

初，河阳行军司马李彦珣，邢州人也，父母在乡里，未尝供馈。后与张从宾同反，从宾败，奔广晋，范延光以为步军都监，使登城拒守。杨光远访获其母，置城下以招之，彦询引弓射杀其母。延光既降，帝以彦珣为坊州刺史。近臣言彦珣杀母，杀母恶逆不可赦；帝曰："赦令已行，不可改也。"乃遣之官。

解读

在信用和法度之间，晋高祖作出了一个不太明智的选择。治理国家的人固然不可以不讲求信用。然而李彦珣的罪恶，为天神地祇人鬼所不容。如果晋高祖赦免了他背叛君主的过错，惩罚他杀母的罪行，有什么损害信用的呢！

高祖圣文章武明德孝皇帝中天福五年——南唐主罪责逃兵

【原典】

癸卯，唐李承裕等引兵至安州。是夕，李金全将麾下数百人诣唐军，妓妾资财皆为承裕所夺，承裕入据安州。甲辰，马全节自应山进军大化镇，与承裕战于城南，大破之。承裕掠安州南走，全节入安州。丙午，安审晖追败唐兵于黄花谷，段处恭战死。丁未，审晖又败唐兵于云梦泽中，虏承裕及其众。唐将张建崇据云梦桥拒战，审晖乃还。马全节斩承裕及其众千五百人于城下，送监军杜光业等五百七人于大梁。上曰："此曹何罪！"皆赐马及器服而归之。

初，卢文进之奔吴也，唐主命祖全恩将兵逆之，戒无入安州城，陈于城外。俟文进出，殿之以归，无得剽掠。及李承裕逆李金全，戒之如全恩；承裕贪剽掠，与晋兵战而败，失亡四千人。唐主惋恨累日，自以戒敕之不熟也。杜光业等至唐，唐主以其违命而败，不受，复送于淮北，遗帝书曰："边校贪功，乘便据垒。"又曰："军法朝章，彼此不可。"帝复遣之归，使者将自桐墟济淮，唐主遣战舰拒之，乃还。帝悉授唐诸将官，以其士卒为显义都，命旧将刘康领之。

解读

违背诏命的是将领，士兵是听从将领之令的，又有什么罪呢！接纳遣返而杀其将领用来回报敌国，同情士兵而安抚他们，这就可以了，何必要抛弃自己的子民去帮助敌国呢！

后汉纪

高祖睿文圣武昭肃孝皇帝上天福十二年——刘知远称帝

【原典】

刘知远闻何重建降蜀，叹曰："戎狄凭陵，中原无主，令藩镇外附，吾为方伯，良可愧也！"

于是将佐劝知远称尊号，以号令四方，观诸侯去就。知远不许。闻晋主北还，声言欲出兵井陉，迎归晋阳。丁卯，命武节都指挥使荥泽史弘肇集诸军于球场，告以出军之期。军士皆曰："今契丹陷京城，执天子，天下无主。主天下者，非我王而谁！宜先正位号，然后出师。"争呼万岁不已。知远曰："虏势尚强，吾军威未振，当且建功业。士卒何知！"命左右遏止之。

己巳，行军司马潞城张彦威等三上笺劝进，知远疑未决。郭威与都押牙冠氏杨邠入说知远曰："今远近之心，不谋而同，此天意也。王不乘此际取之，谦让不居，恐人心且移，移则反受其咎矣。"知远从之。

契丹以其将刘愿为保义节度副使，陕人苦其暴虐。奉国都头王晏与指挥使赵晖、都头侯章谋曰："今胡虏乱华，乃吾属奋发之秋。河东刘公，威德远著，吾辈若杀愿，举陕城归之，为天下唱，取富贵如返掌耳。"晖等然之。晏与壮士数人，夜逾牙城入府，出库兵以给众。庚午旦，斩愿首，悬诸府门，又杀契丹监军，奉晖为留后。晏，徐州；晖，澶州；章，太原人也。

辛未，刘知远即皇帝位。自言未忍改晋，又恶开运之名，乃更称天福十二年。

壬申，诏："诸道为契丹括钱率帛者，皆罢之。其晋臣被迫胁为使者勿问，令诣行在。自馀契丹，所在诛之。"

解读

刘知远初与石敬瑭一起为后唐明宗手下的将领，后帮助石敬瑭在契丹人的扶持下建立后晋，被任为河东节度使，北京（今山西省太原市南）留守等职。石重贵继位后，晋封为北平王，拜中书令。因他的官位高、功劳大、势力强，为石重贵所猜忌。晋辽交战期间，他守境不出，招募军士，壮大力量。辽军进入汴京时，他派部下以祝贺胜利为名，去汴京察看形势，知道辽军很不得人心。不久，他打出复兴后晋、迎石重贵来晋阳的旗帜，受到将士的拥戴。公元947年二月辛未日（3月10日），他在晋阳称帝，改名为暠（hǎo），建国号为汉。第二年建年号为“乾祐”。史称后汉。

刘知远进兵开封赶走契丹人时，就分析过当时的形势，他的话说明他看清了契丹的处境，契丹人在中原不可能长久地待下去：“用兵要看形势，有缓有急，随机应变，现在契丹刚刚收降了后晋十万军队，固守在京城开封，如果没有什么大的变故，怎么能轻易用兵呢？我看契丹人的目的只不过是贪图一些财物而已，财物搜刮够了他们必然会北撤。况且现在冰雪已经开始融化，契丹人不习惯中原的温暖气候，更不会久留，等到他们将要北撤的时候，我们再进兵，那时就万无一失了。”刘知远确实分析得很透彻，也很准确，但见死不救毕竟不是大智大勇一类人所做的事。刘知远投机取巧得以趁势登基称帝，但也就一年的时间他便撒手西去了。两年后后汉也灭亡了，后汉不是中国历史上最短命的王朝也差不多了。所以很多史书评价刘知远时说他有做皇帝的时运，但没有做皇帝的才德。他的一些智谋总是以自己的前途为目的，其他什么爱国、爱民都不在其考虑范围之内。

高祖睿文圣武昭肃孝皇帝中天福十二年——后汉高祖无治国之能

【原典】

初，契丹留幽州兵千五百戍大梁。帝入大梁，或告幽州兵将为变，帝尽杀之于繁台之下。乃围邺都，张琏将幽州兵二千助重威拒守，帝屡遣人招谕，许以不死。琏曰："繁台之卒，何罪而戮？今守此，以死为期耳。"由是城久不下。十一月，丙辰，内殿直韩训献攻城之具，帝曰："城之所恃者，众心耳。众心苟离，城无所保，用此何为！"

杜重威之叛，观察判官金乡王敏屡泣谏，不听。及食竭力尽，甲戌，遣敏奉表出降。乙亥，重威子弘琏来见；丙子，妻石氏来见。石氏，即晋之宋国长公主也，帝复遣入城。丁丑，重威开门出降，城中馁死者什七八，存者皆尪（wāng）瘠无人状。张琏先邀朝廷信誓，诏许以归乡里。及出降，杀琏等将校数十人，纵其士卒北归。将出境，大掠而去。

郭威请杀重威牙将百馀人，并重威家赀籍之以赏战士，从之。以重威为太傅兼中书令、楚国公。重威每出入，路人往往掷瓦砾诟之。

解读

后汉高祖杀害无辜的幽州士卒一千五百人，是不仁；引诱张琏投降而又杀死他，是不信；杜重威罪恶大却赦免了他，是不刑。仁用以团结大众，信用以执行命令，刑用以惩罚奸佞，失掉这三者，凭什么守卫国家！他的皇位不能延续，也是应该的！

后周纪

太祖圣神恭肃文孝皇帝上广顺元年——后周太祖励精图治

【原典】

春，正月，丁卯，汉太后下诰，授监国符宝，即皇帝位。监国自皋门入宫，即位于崇元殿，制曰："朕周室之裔，虢叔之后，国号宜曰周。"改元，大赦。杨邠、史弘肇、王章等皆赠官，官为敛葬，仍访其子孙叙用之。凡仓场、库务掌纳官吏，无得收斗馀、称耗。旧所羡馀物，悉罢之。犯窃盗及奸者，并依晋天福元年以前刑名，罪人非反逆，无得诛及亲族，籍没家赀。唐庄宗、明宗、晋高祖各置守陵十房，汉高祖陵职员、宫人，时月荐享及守陵户并如故。初，唐衰，多盗，不用律文，更定峻法，窃盗赃三匹者死。晋天福中，加至五匹。奸有夫妇人，无问强、和，男女并死。汉法，窃盗一钱以上皆死，又罪非反逆，往往族诛、籍没。故帝即位，首革其弊。

帝谓王峻曰："朕起于寒微，备尝艰苦，遭时丧乱，一旦为帝王，岂敢厚自奉养以病下民乎！"命峻疏四方贡献珍美食物，庚辰，下诏悉罢之。其诏略

曰："所奉止于朕躬，所损被于庶。"又曰："积于有司之中，甚为无用之物。"又诏曰："朕生长军旅，不亲学问，未知治天下之道，文武官有益国利民之术，各具封事以闻，咸宜直书其事，勿事辞藻。"帝以苏逢吉之第赐王峻，峻曰："是逢吉所以族李崧也！"辞而不处。

帝悉出汉宫中宝玉器数十，碎之于庭，曰："凡为帝王，安用此物！闻汉隐帝日与嬖（bì）宠于禁中嬉戏，珍玩不离侧，兹事不远，宜以为鉴！"仍戒左右，自今珍华悦目之物，无得入宫。

解读

后周太祖郭威在惩治贪官方面异常严厉。他的这些改革与整顿，为后周世宗柴荣的著名改革奠定了基础，开创了局面。为恢复农业生产，郭威也采取了有效措施：授无主田土给数十万归中原的幽州饥民，放免其差税；以田分给现佃户充永业，使编户增加三万多；无主荒地听任农民耕垦为永业，提高农民生产的积极性。在提倡节俭、严惩贪官、严禁军队扰民等方面，郭威也推行了一些有益的措施，使唐末以来极为混乱的北方社会开始走上安定的道路。

太祖圣神恭肃文武皇帝中显德元年
——五个朝代的宰相冯道

【原典】

庚申，太师、中书令瀛文懿王冯道卒。道少以孝谨知名，唐庄宗世始贵显，自是累朝不离将、相、三公、三师之位，为人清俭宽弘，人莫测其喜愠，滑稽多智，浮沉取容，尝著《长乐老叙》，自述累朝荣遇之状，时人往往以德量推之。

欧阳修论曰："礼义廉耻，国之四维。四维不张，国乃灭亡。"礼义，治人之大法；廉耻，立人之大节。况为大臣而无廉耻，天下其有不乱、国家其有不亡者乎！予读冯道《长乐老叙》，见其自述以为荣，其可谓无廉耻者矣，则天下国家可从而知也。予于五代得全节之士三，死事之臣十有五，皆武夫战卒，岂于儒者果无其人哉？得非高节之士，恶时之乱，薄其世而不肯出欤？抑君天下者不足顾，而莫能致之欤？予尝闻五代时有王凝者，家青、齐之间，为虢州司户参军，以疾卒于官。凝家素贫，一子尚幼，妻李氏，携其子，负其遗骸以归，东过开封，止于旅舍，主人不纳。李氏顾天已暮，不肯去，主人牵其臂而出之。李氏仰天恸曰："我为妇人，不能守节，而此手为人所执邪！"即引斧自断其臂，见者为之嗟泣。开封尹闻之，白其事于朝，厚恤李氏而笞其主人。呜呼！士不自爱其身而忍耻以偷生者，闻李氏之风，宜少知愧哉！

解读

天地设置方位，圣人作为准则，用来制定礼仪、建立法律，家中有夫妇，家外有君臣。妇人随从丈夫，终身不能改变；臣子侍奉君主，至死不二；这是为人之道的最大伦常。如果有人废弃它，祸乱莫过于此！范质称赞冯道德行深厚精研古道，才器雄伟度量宏大，虽然朝代变迁，人们也没有闲言，像大山屹立，不可转动！正派的女人不会跟从两个丈夫，忠诚的臣子不会事奉两位君主。做女人不正派，即使再有如花美貌，妙语巧手，也称不上贤惠；做臣子不忠诚，即使才智再多，政绩卓著，也不值得看重。什么缘故呢？因为大节已亏。冯道任宰相，历事五个朝代、八位君主，如同旅店看待过客，清晨是仇敌，傍晚成君臣，更换面孔、变化腔调，竟无一点羞愧，大节尚且如此，小善哪里还值得称道！

世宗睿武孝文皇帝上显德二年
——后周世宗不爱其身而爱民

【原典】

帝以县官久不铸钱，而民间多销钱为器皿及佛像，钱益少，九月，丙寅朔，敕始立监采铜铸钱，自非县官法物、军器及寺观钟磬钹铎之类听留外，自馀民间铜器、佛像，五十日内悉令输官，给其直；过期隐匿不输，五斤以上其罪死，不及者论刑有差。上谓侍臣曰："卿辈勿以毁佛为疑。夫佛以善道化人，苟志于善，斯奉佛矣。彼铜像岂所谓佛邪！且吾闻佛志在利人，虽头目犹舍以布施，若朕身可以济民，亦非所惜也。"

解 读

像周世宗这样可以称得上是仁爱之君了，他不吝惜自身而爱护百姓；像周世宗这样可以称得上是英明了，他不为无益的东西来废弃有益的东西。

参考文献

[1]（北宋）司马光．资治通鉴故事［M］．翟文明，周志鹏，编．北京：华文出版社，2009.

[2]（北宋）司马光．资治通鉴［M］．沈志华，张宏儒，编．北京：中华书局，2009.

[3] 书立方编委会．资治通鉴［M］．重庆：重庆出版集团，2010.

[4]（北宋）司马光．资治通鉴［M］．顾长安，整理．沈阳：万卷出版公司，2009.

[5]（北宋）司马光．文白对照全译资治通鉴［M］．黄锦铉，等，译．北京：新世界出版社，2009.

[6]（北宋）司马光．白话资治通鉴［M］．《线装经典》编委会，编．昆明：云南教育出版社，2010.

[7] 王欢．资治通鉴一日一读［M］．哈尔滨：哈尔滨出版社，2006.

[8] 冯国超．白话资治通鉴［M］．北京：光明日报出版社，2004.

[9] 吴光兴．资治通鉴选评［M］．长沙：岳麓书社，2006.

[10] 陈君慧，刘洋．资治通鉴谋略［M］．北京：线装书局，2008.